Matthias Scharer / Bernd Jochen Hilberath

Kommunikative Theologie

Eine Grundlegung

Matthias-Grünewald-Verlag · Mainz

Der Matthias-Grünewald-Verlag ist Mitglied
der Verlagsgruppe engagement

2. überarb. Aufl 2003

Umschlaggestaltung: Matlik & Schelenz, Selzen
Satz: dtp studio mainz · Jörg Eckart
Druck und Bindung: Drukkerij Wilco, Amersfoort

ISBN 3-7867-2384-2

Vorwort

Dieses Buch verdankt sich vielen Menschen. Ausdrücklich erwähnen wollen wir die Kollegen in der wissenschaftlichen Leitung des Universitätslehrganges Kommunikative Theologie in Innsbruck, Prof. Dr. Niewiadomski und Prof. Dr. Franz Weber mit den KollegInnen im DozentInnenteam des Universitätslehrganges Kommunikative Theologie, der ein wichtiges Übungsfeld unseres Ansatzes darstellt. Die jahrelange Zusammenarbeit mit Dr. Karl Ludwig am Theologisch-Pastoralen Institut Mainz und mit DozentInnen wie Mag. Regina Hintner, ebenso die interdisziplinäre Vorlesung mit Prof. Albert Biesinger (Tübingen) und die Kurse mit Dr. Robert Ochs (Augsburg) haben unseren Ansatz gefördert. Die MitarbeiterInnen an unserer Abteilung bzw. an unserem Institut haben Anregungen gegeben, Korrekturen gelesen und das Manuskript besorgt: Barbara Beck, Angelika Beer, Angelika Hack, und mit vielen substantiellen Änderungsvorschlägen Martina Kraml und Christoph Drexler. Ihnen sagen wir aufrichtig Dank.
Dem Matthias-Grünewald-Verlag danken wir für die Bereitschaft, sich auf die Reihe Kommunikative Theologie einzulassen und Herrn Dr. Rulands speziell für die Betreuung dieses Bandes und der Folgebände.
Schließlich ist ein guter Teil unserer Energie in das Schreiben dieses Buches geflossen, die ohne unsere Familien und speziell unsere Ehefrauen kaum zur Verfügung gestanden wäre. Ihnen gilt ein ganz lieber Dank.

Vorwort zur 2. Auflage

Unser Ansatz zur Kommunikativen Theologie stieß auf so großes Interesse, dass die erste Auflage des Grundlagenbandes in weniger als einem Jahr vergriffen war. Inzwischen wurde das Konzept in zwei weiteren Bänden entfaltet. Zusätzliche Impulse vermittelte der erste Kongress zur Kommunikativen Theologie vor zwei Monaten mit etwa 180 Teilnehmenden in Innsbruck.
In der zweiten Auflage des Grundlagenbandes werden im Wesentlichen nur die Satzfehler behoben. Wir danken Frau Mag. Teresa Peter, wissenschaftliche Mitarbeiterin an der Abteilung für Katechetik/Religionspädagogik der Theologischen Fakultät Innsbruck, sehr herzlich für die gewissenhafte Durchsicht des Bandes. Der Text des Buches wurde in der zweiten Auflage auch deshalb kaum verändert, da er die Vorlage für die englischsprachige Übersetzung darstellt, an der gerade gearbeitet wird. In einer in Aussicht genommenen dritten Auflage werden wir den Grundlagenband grundsätzlich überarbeiten und die inzwischen vorgebrachten Einwände diskutieren.

Matthias Scharer, Innsbruck
Bernd Jochen Hilberath, Tübingen
April 2003

Inhaltsverzeichnis

Einleitung

Mit dem ersten Band der Reihe „Kommunikative Theologie" legen wir einige grundsätzliche Überlegungen zur Begründung dieses neuen theologischen Ansatzes vor. „Es ist eine gute Idee, eine theologische Klammer zwischen den unterschiedlichen Fragestellungen von der Dogmatik über die Ekklesiologie bis zur Praktischen Theologie herzustellen", schreibt uns ein Theologe aus der Reformierten Kirche nach der kritischen Lektüre unseres Manuskriptes[1]. Wir beziehen uns mit unserem Ansatz, neben der eigenen theologischen Reflexion und dem jahrelangen Austausch zwischen einem „Dogmatiker" und einem „Katechetiker" und den Diskursen mit KollegInnen unterschiedlicher theologischer Fachbereiche, auf die vielen theologischen „disclosure"-Erfahrungen, die wir nach – oft schmerzlichen und schwierigen – Durchgängen mit einzelnen Menschen und mit Gruppen machen durften. Dieses Buch wie überhaupt der ganze Ansatz einer Kommunikativen Theologie sind also nicht nur am Schreibtisch und in der Bibliothek entstanden, sondern in der unmittelbaren Begegnung mit Menschen. An ihnen und mit ihnen durften wir lernen, was Theologie für sie und grundsätzlich bedeutet. Mit den vielen Menschen, die wir seit mehr als zehn Jahren in theologisch orientierten Gruppen nach dem Ansatz der Themenzentrierten Interaktion von R. C. Cohn begleiten, hat sich in Zusammenhang mit unseren eigenen Überlegungen Schritt für Schritt ein eigener theologischer Ansatz herausgebildet, der keineswegs „fertig" da steht. Doch die Lebendigkeit und kommunikative Kraft dieses theologischen Bemühens, das wir bei vielen Beteiligten und nicht zuletzt bei uns selbst in einer Freude an der Theologie ablesen können, ermutigen uns, das theologische „Fragment" aus den Händen zu geben. Es gehört zum Grundverständnis Kommunikativer Theologie, dass sie erst in der Kommunikation, also in der unmittelbaren Begegnung von Menschen untereinander und in der „Kommunikation" mit dem lebendigen Gott im Beten und Feiern, ihre eigentliche Gestalt gewinnt. Wenn das Buch und die Reihe, die wir mit dieser Grundlegung beginnen, zu solcher Kommunikation anstiftet, dann „geschieht" Kommunikative Theologie.

---

[1] Dem reformierten Pfarrer Dipl. theol. Uli Walther danken wir damit auch herzlich für die kritischen Rückmeldungen zum Manuskript.

Mit dem Tübinger Forschungsprogramm zur Communio-Theologie und dem Innsbrucker Forschungsprogramm zur Kommunikativen Theologie, die wechselseitig aufeinander bezogen sind, bieten wir ein Forum für den theologischen Diskurs, in dem die angestoßenen Fragen weiter bearbeitet und publiziert werden[2].

[2] Das Forschungsprogramm Kommunikative Theologie ist im Internet erreichbar unter: http://praktheol.uibk.ac.at/komtheo/

1. Kapitel: Theologie als Prozess

Kommunikative Theologie ist Theologie in und aus lebendigen Kommunikationsprozessen. Eine solche Option bedarf der Begründung, die in diesem Kapitel sowohl in der Auseinandersetzung mit dem Theologieverständnis als auch mit dem Kommunikationsverständnis entfaltet wird.

I. „Kommunikative Theologie" – eine überflüssige Verdoppelung?

Stellt die Bezeichnung der Theologie als Kommunikative Theologie nicht eine unnötige Verdoppelung dessen dar, was ohnehin selbstverständlich ist? Der in diesem Buch mehrfach zitierte und problematisierte Satz von Watzlawick: „Man kann nicht nicht kommunizieren" gilt grundsätzlich auch für die Theologie. Das heißt, Theologie muss kommuniziert werden. Freilich: Die Theologie hat traditionsgemäß viel mit Büchern zu tun, und häufig gelten immer noch die Länge des Literaturverzeichnisses und der Umfang des Anmerkungsapparates als Kriterien für die Wissenschaftlichkeit theologischer Arbeit. Insofern wären Schreiben und Lesen die beiden kommunikativen Akte theologischer Wissenschaft. Hier wird durchaus etwas für die Theologie Wichtiges deutlich: Sie will und muss veröffentlicht werden. Es sei daran erinnert, dass sich die Berufsbezeichnung Professorin/Professor von dem lateinischen Tätigkeitswort für „öffentlich aussprechen, bekennen" herleitet.

Dieser Hinweis macht jedoch zugleich deutlich, dass Schreiben und Lesen zwar wichtige, im Grunde aber abgeleitete kommunikative Akte darstellen. Der primäre Akt theologischer Kommunikation ist das mehr oder weniger öffentliche Sprechen. Verweist uns demzufolge nicht die Bezeichnung „Vorlesung" wiederum auf das Lesen und Hören zurück? Ist also der primäre Akt der Theologie ein prinzipiell asymmetrischer Vorgang, indem einer vorliest und die anderen als Hörerinnen und Hörer im Hörsaal rezipieren? Das asymmetrische Verhältnis der Theologie hat sich vielen Menschen, die mit Theologie in Studium oder Beruf zu tun haben, tief eingeprägt. Eine Gymnasiallehrerin, die im Alltag ihre Frau stellt und seit fünfzehn Jahren u. a. als Religionslehrerin tätig ist, sagte in einem unserer Kurse: „Ich habe es noch nie gewagt, einen eigenständig formulierten theologischen Satz zu sagen. Immer wenn ich das versuche, fallen mir meine gelehrten Professoren ein und die vielen theologischen Bücher. Dort hole ich mir dann Auskunft." Auf diesem Hintergrund muss gefragt werden, ob das Vorlesen in unseren

Tagen nicht längst passé sein sollte. Denn die Vorlesung als Institution stammt aus einer Zeit, in der es nur wenige Bücher gab. Warum aber sollen wir uns heute, zumal im Zeitalter des Internet und mit der Möglichkeit des Downloadens teure öffentliche Vorlesungen leisten?

In der Perspektive einer Kommunikativen Theologie geht es nicht in erster Linie darum, die Effizienz einer theologischen Vorlesung zu steigern, sie abzuschaffen oder andere, effektivere theologische Kommunikationsformen zu finden. Wichtiger als alle methodischen und medialen Fragen der Vermittlung von Theologie sind uns die grundsätzlichen Fragen, die den Zusammenhang zwischen der Theologievermittlung und dem Gegenstand der Theologie[3] betreffen und welche sich u. a. in der Aufhebung der *prinzipiellen* Unterscheidung zwischen Vorlesenden und Hörenden zeigen. Die Hauptaufmerksamkeit liegt auf einer neuen Bestimmung der Subjekte der Theologie, in deren Rahmen auch eine Vorlesung wieder neu ihren spezifischen Stellenwert erhalten kann.

Kommunikative Theologie zu betreiben, heißt also nicht, den Hörsaal in eine „Quasselbude" umzufunktionieren, bedeutet nicht die Aufhebung des Verhältnisses von Lehrenden und Lernenden auf der ideologischen Grundlage einer Gleichmacherei. Vielmehr geht es darum, dem Rechnung zu tragen, dass Lehrende auch Lernende sind und Lernende den Lehrenden etwas zu lehren geben. Das ist mehr als das vielfach angemahnte „Abholen der Leute, da wo sie stehen". In dieser Perspektive werden „die Leute" noch zu sehr als passive, rezeptive AdressatInnen verstanden. Wenn sie von den „Schon-alles-Wissenden" abgeholt werden, da wo sie stehen, dann sind sie bestenfalls Subjekte der Rezeption. Die Lehrenden erscheinen in diesem Kommunikationsmuster immer noch als Experten, die vorgängig zu jeder konkreten Lern- und Lehrsituation immer schon wissen, welche „Lernpakete" sie aufzuschnüren, aufzupacken, vorzulegen und zu erläutern haben.

Immer wieder ist in Gesprächen mit LehrerInnen und pastoralen MitarbeiterInnen der verschiedenen Berufsgruppen der Satz zu hören: „Was du auf der Uni gelernt hast, kannst du gerade alles vergessen." Dieser Satz ist nicht nur falsch; er ist auch ungerecht, wenn er einseitig als das völlige Ungenügen theologischer Ausbildung verstanden wird. Dies halten wir aufgrund unserer eigenen Erfahrung für unzutreffend, wenn wir auch die Probleme keineswegs verschweigen wollen. Wird diese Erfahrung der Unzulänglichkeit theologischer Bildung gemacht und gegebenenfalls als pauschales Vorurteil auch weitergegeben, ist dies ein Anlass, die Qualität der universitären Kommunikationsprozesse ebenso anzufragen wie die Einstellung der Lehrenden und Lernenden. Wem es z. B. lediglich darum geht, so schnell wie

---

[3] In ähnliche Richtung argumentieren die Autoren der jüngsten Einleitung in das Studium der Theologie: GUTMANN, HANS-MARTIN / METTE, NORBERT, Orientierung Theologie, Reinbek 2000.

möglich seinen pastoralen oder seinen lehrenden Beruf ausüben zu können und wer von daher die Theologie für ein notwendiges Übel auf diesem Weg hält, der oder die wird so kommunikationsresistent sein, dass die Auskunft „das kannst du alles vergessen" auch als Entschuldigung des eigenen Widerstands gehört werden kann. Auf der anderen Seite mahnen uns die statistischen Erhebungen bezüglich der Effizienz des theologischen Lehrbetriebes zur selbstkritischen Reflexion. Es geht weder darum, „die Menschen dort abzuholen, wo sie stehen", noch allein darum, den Menschen lediglich das zuzumuten, was sich ohnehin stromlinienförmig in ihre Alltagserfahrungen bzw. in ihre von der Tradition ererbte oder, im Sinne eines Patchworks, von ihnen selbst zurecht gerichtete religiöse Welt einfügt. Worum es der Kommunikativen Theologie – im Hörsaal und anderswo – geht, ist das Ernstnehmen der Subjekte in ihrer wechselseitigen Beziehung und mit ihren unverwechselbaren, aber nicht fix festgelegten Rollen.

Diese Hinweise mögen zur Genüge gezeigt haben, dass das Eigenschaftswort „kommunikativ" etwas verdeutlicht, was „eigentlich" in dem Wort „Theologie" schon enthalten ist. Nochmals gefragt: Handelt es sich bei „Kommunikativer Theologie" um eine überflüssige Verdoppelung? Zunächst einmal gilt es das Missverständnis abzuwehren, es ginge lediglich darum zu unterstreichen, dass theologische „Ergebnisse" auch kommuniziert, d. h. auch weitergegeben werden müssten. Gegen ein solches Verhältnis von Inhalt und Anwendung richtet sich gerade unser Konzept von Kommunikativer Theologie. Dabei ist zweierlei zu bedenken: Einerseits gehört die Anwendung, jedenfalls in qualifizierten kommunikativen Formen, selbst zum Inhalt, und andererseits kann der Inhalt selbst nicht ohne kommunikative Akte konstituiert werden. Dies bedeutet eine ganz neue, jedenfalls spezifische Verhältnisbestimmung von Theorie und Praxis, von Theologie und Glaubensleben. Weil dies ungewohnt ist, werden Missverständnisse unvermeidlich sein. Aufgabe dieses grundlegenden Bandes ist es, auf diese Missverständnisse möglichst im Vorhinein schon aufmerksam zu machen.

Um es in einer formelhaften sprachlichen Wendung zu sagen: Theologie ist nicht „etwas", das dann auch kommuniziert werden kann; Kommunikation ist vielmehr zentraler Inhalt der Theologie. Kommunikation ist also weder etwas, was als Anwendung zur Theologie hinzukommt, noch ein Ersatz für das, was „eigentlich" Theologie sein soll. Theologie ist selbst ein kommunikatives Geschehen, und wenn sie dies nicht mehr ist, hört sie auf Theologie zu sein. Diese gewiss ungewohnte, für manche vielleicht harte These setzt ein bestimmtes Verständnis von Kommunikation auf der einen und von Theologie auf der anderen Seite voraus.

II. Was heißt dann Theologie?

Das wichtigste Wort in unserer Zwischenüberschrift ist das „dann". Es kann an dieser Stelle nicht darum gehen, eine Wissenschaftstheorie der Theologie vorzulegen. Es geht vielmehr darum, in groben Strichen anzudeuten, was unter den im I. Abschnitt formulierten Voraussetzungen und Annahmen Theologie im Konzept einer Kommunikativen Theologie bedeutet. Die Entfaltung geschieht fortlaufend schon in diesem Kapitel, in unserem Buch insgesamt sowie in den nachfolgenden Bänden.

Dass die Frage „Was ist Theologie?" immer wieder gestellt wird, zeigt, wie wenig diese Reflexionsform, dieser Logos vom Theos, eine Selbstverständlichkeit ist, zumindest sind auf diese Frage mehrere Antworten möglich. In unserem abendländischen Kulturkreis lässt sich die Eigenart christlicher Theologie in einem ersten Schritt dadurch profilieren, dass – gewiss in groben Strichen – griechisches und biblisches Theologieverständnis und das ihnen jeweils zugrunde liegende Gottes- und Wahrheitsverständnis einander gegenüber gestellt werden.

Im Blick auf die griechische Geisteswelt lassen sich drei Stadien von Theologie unterscheiden, die als ausgeprägte Formen nicht nur zeitlich nacheinander, sondern auch nebeneinander existieren (Vergleichbares gilt für den römischen Bereich): Die mythische, die philosophische und die politische Theologie. Die philosophische Theologie hat im wesentlichen ihren Entdeckungszusammenhang in der Kritik an der mythischen Theologie. Die allzu starke Anthropomorphologie der mythischen Theologie ruft die philosophische Kritik im Interesse eines „gereinigten" Gottesverständnisses hervor. So hat auch diese philosophische Theologie ihren geistesgeschichtlichen, aber auch ihren gesellschaftlichen Ort, insofern sie nämlich im Kontext der Polis stattfindet. Noch stärker tritt dieser gesellschaftliche Aspekt in der sog. politischen Theologie der Antike auf, da diese, vereinfacht gesprochen, die staatstragende Ideologie der Polis, des Stadtstaates bzw. des (römischen) Reiches darstellt.

In unserem Zusammenhang interessiert nun vor allem die philosophische Theologie, insofern sie sich bei aller Kontextualität doch ortloser und zeitloser darbietet als die an biblischen Orten und zu biblischen Zeiten entstandenen Formen der Theologie.

Die – gewiss nicht absolut zu denkende – Zeitlosigkeit griechisch-philosophischer Theologie hängt wesentlich mit dem sogenannten hellenistischen Wahrheitsbegriff zusammen, wenn auch heute nicht nur mehr einfachhin hebräisches und hellenistisches Denken abstrakt einander gegenüber gestellt werden können. Wahr bleibt dennoch, dass Geschichte kein Ort des Göttlichen in der griechischen Philosophie ist, sondern dass dieses Göttliche vielmehr durch absolute Transzendenz, Einfachheit und Unveränderlichkeit zu charakterisieren ist – zu denen noch Leidenschafts- und Leidenslosigkeit hinzukommen. Ähnliches gilt auch bezüglich der Ortlosigkeit. Keine philosophische Theologie ist in dem Maße zu einer Theologie der Polis oder einer Gruppe innerhalb der Polis geworden, wie es etwa bei christlichen Gemeinden oder der Kirche der Fall ist. Auch wenn keine abstrakte Entgegensetzung konstruiert werden soll, darf doch behauptet werden, dass die Akzente im biblischen Gottesverständnis weitgehend anders gesetzt sind. Ohne auf bestätigende oder zu weiterer Differenzierung herausfordernde Akzentuierung zu achten, lässt sich sagen, dass Jahwe als der Gott, der mit uns sein wird, gerade in seiner absoluten Transzendenz ein Gott der Geschichte der Menschen sein will und sein kann. Die leider in der homiletischen und katechetischen Vermittlung häufig als eine Art höherer Mathematik erscheinende Trinitätstheologie ist genau die Ausformung des biblisch-christlichen Widerspruchs gegen das hellenistische Denken, indem sie Zeitüberlegenheit und Zeitmächtigkeit, Geschichtsüberlegenheit und Geschichtsmächtigkeit zusammen denkt und Ewigkeit als Fülle der Zeit und Menschlichkeit nicht als Depotenzierung des Göttlichen artikuliert. Gott kann in die Geschichte eingehen, ohne aufzuhören Gott zu sein; der Mensch wird nicht weniger, sondern umso mehr Mensch, je näher er zu Gott kommt! Für ChristInnen ist deshalb der trinitarische Gottesbegriff vereinbar mit dem Monotheismus, für das christliche Denken werden Relation und Geschichte zu Kategorien des Wesens und nicht zu bloßen Akzidenzien, zufälligen Weiterbestimmungen. Es ist freilich zuzugeben, dass dieses durch das Konzil von Nizäa im Jahre 325 markierte christliche Gottesbild in der Folgezeit häufig durch allzu starke Übernahme hellenistischer Kategorien verdunkelt wurde. Im Grunde aber bedeutet Nizäa die „kopernikanische Wende" im Verständnis der Wirklichkeit, insofern das christliche Verständnis eine relationale Ontologie, d. h. eine Wahrnehmung der Wirklichkeit („dessen, was ist") in der Perspektive von Beziehungen („Relationen"), impliziert.

Der Zeitmächtigkeit des biblischen Gottes entspricht seine Erdmächtigkeit. Die Bodenhaftung christlicher Theologie hat also ihren Grund darin, dass der christliche Gott ein Gott ist, der Mensch werden will, der bei den Menschen ankommen will. Die Orthaftigkeit christlicher Theologie bedeutet dann konkret, dass es die christliche Theologie gibt, weil es eine glaubende Gemeinde gibt. Theologie ist die von Anfang an sich als notwendig erweisende Besinnung, Reflexion auf den eigenen Glaubensvollzug, im Interesse der internen Klärung wie der Plausibilisierung nach außen hin.

Wenn heute bisweilen der Eindruck entsteht, dass die Theologie über dem Glaubensvollzug „schwebt", dann ist dieser vorhin eben erwähnte Zusammenhang zerrissen oder zumindest gestört. Soweit man diesen Status quo der Theologie anlasten muss, hat sie sich vor Augen zu führen, dass es sich nicht um etwas handelt, was ihre bloße Anwendung betrifft und also von ihr auch noch zu bedenken sei, sondern um etwas, das ihre Mitte betrifft: Christliche Theologie verfehlt sich selbst, wenn sie nicht bleibend auf den Glaubensvollzug der Kirche als der Gemeinschaft gläubiger Subjekte ausgerichtet ist.

Theologie ist Reflexion auf den Glaubensvollzug der Kirche in seinen vielfältigen Dimensionen. Sie ist von ihrem Ursprung her aufgrund kommunikativer Beziehungen bestimmt und ohne sie nicht denkbar. Theologie ist nicht die Verdoppelung dessen, was in Martyria, Diakonia und Leiturgia in der Reich-Gottes-Praxis einzelner Gemeinden und über die Gemeinden hinaus geschieht. Sie ist vielmehr Reflexion, kritische Widerspiegelung, Prüfung, Plausibilisierung, Explizierung, und, wenn es gut geht, auch Inspiration dieser kommunikativen Glaubenspraxis.

Nachfragen

- *Wie habe ich Theologie „gelernt"?*
- *Welches Bild von Theologie bestimmt mein Denken und Handeln?*
- *Wo/Wie erlebe ich Theologie als „kommunikatives Geschehen", wo/wie nicht?*
- *Welche Ereignisse, Begegnungen, Erfahrungen haben mich theologisch entmündigt, in welchen bin/war ich als Subjekt anerkannt?*
- *Gibt es traumatische/befreiende Erlebnisse in meiner Theologie-Biografie – wenn ja: welche?*
- *Wie sehe und erlebe ich den Zusammenhang von Theologie und dem Glaubensvollzug der Gemeinde/Kirche?*

III. Das Spezifikum Kommunikativer Theologie

Glaubenspraxis als Ausgangspunkt, als bleibender Bezugs- und Zielpunkt theologischer Arbeit – ja! Aber warum sollen wir diese Glaubenspraxis „kommunikative Praxis" nennen?

Der unterschiedliche Gebrauch des Wortes „Praxis" führt gerade auch in innerkirchlichen und innertheologischen Diskussionen immer wieder zu Missverständnissen. Die Bandbreite möglicher Einstellungen reicht von der Gruppe derer, die alle Theorie grundsätzlich für praxisfeindlich halten, bis zu denjenigen, welche die praktische Verzweckung und damit den Abbau der Wissenschaftlichkeit der theologischen Theorie fürchten. Wir gehen hier von einem Praxisbegriff aus, der die relevanten Lebensäußerungen der

Menschen, besonders der Menschen in der Kirche, der Theologinnen und Theologen umfasst. Was gemeint ist, lässt sich im Blick auf eine nach dem Zweiten Vatikanischen Konzil immer wieder geführten Debatte verdeutlichen. Haben die Laien Anteil bloß am Weltdienst der Kirche oder auch an ihrem Heilsdienst, so lautete die Alternativfrage. Sie ist eine typische Frage der nachkonziliaren Diskussion, und als solche ist sie ebenso typisch für eine von vornherein schief gestellte Alternative. Im Sinne des Zweiten Vatikanischen Konzils müssen wir gerade sagen: Alles, was Christenmenschen aus dem Glauben heraus tun, ist Heilsdienst. Auch der Weltdienst, verstanden als Dienst an der Welt und den Menschen, ist, wenn er aus Glauben heraus geschieht, Heilsdienst. So könnten wir im Blick auf unsere Arbeit festhalten, dass wir unter Praxis alles das verstehen, was Christenmenschen, ja Menschen überhaupt, glaubensrelevant tun.

Theologie wird vielfach als „Glaubenswissenschaft" bezeichnet. Dies ist missverständlich, weil sie – oft nur im eingeschränkten Sinne – als eine bloß kognitive Erkenntnisleistung verstanden wird. In diesem Fall meint man mit „Glaube" ausschließlich das Fürwahrhalten von Glaubenssätzen. Glaube im umfassenden Sinn ist das, was eben als Praxis erläutert wurde: das Leben/Handeln von ChristInnen als glaubenden Menschen. Insofern könnte die Theologie als Glaubenspraxiswissenschaft bezeichnet werden. Um einerseits die Missverständlichkeit des Wortes Glaubenswissenschaft und andererseits die Umständlichkeit der Formulierung Glaubenspraxiswissenschaft zu vermeiden, empfiehlt sich die Rede von der Kommunikativen Theologie. Spätestens jetzt ist ein klärendes Wort zu dem notwendig, was mit „kommunikativ" in diesem Zusammenhang gemeint ist.

Im 2. Kapitel werden wir uns ausführlich mit der Bedeutung von Kommunikation im gegenwärtigen gesellschaftlichen und kirchlichen Kontext befassen. In einer ersten Klärung empfiehlt es sich, von einer Unterscheidung auszugehen, die der mit dem Friedenspreis des deutschen Buchhandels ausgezeichnete Philosoph Jürgen Habermas vorgenommen hat. Habermas, der zunehmend die Bedeutung der (Ausdruckweisen, nicht des Wahrheitsgehaltes von) Religion für die menschliche Praxis entdeckt, unterscheidet zwischen einer instrumentellen und einer strategischen Praxis auf der einen und einer kommunikativen Praxis auf der anderen Seite[4]. Beide Seiten unterscheiden sich durch die Art der jeweils beanspruchten Rationalität und durch ihr Ziel: Im ersten Fall geht es um instrumentelle *Verfügung,* im zweiten um kommunikative *Verständigung.* Die Formen kommunikativer Praxis sind durchaus vielfältig. Entscheidendes Kriterium für eine christliche

---

[4] Vgl. das einschlägige Grundlagenwerk: HABERMAS, JÜRGEN, Theorie des kommunikativen Handelns, 2 Bde., Frankfurt a. M. 1981, [4]1987; (stw 1175) [3]1999.

Communio ist ja die Ausrichtung auf verbale wie nonverbale Kommunikation, wie sie sich in einer konkreten Communio zeigt. So ist keine mögliche Handlung von vornherein als irrelevant ausgeschlossen, vielmehr ist das Kriterium für die Qualität einer Handlung der Bezug zur Kommunikation innerhalb dieser Gemeinschaft.

Nun ist freilich noch einmal von dieser Seite her klar geworden, dass Kommunikation nicht auf verbale Äußerungen reduziert werden darf. Alles, was der Stiftung, der Aufrechterhaltung und der Vollendung der Glaubensgemeinschaft dient, ist als kommunikative Handlung zu bezeichnen. (Diese weite Formulierung deutet schon an, dass es im Blick auf die Communio der Glaubenden auch kommunikative Handlungen gibt, deren Subjekte nicht Menschen sein müssen oder können.)

Eine Rangordnung kommunikativer Akte in der Glaubensgemeinschaft kann nicht von den zu unterscheidenden menschlichen Subjekten ausgehen (dass kommunikative Handlungen, die Gott zum Autor haben, davon deutlich zu unterscheiden sind, gehört zum Selbstverständnis dieser Glaubenskommunikation); nicht wer die jeweilige Handlung ausführt, sondern wozu sie dient, entscheidet über ihren Rang. In diesem Sinne kann man unter der kommunikativen Praxis kommunikative Handlungen besonderer Art ausmachen. In einer gewissen Anknüpfung an den eben referierten Sprachgebrauch hat Peter Hünermann von kommunikativen Handlungen gesprochen, die jede gesellschaftliche Gruppe zur Aufrechterhaltung ihrer selbst benötigt. Er formuliert:

„Kommunikative Handlungen unterscheiden sich dadurch von anderen Tätigkeiten, dass sie auf andere Menschen ausgerichtet sind und sie mit ihrer geschichtlichen Freiheit in die Handlung einbeziehen. Unter den vielfältigen kommunikativen Handlungen gibt es einige, die für eine bestimmte Gruppe konstitutiv sind. In und durch ihren Vollzug entsteht und erhält sich die Gruppe. Ohne diese kommunikativen Handlungen gäbe es auch die Gruppe nicht. Bei diesen konstitutiven Handlungen handelt es sich um Figuren gemeinsamen Lebens. Nur mittels dieser Figuren erbildet sich ein solches Leben. Nur im immer erneuten Vollzug dieser Figur des Lebens bleibt es bestehen."[5]

Es erstaunt nicht, dass P. Hünermann diesen anthropologischen Ansatz zur Erläuterung dessen wählt, was wir unter einem Sakrament verstehen. Sakramente sind ausgezeichnete kommunikative Handlungen, die konstitutiv für die Glaubensgemeinschaft sind. Das heißt: Eine Glaubensgemeinschaft, die sich nicht mehr zu Gebet und sakramentalen Feiern trifft, höhlt

---

[5] HÜNERMANN, PETER, Sakrament – Figur des Lebens, in: SCHAEFFLER, R. / HÜNERMANN, P., Ankunft Gottes und Handeln des Menschen (QD 77), Freiburg i. Br. 1977, 55.

sich von innen her aus. Gerade die Sakramente machen aber noch einmal deutlich, dass konstitutive kommunikative Handlungen Handlungen sind, die in einem ganzheitlichen und umfassenden Sinn der Auferbauung der Glaubensgemeinschaft dienen. Nicht weniger wahr ist die schlichte Formulierung, dass kommunikative Handlungen solche sind, in denen Menschen sich wechselseitig zum Menschsein verhelfen.

Wir nennen nun die spezifische Art unseres Theologietreibens „Kommunikative Theologie". Weil in jeder Theologie kommuniziert wird, erfasst eine „Kommunikative Theologie" alles, was Theologie überhaupt ausmachen kann. Aber nicht jede Theologie ist ausdrücklich auf die kommunikative Glaubenspraxis des Gottesvolkes ausgerichtet, nicht jede Theologie macht diesen Kommunikationsprozess explizit zum Bezugspunkt ihrer Reflexion. Wenn das Konzept der Kommunikativen Theologie wohl alle Bereiche der Theologie umfasst, so ersetzt sie aber dennoch nicht andere Konzepte wie z. B. die Theologie der Befreiung oder die feministische Theologie. Der Grund dafür liegt in der Perspektive, in der andere Theologien auf das Ganze der Theologie schauen.

So wird in der Theologie der Befreiung eine bestimmte Perspektive der Arbeit von Theologie eröffnet, die eine Kommunikative Theologie gerade nicht ausschließt, wenn sie das, was in der Theologie zur Sprache kommt, in der Perspektive des Gottes, der befreit, betrachtet. Insofern stellt die Befreiungstheologie eine Spezifikation, eine Konkretisierung dessen dar, was Thomas von Aquin, den auch noch das jüngste Konzil als Lehrmeister für die Theologiestudierenden empfahl[6], beschrieben hat: In der Theologie geht es darum, alles *sub ratione Dei,* also im Blickwinkel Gottes zu betrachten. Theologie als Logos von Theos, als Rede von Gott, spricht also nicht über Gott, sondern im wahrsten Sinne des Wortes über Gott und die Welt, über die Welt aber in der Perspektive Gottes. Befreiungstheologie tut dies in der Perspektive des befreienden Gottes, feministische Theologie in der Perspektive vor allem der Gotteserfahrung von Frauen. Es sind jeweils geschichtlich bedingte Situationen, die dazu führen, die Arbeit der Theologie in einer besonderen Perspektive zu orientieren. Karl Rahners transzendentale Theologie[7] war der Versuch, die steril gewordene neuscholastische Schultheologie dadurch zu überwinden, indem er nach den Bedingungen der Möglichkeit für den Glauben der Menschen fragte. Transzendental ist der Fachausdruck für diese Reflexion auf die Bedingungen der Möglichkeiten: Was kann den

---

[6] Vgl. das Dekret über die Ausbildung der Priester [das inzwischen selbstverständlich für alle Theologiestudierenden gilt!] „Optatam totius" (OT) Nr. 16.

[7] Zur Einführung s. HILBERATH, BERND JOCHEN, Karl Rahner – Gottgeheimnis Mensch, Mainz 1995; PRÖPPER, THOMAS / STRIET, MAGNUS, Transzendentaltheologie, in: LThK³, Bd. 10 (2001) 188–190.

Menschen in seiner Selbsterfahrung und seinem Selbstvollzug dazu bewegen, dem Glauben an die Menschwerdung Gottes Glauben zu schenken? Eine andere bedeutende theologische Figur des 20. Jahrhunderts war die dialektische Theologie, die in erster Linie von Karl Barth begründet wurde[8]. Karl Barth legte nach dem Zusammenbruch des Kulturprotestantismus und der liberalen Theologie, also dem „Kollaps" bestimmter Ausprägungen der abendländischen Kultur nach dem Ersten Weltkrieg, den Schwerpunkt auf die radikale Unterschiedenheit von Gott und Mensch, das radikale Ausgeliefertsein des Menschen an Gott. Die Spannung zwischen dem Ja Gottes und dem Nein des Menschen bezeichnete er mit „Dialektik". In den Religionen sah K. Barth, zumindest in der frühen Phase der dialektischen Theologie, das vergebliche, ja sogar sündige Bemühen des Menschen, an Gott heranzureichen. Zu jeder menschlichen Religion sagt die Offenbarung Gottes ein radikales Nein, weshalb Barth sogar lange meinte formulieren zu müssen, dass es keinen Anknüpfungspunkt für die Offenbarung Gottes im Menschen gäbe. Später musste er dies revidieren, denn die Offenbarung Gottes braucht selbstverständlich einen Adressaten, dem Gott sich offenbart. Also zumindest als Empfänger der Botschaft muss der Mensch konstituiert sein. Auch hier sehen wir – und deshalb dieser kleine Ausflug in die Theologiegeschichte –, wie unentbehrlich das Konzept der Kommunikation als Beziehung von Subjekten ist, um Theologie und das, was in Theologie geschieht, zu verstehen.

Kommunikative Theologie ist also diejenige Theologie, welche die kommunikative Praxis der Communio der Glaubenden reflektiert. Eine solche Theologie muss selbst als ein kommunikatives Geschehen begriffen werden. Das schließt nicht aus, dass nach wie vor auch „schweißtriefende" Arbeit am Schreibtisch, in der Bibliothek oder in Archiven verlangt ist. Aber im Blick auf das Ganze der Theologie fügt sich alle Einzelarbeit zusammen in den kommunikativen Akten der Begegnung, der Diskussion, der Disputation usw.

Nachfragen
- *Wodurch unterscheiden sich für mich Theologien?*
- *Mit welchen Theologien wurde/werde ich im Studium und in der Praxis konfrontiert?*
- *Welche Einsichten eröffnet mir die Unterscheidung einer „Kommunikativen Theologie" von anderen Theologien?*
- *Inwiefern war meine Theologie schon immer „kommunikativ"?*

---

[8] Vgl. BARTH, KARL, Der Römerbrief, 2. Fassung, München 1922 (Zürich [16]1999); MOLTMANN, JÜRGEN (HG.), Anfänge der Dialektischen Theologie, Bd. 1, München [6]1995.

IV. Wie „geht" Kommunikative Theologie? – Ein erster Hinweis

Wir haben gesehen: Theologie als „Gott-Rede" ist im christlichen Sinn immer gleichzeitig Rede vom Menschen. Sie ist die Rede vom menschlichen Kommunikationshandeln angesichts des sich auf vielerlei Weise, letztlich in Jesus Christus selbst-mitteilenden Gottes. Wir können auch sagen: Der Gegenstand der Theologie ist das Kommunikationshandeln aus dem Glauben an den einen und dreieinen Gott, der in sich Beziehung ist und der sich mitteilt. Dies gilt auch dann noch, wenn die christliche Hoffnungsperspektive der menschlichen Kommunikation nur implizit einwohnen mag oder wenn christliches Glaubenshandeln seine ihm immanente Kommunikationsgestalt nur mehr unzureichend zu erkennen gibt. In diesem Sinn kann man Theologie auch als ein Verstehen und Explizieren dessen bezeichnen, was sich im menschlichen Kommunikationsgeschehen an gott- und menschengerechtem Handeln ereignet oder nicht ereignet und was christlichem Glauben an Kommunikationskraft eingestiftet ist.

Die Frage, *wie* christliche TheologInnen zu ihrem „kommunikativen" Wissen, also zu ihrer Theologie kommen, ist untrennbar mit dem Gegenstand ihrer Erkenntnis verbunden: dem menschgewordenen Gott in Jesus Christus, der sich Menschen offenbart, der ihnen lebensursprünglich innewohnt und der sie zu umfassender Kommunikation befähigt.

„Es hat Gott in seiner Güte und Weisheit gefallen, sich selbst zu offenbaren und das Geheimnis seines Willens bekannt zu machen (vgl. Eph 1, 9): dass die Menschen durch Christus, das fleischgewordene Wort, im Heiligen Geist Zugang zum Vater haben und der göttlichen Natur teilhaftig werden (vgl. Eph 2, 18; 2 Petr 1, 4). In dieser Offenbarung redet also der unsichtbare Gott (vgl. Kol 1, 15; 1 Tim 1, 17) aus dem Übermaß seiner Liebe die Menschen wie Freunde an (vgl. Ex 33, 11; Jo 15, 14f–15) und verkehrt mit ihnen (vgl. Bar 3, 38), um sie in die Gemeinschaft mit sich einzuladen und in sie aufzunehmen."[9]

Die entscheidende Grundlage einer Kommunikativen Theologie ist die Offenbarung als sich selbst mitteilende „Kommunikation" Gottes mit den Menschen und als Geistbegabung des Menschen zu umfassender Kommunikation. Im gott-menschlichen Kommunikationsgeschehen wird nicht ein x-beliebiges Teilwissen um den zentralen Sinn des Lebens und der Welt, um ihre Geschichte und ihre Zukunft weitergegeben; das gott-menschliche Kommunikationsgeschehen offenbart „Wahrheit in Beziehung":

„Sie ist unvereinbar mit Ausschließen und Verdrängen, mit Abschneiden und Ausblenden. Sie meldet sich in der Unruhe des Geistes und

---

[9] Dogmatische Konstitution über die göttliche Offenbarung „Dei Verbum" Nr. 2, DH 4202.

des Herzens, die nicht davon ablassen kann, zusammenzuhalten und zusammenzubringen, was zusammengehört, die dem Absoluten auf der Spur bleiben und es als Gottes Absolutheit – als Gottes Herrschaft – zur Geltung gebracht sehen will. ... Das Absolute bleibt kritische Herausforderung, den Blick zu weiten und der interessengeleiteten Fokussierung der Wahrnehmung zu widerstehen, Mechanismen der Blickverengung und des Auseinanderreißens, Blockaden der Wahrnehmung und des Vorstellungsvermögens zu überwinden."[10]

Die Suche nach „Wahrheit in Beziehung" kennzeichnet theologisches Fragen als ein kommunikatives Geschehen, in dem die jeweiligen Kontexte, in denen Menschen konkret leben und ihre Erfahrungen machen, auf jene Spuren des Gottesgeistes hin erkundet werden, die eine Ahnung von der absoluten Zuwendung Gottes an die Menschen transparent werden lassen. Wie aber werden solche Spuren des Gottesgeistes erkundet, in denen das theologisch Bedeutsame eher implizit als explizit erkennbar wird? Was heißt „Wahrheit in Beziehung" nachzudenken für die Verfahren der Theologie?

1. Eine Theologie, an der man die „Herkunft" ihrer Aussagen erkennen kann

Die Geschichte der Wissenschaften und ihr heutiger Stand machen bewusst, dass sich wissenschaftliche Verfahren nicht als quasi „neutrale" Werkzeuge der Wissensproduktion gegenüber dem Forschungsgegenstand darstellen lassen, sondern dass wissenschaftliche Verfahren durch Sinn-, Orientierungs- und Wahrheitsfragen entscheidend mitbestimmt sind. Das gilt für jede Wissenschaft, besonders für eine Kommunikative Theologie.

Wenn es um Kommunikation geht, bedingen sich Fragen, auf die sich der inhaltliche Diskurs der Theologie richtet, und solche, die sich auf das wissenschaftliche Verfahren beziehen, wechselseitig. In einer Kommunikativen Theologie stehen die jeweilige Gottesperspektive und die Art und Weise, wie nach Gott gefragt wird, in einem wechselseitigen und wechselseitig kritischen Verhältnis: Kommunikationsprozesse, in denen durch – in der Gruppe durchlebte – Missverständnisse, Enttäuschungen und Konflikte hindurch eine Ahnung von „geschenkter" Kommunikation aufleuchtet, können auf die Beziehung zu dem, aber auch auf die Andersheit und Fremdheit dessen verweisen, der Verständigung und Versöhnung schenkt, aber auch Verschiedenheit, ja Fremdheit ermöglicht.

Die kritische Korrelation zwischen Inhalt und Form in der Kommunikativen Theologie bezieht sich auch auf den Kontext, in dem Theologie entsteht. Eine

---

[10] WERBICK, JÜRGEN, Den Glauben verantworten, Freiburg i. Br. 2000, 169.

unter den politisch und wirtschaftlich global Marginalisierten Lateinamerikas oder in einem indischen oder afrikanischen Kontext entwickelte Theologie wird auf anderen Wegen zu ihrem Wissen kommen und auch anderes wissen als eine im Norden der Welt entstandene. Eine in einem einsamen Studierzimmer am Schreibtisch „produzierte" Theologie spiegelt andere Forschungsmethoden wider und kommt zu anderen Inhalten als eine aus einem lebendigen Gruppen- oder Gemeindeprozess heraus entwickelte Theologie.

2. Kommunikationsform, Kommunikationsmittel und Kommunikationsgehalt sind nicht voneinander zu trennen

Die Beobachtung, dass man theologischen Aussagen ihre Herkunft ansehen kann, ist für die Kommunikative Theologie angesichts der Entwicklung von Kommunikation in der Spätmoderne besonders herausfordernd und wird für sie zu einem Kriterium theologischen Arbeitens. Man kann fragen, was eine solche Implikation in einer Kommunikationsgesellschaft bedeutet, welche auf eine wahl- und grenzenlose Informationsvermittlung ausgerichtet ist. Welche Konsequenzen hat es für die Theologie, wenn eine eindeutige Option für das unentflechtbare Ineinander von Kommunikationsform, Kommunikationsmittel und Kommunikationsgehalt getroffen wird? Verändert es nicht den jeweiligen Glaubensgehalt erheblich, wenn er in zwischenmenschlichen Begegnungen „rüberkommt", also – mit J. Habermas gesprochen – in „kommunikativen Handlungen" erschlossen[11] wird, oder wenn eine Glaubensinformation via technisches Medium vermittelt wird? Impliziert die christliche Gott-Rede nicht eine lebendige Begegnung mit konkreten Menschen? Ist sie nicht ein Angebot zur Identifikation, verbunden mit der gebotenen Freiheit, die Identifikation zu verweigern? In dieser Hinsicht steht die Alternative zwischen der Eindeutigkeit begrifflicher Vermittlung und der Vielsinnigkeit interpersoneller Begegnungen und Lebenszeugenschaft aus dem Glauben heraus zur Debatte. Da es einfacher ist, Begriffe auf ihre Richtigkeit hin zu überprüfen als die „Wahrheit" in menschlichen Begegnungen, wird in den Kirchen nicht selten mehr Vertrauen in die richtigen Begriffe als in die authentische Glaubenszeugenschaft lebendiger Menschen gesetzt. Das Vertrauen in den „Glaubenssinn" des Volkes Gottes wird geschwächt.
Ganz gleich, ob nun der richtige Glaubensinhalt oder die Glaubenswahrheit, die sich im Beziehungsgeschehen zeigt, stärker betont wird, es muss

---

[11] Zum Zusammenhang von christlicher Communio und kommunikativem Handeln in der Schule vgl. die aufschlussreiche Grundlegung durch: SCHEIDLER, MONIKA, Christliche Communio und kommunikatives Handeln. Eine Leitperspektive für die Schule, Altenberge 1993.

mit Nachdruck darauf hingewiesen werden, dass kein Kommunikations-
arrangement die Erschließung des christlichen Glaubens garantieren kann
oder darf. Fundamentale theologische Grenzen in der Glaubenserschließung
werden dort überschritten, wo kommunikativ so gehandelt oder der Anschein
dafür erweckt wird, als könnte mit einem bestimmten Inhalt, mit einer spe-
ziellen Methode oder über ein erfolgversprechendes Medium Glaubenskommunikation garantiert werden. Vielmehr kann es immer nur um die etwas
richtigeren oder weniger richtigen Bedingungen für die Möglichkeit der Glaubenskommunikation gehen. Die Glaubenszustimmung muss dem Geschenk
Gottes und der freien Verantwortung des Menschen anheim gestellt bleiben.

3. Theologie als kritisches Nach-Denken und Verstehen des Kommunikationsgeschehens

Dem untrennbaren Zusammenhang von Theorie und Praxis, von Inhalt und
Form in der sogenannten Kommunikationsgesellschaft kann die herkömm-
liche Konzentration der Theologie auf eine begriffliche Fassung der Wahrheit des Glaubens nicht gerecht werden. Es bedarf einer differenzierenden
theologischen Hermeneutik des ganzen Kommunikationsgeschehens. Nicht
umsonst leisten sich die Kirchen und mit Recht auch der Staat eine Theologie. In einer offenen Gesellschaft haben TheologInnen den Auftrag, ihr
im Diskurs jüdisch-christlicher und kirchlicher Tradition mit den heutigen
gesellschaftlichen Herausforderungen gewonnenes kritisches Denk- und
Handlungspotential u. a. als Entscheidungshilfe in konkreten Kommunika-
tionsfragen allen zur Verfügung zu stellen. Etwas vereinfacht gesagt geht
es um den Unterschied zwischen einem Wirtschaftsunternehmen, dem in
seinem Management hochqualifiziertes Personal für strategische Planungen
und Entscheidungen zur Verfügung steht, und der Kirche, die durch ihre an
die Glaubenstradition angebundene Theologie die Logik strategischer Plau-
sibilitäten zu durchbrechen vermag und damit einer traditionsvergessenen
Gesellschaft heilend-befreiende Impulse für alle Menschen, nicht nur für
die ChristInnen, anbieten kann.

4. Partizipierende und kooperierende TheologInnen

Gleichzeitig steht ein solch kritischer Diskurs der Theologie mit der kirchlichen und gesellschaftlichen Alltagspraxis in Gefahr, zu einem Überbau oder
gar zu einem Sollensanspruch der alles besser wissenden ExpertInnen zu
werden, gegen den sich PraktikerInnen zu Recht wehren. Es steht die „Macht
des Wissens" – und das betrifft auch theologisches Wissen – zur Debatte.
Geht es beim theologischen Wissen um eine – mitunter auch strategisch ein-

gesetzte – „Interpretationsmacht", die über alles Mögliche Bescheid weiß; oder geht es dabei um eine „kommunikative Macht", die sich anteilnehmend und partizipierend in die „Ohnmacht" der existentiellen Berührung wagt. Die wesentlichen Kennzeichen kommunikativer „Ohnmacht-Macht" sind Betroffenheit und Berührbarkeit, gepaart mit einer hohen Konfliktfähigkeit.

Was von den Studierenden im Hörsaal gesagt wurde, gilt also in besonderer Weise für das Verhältnis von wissenschaftlich arbeitenden TheologInnen und sogenannten „PraktikerInnen" in Gemeinde, Schule und Bildungsarbeit: Von der anteilnehmend-partizipierenden Kommunikation mit ihnen abgekoppelte, am „grünen Tisch" deduzierte und von oben herab vermittelte theologische Thesen können noch so richtig sein, sie werden die Praxis nicht verändern. Nur angemessene, d. h. jede Über- und Unterordnung von BerufstheologInnen und PraktikerInnen ausschließende Kommunikationsvorgänge werden auf Dauer Praxis verändern. Es sind das Kommunikationsprozesse, in denen die Kompetenz aller gefragt ist, in die nicht lebensfremdes ExpertInnenwissen von außen eingespeist, sondern kooperativ um theologisch verantwortbare Praxis gerungen wird. Dass ein solcher Anspruch zur Herausforderung des theologischen Lehrbetriebes werden muss, liegt auf der Hand. Wo finden sich TheologInnen mit solchen Optionen?

Für einen der glaubwürdigsten Zeugen eines anteilnehmend-partizipierenden Theologen halten wir z. B. G. Gutierrez[12]. Wie ich (M. S.) mich in einer *communidad* der Armen am Stadtrand von Chiclayo, tausend Kilometer nördlich von Lima, persönlich überzeugen konnte, kennt den weltberühmten Theologen beinahe jeder Jugendliche aus persönlicher Begegnung. Anlässlich eines großen Kongresses der internationalen Zeitschrift Concilium, zu dem G. Gutierrez erwartet wurde, überraschte er mit der Nachricht, dass er wegen des Marsches der Frauen auf Lima, mit denen sich wegen des Kerosinmangels solidarisieren wolle, nicht nach Europa kommen könne. Eine aus der Partizipation mit Menschen entwickelte Theologie ist ohne Optionen nicht möglich.

Nachfragen
* *Wo/Wie hat mir Theologie bisher „geholfen", Kommunikation zu verstehen?*
* *Was ändert es an meiner „Gott-Rede", wenn sie nicht nur inhaltlich, sondern auch von ihrer Kommunikationsform und den Kommunikationsmitteln her bestimmt ist?*
* *Wo in der Gesellschaft und Kirche stehe ich als Theologin/Theologe? Mit wem bin ich solidarisch, woran partizipiere ich?*

---

[12] Vgl. u. a. GUTIÉRREZ, GUSTAVO, Theologie der Befreiung, München-Mainz 1973.

- *Welche Option(en) habe ich getroffen?*
- *Wem/Was schließe ich aus meiner Theologie aus? Warum?*

V. Der „Blick" Kommunikativer Theologie

Zusammenfassend lässt sich Kommunikative Theologie als Theologie im Prozess verstehen, die ihren „Blick" – im Sinne einer differenzierenden theologischen Hermeneutik – auf das Kommunikationsgeschehen richtet[13]. Dieser „Blick" ist nicht in erster Linie distanzierend im Sinne einer „objektiven" Hermeneutik, sondern anteilgebend und anteilnehmend. Es ist ein „Blick" der aus der Berührbarkeit und Partizipation im Kommunikationsgeschehen kommt, aber auch nicht grenzenlos im Kommunikationsprozess „verschwimmt". Kommunikative Theologie geschieht in lebendiger Spannung zwischen der „Macht" in Kommunikation und der „Macht in der Ohnmacht". Sie wird dann erfahrbar, wenn sich TheologInnen auf das konfliktreiche Kommunikationsgeschehen einlassen und die „theologische Interpretationsmacht", mit der sie Kommunikationsprozesse zu verstehen suchen, loslassen. Involviertsein im Prozess und Interpretationsfähigkeit des Geschehens müssen in Balance bleiben, damit Leitung möglich ist. Fremd ist einer Kommunikativen Theologie die „strategische" Interpretationsmacht, die gezielt hermeneutisches Wissen einsetzt, um Ziele zu erreichen, die nicht offen gelegt und allen Beteiligten transparent sind. Die Leitung theologischer Prozesse geschieht also – im Bild gesprochen – weder *vor den,* noch *für die* Betroffenen, sondern *mit* ihnen[14]. Welches hermeneutische Modell steht dafür zur Verfügung?

Es kann weder nur um die Hermeneutik der Glaubenstradition noch nur um ein Verstehensmodell biografischer, kommunikativer und kontextueller Glaubenserfahrungen gehen. Das Modell muss das Geschehen der (Glaubens-)Kommunikation umfassend in den Blick nehmen können. Weiters ist nach einer Hermeneutik zu suchen, die Partizipation am Kommunikationsgeschehen ermöglicht und gleichzeitig das „Verstehen" von Prozessen fördert. Auf dem Hintergrund unserer langjährigen theologischen Arbeit in und mit Gruppen greifen wir auf ein Kommunikationsmodell vor, das im 6. und 7. Kapitel eingehend erschlossen wird. Es ist der Ansatz der Themen-

---

[13] Den Begriff „Blick" für die theologische Hermeneutik des Kommunikationsgeschehens verwenden wir in Analogie zu M. Kramls Forschungen zur Eucharistie: KRAML, MARTINA, Miteinander Essen und Trinken. Prolegomena einer Eucharistiekatechese, Innsbruck 2001 (unveröff. Diss.).

[14] Vgl. HILBERATH, BERND JOCHEN/SCHARER, MATTHIAS/HASLINGER, HERBERT, Konkretion: Leitung, in: Handbuch Praktische Theologie Bd.2, hg. v. HASLINGER, HERBERT u. a., Mainz 2000, 494–510.

zentrierten Interaktion nach R. C. Cohn (TZI). Dieses Modell, das zunächst für die Kommunikation in Gruppen gilt, bringt auch die wesentlichen Komponenten einer Theologie als „Glaubenspraxiswissenschaft" ins Spiel. Es wird eine anwendungsorientierte Hermeneutik im Hinblick auf eine (kirchliche) Kommunikationspraxis in der Gesellschaft möglich, die Partizipation am Geschehen fördert und gleichzeitig leitungs-/interpretationsfähig bleibt. Wer sich darin übt, den Blick auf die folgenden Perspektiven der Glaubenskommunikation zu schärfen, und die unterschiedlichen Perspektiven in differenzierter Auseinandersetzung und in „dynamischer Balance" zu halten versteht, findet sich in einem theologischen Prozess vor, der nicht erst im Nachhinein zusammenfügt, was von vorne herein zusammengehört. Sie/Er kann sich aus diesem Prozess des „Gott-und-die-Welt-Denkens" nicht distanziert heraushalten. Sie/Er ist mit dem ganzen Leben, mit dem Hören, Denken, Fühlen und Handeln, mit dem Beten und Suchen, mit dem Klagen und Jubeln, mit allem, was ihre/seine Kommunikation bestimmt, in den Prozess einer Kommunikativen Theologie involviert.

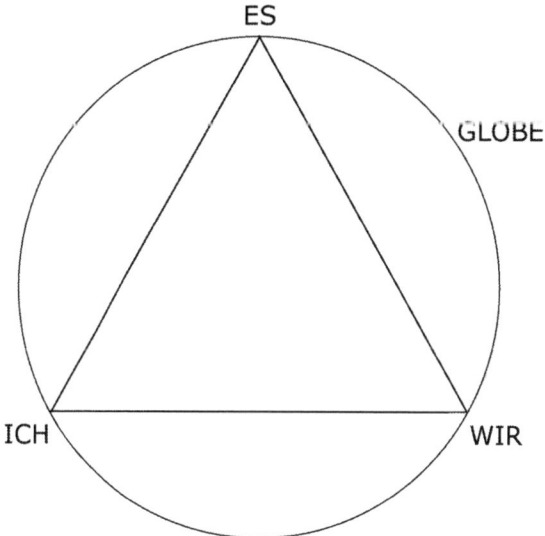

Abbildung 1

Aus den Ausführungen in den folgenden Kapiteln und der kontinuierlichen Fortschreibung des Schemas wird deutlich werden, dass sich eine Kommunikative Theologie als Prozess ihre Perspektiven ständig erweitern muss. Wir können dabei eine Entwicklung feststellen. Sie reicht vom konventionellen „Blick" der Ableitung und Anwendung von Theologie in die kirchliche

Praxis hinein, über das Bemühen um „Versöhnung" von Glaubenstradition und heutiger Situation, Gott und Welt bis zum systemtransformierenden „Blick" der Differenz. Um die Entwicklung des hermeneutischen „Blickes" zu verdeutlichen, werden zunächst das einlinige Ableitungs- und Anwendungsschema und unser mehrperspektivisches Schema einander gegenübergestellt; letzteres wird in diesem Buch immer weiter ausdifferenziert.

Anwendungshermeneutik

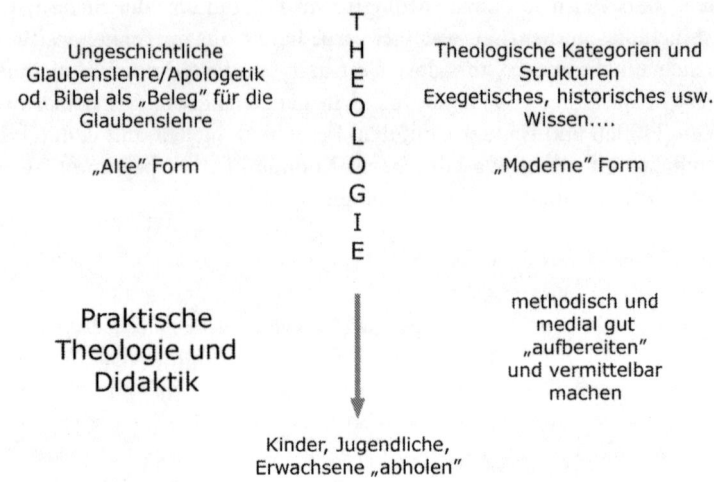

	T	
Ungeschichtliche Glaubenslehre/Apologetik od. Bibel als „Beleg" für die Glaubenslehre	H E O L	Theologische Kategorien und Strukturen Exegetisches, historisches usw. Wissen....
„Alte" Form	O G I E	„Moderne" Form
Praktische Theologie und Didaktik		methodisch und medial gut „aufbereiten" und vermittelbar machen

Kinder, Jugendliche, Erwachsene „abholen"

Abbildung 2

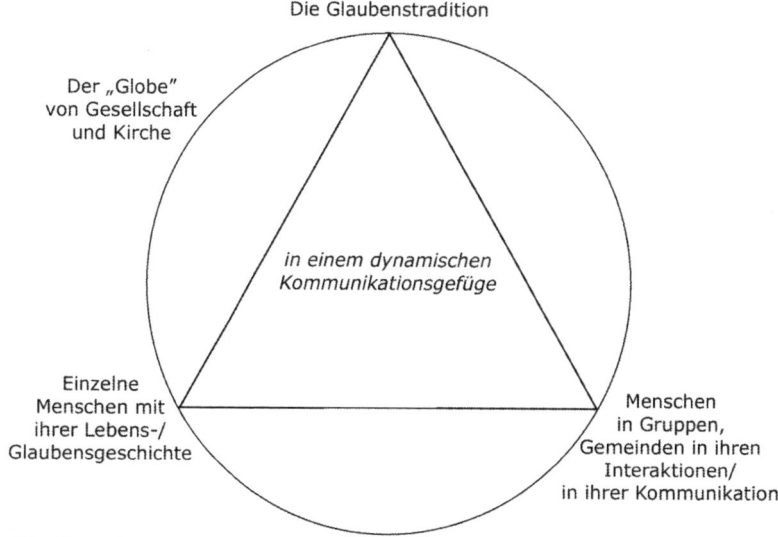

Die Glaubenstradition

Der „Globe"
von Gesellschaft
und Kirche

in einem dynamischen
Kommunikationsgefüge

Einzelne
Menschen mit
ihrer Lebens-/
Glaubensgeschichte

Menschen
in Gruppen,
Gemeinden in ihren
Interaktionen/
in ihrer Kommunikation

Abbildung 3

In diesem mehrperspektivischen Schema ist noch nichts über das Verhältnis gesagt, in dem die einzeln Perspektiven zueinander stehen. Zunächst gilt die Behauptung, dass Theologie aus einer kommunikativen Vernetzung der Perspektiven generiert wird, in welche TheologInnen existentiell und damit auch intellektuell als „partizipierende TheologInnen" eingebunden sind.

Nachfragen
- *Welche Bereiche der theologischen Ausbildung, Forschung, Praxis erinnern mich an das erste Schema, welche an das zweite?*
- *In welchen Situationen nähere ich mich eher dem ersten Schema, in welchem eher dem zweiten?*
- *Welche Fragen und Probleme der Theologie treffen das eine oder andere Schema oder beide oder keines von beiden?*
- *Was würde ich an diesen Schemen spontan ergänzen oder verändern?*
- *Wie würde ich meine „Theologie im Prozess" schematisch darstellen?*

2. Kapitel: Die unklare und gleichzeitig unumgängliche Rede von Kommunikation

Damit wir die Auseinandersetzung um Kommunikation in den Wissensgesellschaften des Nordens theologisch in den Blick nehmen können, ist eine weitere Verständigung über den Kommunikationsbegriff notwendig.

I. Was ist Kommunikation?

Der Begriff Kommunikation (von lat. „communicatio", Mitteilung) bezeichnet in der Regel zwischenmenschliche Mitteilung und Verständigung mittels bedeutungshaltiger verbaler und non-verbaler Zeichen. Als „dialogisches Wesen"[15] ist der Mensch, um leben, ja sogar um psychisch wie physisch überleben zu können, auf Kommunikation angewiesen. Mittels Kommunikation kann er in Gemeinschaft Mensch werden und sein. Kommunikation erschließt in Form alltäglicher Interaktionen den KommunikationspartnerInnen eine gemeinsame Welt, in der sie als aktive Subjekte miteinander kommunizieren, Normen und Werte entwickeln und so ihre Identität gewinnen. Kommunikation hat also eine wirklichkeitsstiftende und -erhaltende Macht: „Die subjektive Wirklichkeit von etwas, das nie besprochen wird, fängt allmählich an, hinfällig zu werden"[16]. Eine in dieser Form beschriebene Bedrohung des Menschen durch Wirklichkeitsverlust gründet auf einer konstruktivistischen Position. Sie bringt uns insofern ein Stück weiter, als sie deutlich macht, dass die Wirklichkeit, in der Menschen leben, durch Kommunikation zustande kommt und dass Menschen unbedingt darauf angewiesen sind, mit anderen Menschen deren je andere Wirklichkeiten auszutauschen bzw. sich mit ihnen zu verständigen. Konsequenz einer solchen konstruktivistischen Auffassung könnte aber auch sein, dass sich der Mensch eine völlig illusionäre Wirklichkeit zurechtrichten kann, aus der er, wenn sie von anderen geteilt wird, nicht mehr herauskommt. Totalitäre Systeme, wie sie sich in geschlossenen Gruppen äußern können, sind Beispiele für eine derartige „Wirklichkeits"erzeugung.

Konstruiert sich nicht gerade auch der glaubende Mensch eine Welt, die

---

[15] Vgl. BUBER, MARTIN, Ich und Du, Heidelberg [13]1997.
[16] BERGER, PETER L. / LUCKMANN, THOMAS, Die gesellschaftliche Konstruktion der Wirklichkeit. Eine Theorie der Wissenssoziologie, Frankfurt a. M. [2]1982, 164.

zwar seiner Sehnsucht entspricht, die es aber in Wirklichkeit nicht gibt? Eine Glaubenskommunikation, die den „Himmel offen hält", die sich also nicht in zwischenmenschlicher Kommunikation und wechselseitiger Vergewisserung erschöpft, sondern die Gottesbeziehung in das Kommunikationsgeschehen und -verständnis mit einschließt, steht gesellschaftlich unter einem besonderen Illusionsverdacht.

Man kann die Herausforderung des Konstruktivismus auch so formulieren: Kann sich der Mensch dem radikalen Relativismus des Konstruktivismus mit seinen unendlich vielen Wirklichkeiten möglicherweise erst dann stellen, wenn er aus einer unbedingten Gewissheit heraus kommuniziert, dass sein ganzes Leben und auch das der Anderen letztlich von einem ganz Anderen gehalten und getragen ist; und das nicht nur im Moment, sondern als Ganzes und selbst durch den Tod hindurch? Eine solche Gewissheit ist nicht nur eine rationale Einsicht, sie ist eine Beziehungsgewissheit, die – wie wir aus vielen Beispielen biblischer BeterInnen erkennen können – Zweifel, Angst, Trauer, Kampf, Wut, Verlassenheit, Einsamkeit in die Beziehung mit einschließt.

Damit wird deutlich: Kommunikation, wie wir sie verstehen, beschränkt sich keineswegs auf den Informationsaustausch. Sie erschöpft sich nicht im verbalen Ausdruck. Was Menschen tief berührt, was sie unbedingt betrifft, kommunizieren sie in der Regel symbolisch-rituell: in Riten und Gesten, in Bildern und Erzählungen oder über symboltiefe „Gegenstände". Auch das gemeinsame Tun, das Teilen von Freude und Sorge, von Lust und Verantwortung hat eine tiefe kommunikative Qualität.

Wie wir bereits im 1. Kapitel kurz erwähnt haben, kann uns auf philosophisch-soziologischer Ebene J. Habermas Theorie des „kommunikativen Handelns" im spätmodernen Sprachgewirr um Kommunikation zunächst ein Stück weiterhelfen: In aller Kürze soll seine Unterscheidung von drei Formen des menschlichen Kommunikationshandelns in Erinnerung gerufen werden:
• das instrumentelle, erfolgsorientierte nicht-soziale Handeln
• das strategische, erfolgsorientierte soziale Handeln
• das kommunikative, verständigungsorientierte soziale Handeln
Nur das kommunikative Handeln gibt dem Menschen Raum zum Subjektsein und unterstellt ihn nicht dem Nutzen und dem Kalkül.

Der philosophisch-soziologische Begriff des kommunikativen Handelns wurde verschiedentlich theologisch interpretiert. Als solcher ist er offen für die Deutung der dialogischen Grundstruktur des Menschen als Ausdruck seiner Geschöpflichkeit, Gottebenbildlichkeit und Freiheit: Demgemäss ist der Mensch ein immer schon – letztlich von Gott – angesprochenes Wesen, das in Freiheit antworten, aber sich auch verweigern kann. Das Kommunikationsverständnis radikalisiert sich angesichts einer Kommunikationsgemeinschaft, welche in christlicher Hoffnung auch die Toten umfasst, für

deren Subjektsein die Lebenden nichts mehr tun können, für die aber die
rettende Wirklichkeit Gottes eintritt.[17]
Doch bevor im 4. Kapitel ausführlich vom „kommunikativen Gott" und
seiner Kommunikation in der Geschichte die Rede sein wird, verfolgen wir
die anthropologische Rede von der Kommunikation weiter.

II. Der Mensch „kann nicht nicht kommunizieren"

In diesem ersten „metakommunikativen Axiom" fasst der bekannte Kom-
munikationsforscher P. Watzlawick[18] pointiert zusammen, womit sich die
sozialwissenschaftliche Kommunikationsforschung seit den dreißiger Jahren
des 20. Jahrhunderts beschäftigt: nämlich mit der menschlichen Kommunikation als einer sozialen Grundfähigkeit zur interaktiven Vermittlung
bedeutungsvoller Inhalte durch den Austausch kulturell geprägter Zeichen.
Die aus der Propagandaforschung hervorgegangenen sozialwissenschaftlichen Kommunikationstheorien richten ihr Interesse immer stärker auf den
inzwischen zunehmend technisierten Kommunikationsprozess via E-Mail,
Internet, World Wide Web usw. Davon sind die Theorien der intrapersönli-
chen und der zwischenmenschlichen Kommunikation zu unterscheiden.

1. Sender und Empfänger

Eine Grundannahme in den sozialwissenschaftlichen Kommunikationstheorien besteht darin, dass ein „Sender" eine von ihm kodierte Botschaft mittels
eines Mediums mit einem Empfänger austauscht, der den Inhalt der Botschaft dekodiert, um ihn zu verstehen[19]. Dieses Sender-Empfängermodell
kann in begrenzter Weise aufklären, dass Inhalte niemals neutral vermittelt
werden können. Sowohl der Information Sendende als auch der Empfangende
beziehen sich auf Grund ihrer Entwicklungs- und Sozialisationserfahrungen
auf ein Bedeutungsspektrum, das in vieler Hinsicht vieldeutig sein kann. So
kommt es, dass eine Botschaft völlig anders ankommen kann, als sie vom
Sender gemeint war. Speziell die Paartherapie und Konzepte von Kommu-
nikationstrainings haben sich diese Erkenntnisse zu Nutze gemacht, um
Kommunikationsbarrieren aufzuklären und überwinden zu helfen. Wie wir

---

[17] Vgl. PEUKERT, HELMUT, Wissenschaftstheorie – Handlungstheorie – Fundamentale Theologie. Analysen zu Ansatz und Status theologischer Theoriebildung, Düsseldorf 1976, 311.
[18] WATZLAWICK, PAUL / BEAVIN, JANET H. / JACKSON, DON D., Menschliche Kommunikation:
Formen, Störungen, Paradoxien, Bern 1969, [10]2000, 53.
[19] Vgl. SCHULZ VON THUN, FRIEDEMANN, Miteinander reden 1. Störungen und Klärungen.
Allgemeine Psychologie der Kommunikation, Reinbek 1981.

vor allem im Zusammenhang mit der Darstellung der Kommunikation nach dem Ansatz der Themenzentrierten Interaktion zeigen werden, greift das Sender-Empfänger-Modell bei weitem zu kurz, um die Dynamik lebendiger Kommunikation erklären zu können. Wir werden sehen, dass alle Ebenen der Kommunikation, die Sache, die kommuniziert wird, die Subjekte, ihre Interaktion und Kommunikation wie auch der konkrete Kontext in „dynamischer Balance" aufeinander bezogen sind. Das Sender-Empfänger-Modell wird der Vielschichtigkeit von Kommunikationsakten nicht gerecht.

2. *Kommunizieren von Anfang an*

Watzlawicks Axiom, dass der Mensch, „wie immer er es versuchen mag", „nicht nicht kommunizieren"[20] kann, entspricht unserer Erfahrung von Beginn des Lebens an. Tatsächlich ist jeder Mensch ein von Anfang an auf Kommunikation hin angelegtes und von gelingender menschlicher Kommunikation zutiefst abhängiges Wesen; dies auch dann noch, wenn sie/er in der Abgeschiedenheit eines kontemplativen Ordens leben und die verbale Kommunikation mit Menschen auf ein Minimum einschränken würde. Gerade ein solch religiöser Kontext erweitert den Kommunikationsbegriff. Denn sowohl die nonverbale Kommunikation der Menschen untereinander wie auch die Kommunikation im und mit dem geheimnisvoll verborgenen, aber dem Menschen dennoch unendlich nahen Du, die wir „Beten" nennen, wird vermutlich auch das Personsein dieses Menschen bestimmen. Menschliche Kommunikation ist für Menschen so entscheidend, dass frühe Kommunikationsstörungen oder -verweigerungen zu schweren seelischen und körperlichen Schädigungen, ja zum Tod von Menschen führen können[21].
Entwicklungs- und Sozialpsychologien haben für die pränatalen und frühkindlichen Lebensphasen lange Zeit eine weitgehend einseitige Kommunikation der Mutter und anderer früher Bezugspersonen mit dem Fötus bzw. mit dem Säugling oder Kleinkind angenommen. Demgegenüber nehmen neuere Forschungen bereits für die frühesten Lebensphasen eine wechselseitige Kommunikation[22] an. Die Mutter und andere frühe Bezugspersonen beeinflussen nicht nur das Kind, es gilt auch umgekehrt: Schon das Kind im Mutterleib kommuniziert mit der Mutter und über sie mit der Umwelt, sodass es auch auf diese Umwelt aktiven Einfluss ausüben kann. Welche

[20] WATZLAWICK, Menschliche Kommunikation, 51.
[21] Vgl. u. a. SPITZ, RENE A., Vom Säugling zum Kleinkind. Naturgeschichte der Mutter-Kind-Beziehung im ersten Lebensjahr, deutsch: Stuttgart [11]1996.
[22] Vgl. u.a. BENJAMIN, JESSICA, Die Fesseln der Liebe. Psychoanalyse, Feminismus und das Problem der Macht, Amerikanische Originalausgabe: New York 1988, deutsch: Frankfurt a. M. 1993.

schwangere Frau weiß nicht, wie sehr ihr Kind das Leben bestimmen kann? Kinder sind von der liebenden Zuwendung ihrer frühen Bezugspersonen abhängig. Es gilt aber auch, dass sie in der „Kommunikation zwischen den Generationen", welche mit der Kommunikation zwischen Mutter und Kind in der Schwangerschaft beginnt und das ganze Leben fortdauert, nicht einfach nur die geliebten, verwöhnten, vernachlässigten, missbrauchten Objekte Erwachsener sind. In der neueren Pädagogik wird auch schon dem sehr jungen Kind, ja dem Embryo, Subjekthaftigkeit und Intersubjektivität zuerkannt. Für zwischenmenschliche Kommunikation gilt, wenn sie menschenwürdig sein soll, dass immer Menschen Menschen begegnen. Menschliche Kommunikation ist eine „Ich-Du"- bzw. eine „Ich-Wir"-Beziehung.

3. Der Mensch, ein dialogisches Wesen

Die Beziehungsgestalt menschlicher Kommunikation hat der jüdische Philosoph M. Buber mit der Beschreibung des Menschen als „dialogisches Wesen" erfasst. M. Buber unterscheidet, wenn es um Begegnung geht, die „Grundworte" „Ich-Du" und „Ich-Es":
„Wer Du spricht, hat kein Etwas zum Gegenstand. Denn wo Etwas ist, ist anderes Etwas, jedes Es grenzt an andere Es, Es ist nur dadurch, dass es an andere grenzt. Wo aber Du gesprochen wird, ist kein Etwas. Du grenzt nicht. Wer Du spricht, hat kein Etwas, hat nichts. Aber er steht in der Beziehung."[23]
Kein Mensch darf also in der menschlichen Kommunikation zum „Etwas", zum Objekt des anderen gemacht werden, wenn Begegnung gelingen soll. „Pädagogisch fruchtbar ist nicht die pädagogische Absicht, sondern die pädagogische Begegnung", sagt M. Buber.
Diese dialogische Anthropologie wird in der Themenzentrierten Interaktion nach R. C. Cohn (TZI) positiv aufgegriffen und um die Gruppen-, die Sach- und die Kontextebene erweitert. Zur besonderen Herausforderung wird TZI im Hinblick auf das „Es", auf die „Sache"; also auf den Gegenstand der Glaubenskommunikation und der Theologie. Geht es hier auch um eine „Ich – Du" oder doch um eine „Ich – Es" Beziehung? Vermutlich kann beides der Fall sein: Das Kommunizieren von Glaubensgehalten bzw. theologischen Inhalten wird einer „Ich – Es" Beziehung entsprechen. Wenn sich der Mensch aber dem unendlichen Geheimnis Gottes stellt und in die betende oder feiernde Kommunikation eintritt, die ja – etwa nach dem ostkirchlichen Verständnis – Theologie erst ermöglicht, dann wird diese Begegnung in Analogie zur menschlichen „Ich-Du"-Beziehung gedacht werden dürfen.

---

[23] BUBER, MARTIN, Ich und Du, Heidelberg [13]1997, 10f.

Die bekannte chassidische Erzählung von der „Bekehrung des Knaben" gibt eine Ahnung von solch tiefer Kommunikation wieder.

„Rabbi Ahron kam einst in die Stadt, in der der kleine Mordechai, der nachmalige Rabbi von Lechowitz, aufwuchs. Dessen Vater brachte ihm den Knaben und klagte, dass er im Lernen keine Ausdauer habe. ‚Lasst ihn mir eine Weile hier', sagte Rabbi Ahron. Als er mit dem kleinen Mordechai allein war, legte er sich hin und bettete das Kind an sein Herz. Schweigend hielt er es am Herzen, bis der Vater kam. ‚Ich habe ihm ins Gewissen geredet', sagte er, ‚hinfort wird es ihm an Ausdauer nicht fehlen.'
Wenn der Rabbi von Lechowitz diese Begebenheit erzählte, fügte er hinzu: ‚Damals habe ich gelernt, wie man Menschen bekehrt.'"[24]

4. Der andere des anderen kommt in den Blick

Ist Glaubenskommunikation nur aus der Alternative der „Ich-Du"- bzw. der „Ich-Es"-Beziehung denkbar? Ist sie – wenn es um zwischenmenschliche Kommunikation geht – einfachhin als intersubjektiver Austausch zu denken? Der französisch-litauische Philosoph E. Lévinas radikalisiert – in Auseinandersetzung mit M. Buber – die Perspektive der Intersubjektivität. Für ihn ist das „Antlitz" des Menschen die zentrale Metapher für den anderen. In der radikalen Hinwendung zum Antlitz des anderen ist letztendlich Transzendenzerfahrung möglich. Die Begegnung mit dem anderen bleibt nicht auf die „Ich-Du"-Beziehung beschränkt. Wenn der andere des anderen in den Blick kommt, wird die eigene Freiheit in Frage gestellt; Fragen der Gerechtigkeit und Barmherzigkeit brechen auf. E. Lévinas fasst den Kerngedanken seiner Philosophie des anderen in folgender Weise zusammen:
„Dia-Konie vor jedem Dia-log. Ich analysiere die zwischen-menschliche Beziehung so, als wäre in der Nähe zum *Anderen* – jenseits des Bildes, das ich mir vom anderen Menschen mache – sein Antlitz, der Ausdruck des *Anderen* (und in diesem Sinn ist mehr oder weniger der ganze menschliche Körper Antlitz), das, was mir *befiehlt,* ihm zu dienen."[25]
E. Lévinas unterstreicht also, indem er über die Reziprozität und Symmetrie in der Begegnung, wie sie M. Buber vertritt, hinaus geht, die Ungleichheit, die Asymmetrie. Die Ungleichheit besteht aber nicht in klassischen Abhängigkeitsverhältnissen wie dem der Kinder von den Eltern, dem der SchülerInnen von den LehrerInnen, dem der Armen von den Reichen usw.; es verhält sich geradezu umgekehrt: Das Ich wird vom Du in den Dienst genommen.

[24] BUBER, MARTIN, Die Erzählungen der Chassidim, Zürich 1949, 327.
[25] LEVINAS, EMMANUEL, Ethik und Unendliches. Gespräche mit Philippe Nemo, Graz–Wien 1986, 74.

„In diesem Sinn bin ich verantwortlich für den *Anderen*, ohne Gegenseitigkeit zu erwarten, und wenn es mich das Leben kosten würde. ... Gerade in dem Maße, in dem die Beziehung zwischen dem Anderen und mir nicht gegenseitig ist, bin ich dem *Anderen* gegenüber unterworfen."[26]

Im nächsten Kapitel soll – nicht zuletzt im Anschluss an E. Lévinas –deutlich werden, welche Tragweite das tendenziell „versöhnende", dialogische Kommunikationsverständnis M. Bubers und das tendenziell „differenzierende" E. Lévinas' haben, wenn man sie auf die gesellschaftlichen Auseinandersetzungen um Religion und Glaube bezieht.

Nachfragen
- *Welches Kommunikationsverständnis hatte ich bisher? Was war/ist mir neu?*
- *Welche Einsichten bringt ein konstruktivistisches Kommunikationsverständnis in meinem beruflichen und privaten Kontext?*
- *Wo/In welcher Form begegne ich „instrumentellem", „strategischem", „kommunikativem" Handeln?*
- *Was ist mir an den Einsichten M. Bubers/E. Lévinas zur Kommunikation wichtig? Was verbindet, was trennt die Konzepte?*
- *Was gibt mir die „Bekehrung des Knaben" im Hinblick auf meine Kommunikationspraxis zu denken?*

---

[26] LEVINAS, Ethik und Unendliches, 75.

3. Kapitel: Der „Kampf der Götter" als Dilemma der Kommunikationsgesellschaft

Dieses Kapitel führt uns in die theologische Auseinandersetzung mit dem „Globe", dem Kontext der Kommunikativen Theologie ein, der – wie wir gesehen haben – alle Perspektiven der Glaubenskommunikation und der Theologie tangiert. Bei R. C. Cohn werden wir lesen: „Wer den Globe nicht achtet, den frisst er". In diesem Sinne „arbeitet" Kommunikative Theologie weder allein mit der „großen Bibliothek" der Tradition noch nur im „stillen Kämmerlein" der Erfahrungen einzelner Glaubenssubjekte oder im kommunikativen Geschehen von Gruppen und Gemeinden und ihrer impliziten Theologie. Weder die Tradition noch die Situation von Menschen, Menschengruppen, Kirchen und Gemeinden können in einer globalisierten Wissensgesellschaft außerhalb des gesellschaftlichen Kommunikationsverständnisses und des Kommunikationshandelns verstanden werden. Wir werden sehen, wie auch das Kommunikationshandeln der Kirchen im Hinblick auf ihre Konzepte der Glaubenserschließung mit den gesellschaftlichen Entwicklungen eng verbunden ist. Kirchen als Kommunikationsgemeinschaften stehen der Gesellschaft nicht einfach gegenüber; gerade im Hinblick auf ihre Kommunikationswirklichkeit sind sie Kirchen in der Gesellschaft. Insofern gilt es zunächst danach zu fragen, *wie* das Kommunikationsverstehen und das Kommunikationshandeln in der globalen Wissensgesellschaft die unterschiedlichen Perspektiven der Glaubenskommunikation und der theologischen Rede tangieren.

I. Der „garstige Graben" und die versöhnenden „Brücken"

Was Menschen mit Gott zusammenbringen, ist nach J. Werbick die entscheidende Herausforderung der Gott-Rede, der Theologie der Moderne[27]. Wie wir bereits im 1. und 2. Kapitel gesehen haben, muss Kommunikative Theologie das *Was* in der Verflochtenheit mit dem *Wie* thematisieren. Die theologische Formel lautet also: *Was* Menschen *wie* mit Gott zusammenbringen. Diese Formel hebt eine theologische Einsicht ins Bewusstsein: Es besteht ein untrennbarer Zusammenhang zwischen Gott, besser gesagt, zwischen dem, was wir von Gott aus der christlichen Offenbarung und den

---

[27] Vgl. WERBICK, JÜRGEN, Bilder sind Wege. Eine Gotteslehre, München 1992.

kirchlichen Traditionen erkennen können, und dem konkreten Leben der Menschen. Für die theologische Erkenntnis spielt nicht nur das *Was* des Glaubens eine Rolle. Die Art und Weise des Erkennens und des Weitergebens des von Gott Erkannten, also das *Wie* der Kommunikation Gottes in der christlichen Tradition und in der Lebens-/Glaubensgeschichte heutiger Menschen sind untrennbar miteinander verbunden.

Hinter J. Werbicks Formel steckt die implizite Annahme, dass es eine säkulare Trennung zwischen der christlichen Offenbarung und der Situation der Menschen heute gibt. Dieser „garstige Graben" zwischen Offenbarung und Situation[28], diese einschneidende Kommunikationsbarriere sei theologisch zu überwinden. Wenn wir J. Werbicks fundamentaltheologischen Ansatz recht verstehen, dann sind wir mit ihm zunächst darin einig, dass Offenbarung und Situation des Menschen heute, Glaube und Leben, Gott und Welt grundsätzlich zusammengehören. Das lässt sich bereits schöpfungstheologisch begründen und inkarnationstheologisch (spezifisch christlich in der Menschwerdung Gottes in Jesus Christus) vertiefen.

Muss zwischen „damals" und „heute", zwischen „Offenbarung" und ‚Situation' des Menschen tatsächlich ein Graben überbrückt werden? Muss die Versöhnung zwischen den zwei Seiten dialektisch hergestellt werden? Muss es eine Synthese geben? Ja, ist die These vom garstigen Graben, der die Moderne durchzieht, in der Spätmoderne überhaupt noch aktuell? Wenn Gott und Welt säkular getrennt sind, dann hilft es auch nichts, sie „methodisch-didaktisch" zusammenbringen zu wollen. *Was* Menschen *wie* mit Gott zusammenbringen oder nicht zusammenbringen ist zunächst als theologische Herausforderung zu verstehen. Das gilt bis in die konkreteste Kommunikationssituation der Familie, des Kindergartens, der Gemeinde oder der Schule hinein. Zumindest vor jeder katechetischen oder pastoralen Bemühung – in vielen Fällen „statt" der vielen katechetischen und pastoralen Anstrengungen – gilt es zu fragen, ja immer wieder neu zu lernen, *was* Kinder, Jugendliche, Erwachsene in der jeweiligen kirchlichen und gesellschaftlichen Situation, *was* sie in ihrem „Kommunikationsglobe" – wie – mit Gott zusammenbringen; mit welchem „Kinder-, Jugend- oder Erwachsenengott unter dem Arm"[29] sie dem „kommunikativen Gott" des christlichen Glaubens begegnen.

Die Schwierigkeit mit dieser fundamentalen theologischen Anschauung besteht für klassisch ausgebildete TheologInnen vor allem darin: *Was* Menschen *wie* mit Gott zusammenbringen, zeigt sich in der Regel nicht in den

---

[28] Vgl. TILLICH, PAUL, Systematische Theologie, Bd. 1, Frankfurt a. M. [8]1984 (amerik. Original Ausgabe, Chicago 1951), 9–80.

[29] Vgl. RIZZUTO, ANNEMARIA, The birth of a living god, Chicago 1979. Die Autorin spricht davon, dass jedes Kind, den Kindergott unter dem Arm, dem Kirchengott begegnet.

vertrauten theologischen Kategorien, sondern in jener „Sprache", in der sich das tief Menschliche, ja das Religiöse ausdrückt: In den alltäglichen Riten und Gesten, in Gegenständen, die Kindern, Jugendlichen oder Erwachsenen „heilig" sind, in Bildern, Metaphern, existentiell bedeutsamen Erzählungen. Es bedarf einer neuen Ausbildung von TheologInnen, die unterschiedlichsten Lebensäußerungen von Menschen „theologisch" und nicht nur soziologisch oder psychologisch „lesen" zu lernen. Eine solche hermeneutische Qualifikation ist nicht weniger anspruchsvoll oder wichtig, als es die Qualifikation zur Exegese der Offenbarungs- und Traditionstexte ist.

In den klassischen Korrelationstheologien und ihren religionspädagogisch-pastoralen Rezeptionen wurden Fragen aufgegriffen, die der Überwindung des „garstigen Grabens" galten. In der korrelativen Logik überbrückt die „Erfahrung" die Kluft zwischen Tradition und Situation. Die Glaubenstradition wird als Erfahrungen von Menschen mit ihrem Gott und miteinander gedacht, die mit heutigen Erfahrungen „korreliert", also in einer wechselseitigen und wechselseitig kritischen Verbindung steht. Man darf bei dieser „Erfahrungsbrücke" freilich nicht einfach an die empirische oder routinierte Alltagserfahrung des Zähneputzens denken, die keine offenbarende Stärke hat. Gemeint sind tiefe existentielle, ja mystische Erfahrungen bzw. Erfahrungen, die der Mensch nicht mehr in der Hand hat, die man auch besser „Widerfahren" nennen könnte[30]. Mit K. Rahner gesprochen gibt es sogar „anonyme" Erfahrungen des Christlichen.

Die Kritik an den Korrelationstheologien und ihren religionspädagogisch-pastoralen Rezeptionen zeigt, dass sowohl das Bild vom „garstigen Graben" als auch das „Brücken-" oder „Versöhnungsdenken" zwischen „Gott und der Welt" in mehrfacher Hinsicht problematisch ist[31]. Die korrelationstheologischen Modelle in allen Facetten untersuchen zu wollen, würde an dieser Stelle zu weit führen. Auch geht es auf keinen Fall darum, hinter sie zurück zu gehen, wie das etwa vom Dogmatiker Thomas Ruster[32] vorgeschlagen wird. Eine neue Auflage der Ableitungs- und Anwendungshermeneutik würde den Blick für den Reichtum der Theologie radikal verengen. Erst aus einer mehrperspektivischen Sichtweise heraus werden die unterschiedlichen Blickwinkel der Theologie entdeckt und das in Beziehung gesetzt, was in der

---

[30] Vgl. u. a. SCHILLEBEECKX, EDWARD, Erfahrung und Glaube, in: CGG 25, 73–116; SCHAEFFLER, RICHARD, Erfahrung als Dialog mit der Wirklichkeit, Freiburg-München 1995.

[31] Vgl. u. a. ENGLERT, RUDOLF, Die Korrelationsdidaktik am Ausgang ihrer Epoche. Plädoyer für einen ehrenhaften Abgang, in: HILGER, GEORG / REILLY, GEORGE (HG.), Religionsunterricht im Abseits? München 1993; SCHARER, MATTHIAS, Korrelation als Verschleierung. Zur theologischen Auseinandersetzung um das Konzept des Lehrplanes für den katholischen Religionsunterricht auf der Sekundarstufe I (Lehrplan 99), in: ÖRF 8 (1998) 8–11.

[32] Vgl. RUSTER, THOMAS, Der verwechselbare Gott. Theologie nach der Entflechtung von Christentum und Religion (QD 181), Freiburg i. Br. 2001.

Glaubenskommunikation der Kirche immer schon in Beziehung ist, ohne ineinander zu „verschmelzen": die Glaubenstradition, das Biografische, das Kommunikative (Gruppe, Gemeinde) im engeren Sinne und der „Globe". Das Wechselspiel dieser Perspektiven zeigt, dass der nur auf die „Versöhnung" zwischen Gott und der Welt bedachte Blick auf jeden Fall zu kurz greift. Um deutlicher zu machen, worum es in unserer Kritik geht, sei das Schema, das uns durch dieses Buch begleitet, zunächst „versöhnungshermeneutisch" aufgefüllt.

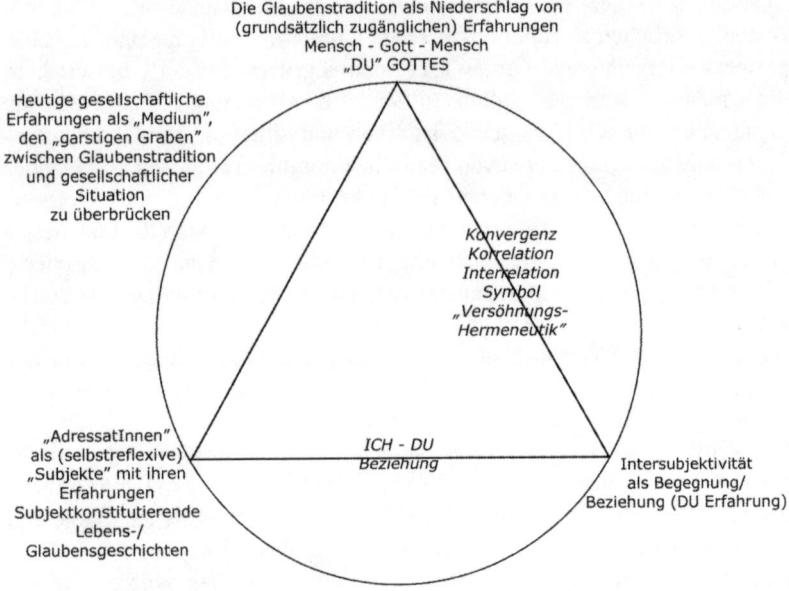

Abbildung 4

Nachfragen
- *Inwiefern, wo und wie spielt die Frage des „Bruches" zwischen Gott und Welt, zwischen Glaube und Leben, zwischen Kirche und Welt in meiner Theologie und in meinem Handeln eine Rolle?*
- *Sehe ich den „garstigen Graben"? Wenn ja, wo? Wenn nein, warum nicht?*
- *Baue ich in meiner Theologie und in meinem Handeln „Brücken" zwischen Gott und der Welt? Wenn ja, woraus bestehen diese Brücken? Was bringt sie eventuell zum Einsturz?*
- *Wo, wann, wie komme ich an die Grenzen des Brückenbauens und „Versöhnens" von Gott und Welt?*
- *Wie ist meine Theologie orientiert? Wie sehr ist mir eine Korrelationstheologie bewusst? Begleitet sie mein Handeln?*

II. Der andere Pol: Konfliktreiche Konfrontation „an der Grenze"

Wir gehen davon aus, dass die gesellschaftlichen Verhältnisse im Hinblick darauf, was Menschen wie mit Gott bzw. mit dem, was sie als gottähnlich verehren, weil sie ihr Leben daran hängen, zusammen bringen, eine große Rolle spielen. Wenn also in einer globalisierten Wissensgesellschaft die Kommunikation einen zentralen Stellenwert einnimmt, dann bleiben Glaubenskommunikation und Theologie davon nicht unberührt, so diffus der Kommunikationsbegriff in der Gesellschaft und auch in der Wissenschaft sein mag. „Gott" und „Kommunikation" haben etwas miteinander zu tun, auch wenn das von vielen Menschen nicht mehr ausdrücklich wahrgenommen wird. Dies gilt umso mehr, als ein theologisches Kommunikationsverständnis vom Bekenntnis des einen und dreieinen Gottes nicht zu trennen ist (4. Kapitel) und ein Selbstverständnis des Menschen und der gesellschaftlichen Wirklichkeit in einer globalisierten Wissensgesellschaft offenbar eng mit „Kommunikation" verbunden ist. Sollen wir also nach neuen „Brücken", nach einer weiteren „Versöhnung" zwischen der Kommunikation des kommunikativen Gottes und der Kommunikation der Menschen fragen? An dieser Stelle wird die mögliche Verführung einer Versöhnungshermeneutik deutlich: Sie könnte zur Spiegelung dessen werden, was in der Gesellschaft an (idealisierter) Kommunikationserfahrung und an Kommunikationsverständnis vorhanden ist. Akzentuiert gesagt könnten der kommunikative Gott der Offenbarung und seine Kommunikation mit den Menschen zum „Abbild" dessen werden, was die ideale Kommunikationserfahrung der Menschen heute bestimmt, also z. B. des Bemühens um Konsens. Einer Kommunikativen Theologie kann es nicht genügen, den Konsens „heilig" zu sprechen, wie das mitunter auch unter TheologInnen tendenziell geschieht. Es kann ja nicht darum gehen, dass Menschen *irgendetwas* in ihrem Leben – und sei es so „edel" wie der Konsens – *irgendwie* mit *irgendeinem* Gott zusammenbringen, wie es der spätmodernen Patchwork-Religiosität vieler Menschen entspricht. In unserem Fall könnte eine solche Verführung zu folgender – in den Kirchen weit verbreiteter – Anschauung führen: Überall dort, wo – herrschaftsfrei in konsensorientierten Gruppen – kommuniziert wird, dort ist in „anonymer" oder in „impliziter" Weise Gott zu finden. Dort, wo gekämpft und gestritten wird, wo ungleiche Herrschaftsverhältnisse bestehen, wäre Gott ausgewandert. So sympathisch ein solcher Gedanke zunächst auch erscheinen mag, seine „Schattenseite" ist theologisch prekär: Die „Störenfriede" in einer Gruppe oder Gemeinde werden zu Außenseitern, ja zu Opfern der „gelingenden" Kommunikation. Nicht wenige kirchliche Gruppen und Gemeinschaften tendieren zu dieser Logik. Sie legen das Wort des Evangeliums „Wo zwei oder drei in meinem Namen versammelt sind, da bin ich mitten unter ihnen" in dieser naiven Form aus. Die Konsequenzen einer solchen „Theologie" sind in kirchlichen Kreisen im Hinblick auf deren mangelnde Konfliktfähigkeit nicht zu übersehen. Wer nur versöhnungshermeneutisch denkt, übersieht, dass der „Dritte", in dessen Namen ChristInnen versammelt sind, der Gekreuzigte aus Nazaret ist. Er ist „der Stein, den die Bauleute verworfen haben" (Ps 118, 22, zit. in Apg 4, 11; 1 Petr 2, 7), er wurde zum Opfer des Konsenses der ‚Frommen', ja der „Verständigung" zwischen der „Religion" und der herrschenden Macht des Pilatus. Nicht menschliche Kommunikation hat den von aller menschlichen und religiösen Kommunikation abgeschnittenen, am Kreuz: „Mein Gott, mein Gott, warum hast du mich verlassen" (Ps 22, 21) schreienden, in den Augen der Frommen ‚von Gott verfluchten' Gehängten errettet, sondern jener „ganz Andere", der allein vom Tod zum Leben wandeln kann. ER hat den nach allen Regeln menschlicher Kommunikation Ausgeschlossenen zum „Eckstein" gemacht – und „zum Stein, an den man anstößt, und zum Felsen, an dem man zu Fall kommt" (1 Petr 2, 8 nach Jes 8, 14).

Dem Bild von der „Brücke" oder von der „Versöhnung" zwischen der säkularen Moderne und dem biblischen und kirchlichen Gottesglauben in einem umfassenden Konsens der Weltanschauungen, Religionen und Religiositäten, wie er u. a. in Konsequenz aus der Habermas'schen Theorie des Kommunikativen Handelns abgeleitet werden könnte, stellt die Kommunikative Theologie die Metapher der „konfliktreichen Konfrontation an der Grenze" gegenüber. Kommunikative Theologie geht davon aus, dass auch in der weltanschaulichen und religiösen Auseinandersetzung zwischen dem theologischen Kommunikationsverstehen und dem Kommunikationsverstehen in der Wissensgesellschaft jene Kommunikationsregel Bedeutung hat, welche im zwischenmenschlichen Bereich für eine lebensfördernde Kommunikation gilt: „Der Kontakt geschieht an der Grenze; wo es keine Grenze gibt, gibt es keinen Kontakt." Die Grenze ist allerdings konfrontations- und konfliktreich. Zwischen dem „warmen", symbiotischen Verhältnis, das die eigenständigen Subjekte regressiv ineinander verschmelzen lässt und sie damit zu Objekten des Anderen macht, und der „kalten" Distanz der wechselseitigen Gleichgültigkeit liegt jene konfrontative, konfliktreiche „Begegnung an der Grenze", welche erst das „gute" Leben und Zusammenleben von Menschen fördert. Die Aggression, die in harmoniesüchtigen Gruppen nach außen und – nicht selten gewaltsam – auf die „Opfer" gelenkt wird, darf nicht in einer vorschnellen Versöhnungslogik unter den Tisch gekehrt, sondern muss ernst genommen werden. Die produktive Kraft des *„ad gredere"*, des „sich Heranmachens" an einen Menschen oder auch an eine Sache, kennt nicht nur die lebenszerstörenden Kanäle des Ausschlusses; sie ist auch die Kraft, die in einer lebendigen Liebesbeziehung ihren Ausdruck finden kann. Umfassender Friede und die Harmonie alles Geschöpflichen, ohne die Differenzierung aufzulösen, sind Bilder, die dem von Gott her gewandelten Leben in Seiner Zukunft entsprechen und die nicht vorschnell instrumentalisiert werden dürfen.

Wenn wir also nach dem „Globe" fragen, in dem Kommunikative Theologie geschieht, dann ist zunächst nicht die Versöhnung zwischen „Gott und der Welt", zwischen seinem Kommunikationshandeln und dem in der Welt im Blick, sondern deren Konfrontation und Differenz. Ein theologisches Kommunikationsverständnis lässt sich weder aus der Spiegelung „weltlicher" Kommunikation in Gott hinein noch aus der einfachen Ableitung „göttlicher" Kommunikation (die uns selbstverständlich immer nur ‚vermittelt' zugänglich ist) in der Welt begründen. Das Wissen um die Korrelation bei einer gleichzeitigen „Hermeneutik der Differenz" schärft den kritischen Blick für die Frage, *was* Menschen in einer Wissens- und Kommunikationsgesellschaft *wie* mit Gott zusammenbringen.
Unser Schema verändert sich in folgender Weise:

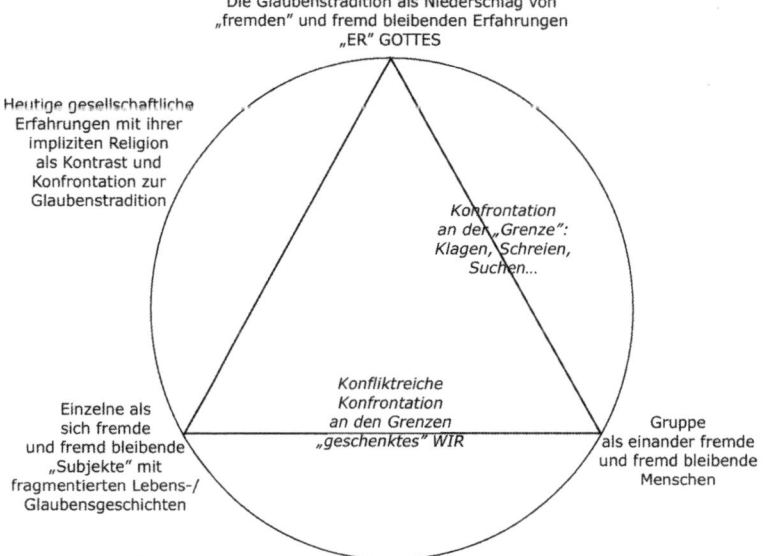

Abbildung 5

Nachfragen

- *An welche Alltagssituationen denke ich bei der Rede von einer „Hermeneutik der Versöhnung", an welche bei einer „Hermeneutik der Differenz"?*
- *Wie, worin fördert eine solche Differenzierung mein theologisches Verstehen von Alltagssituationen?*
- *Welches Unbehagen, welche Ängste u. ä. steigen eventuell bei mir auf, wenn ich an Konfrontation, Differenz, Auseinandersetzung usw. denke?*
- *Wo sind solche möglichen Ängste bei mir lebensgeschichtlich verwurzelt? Wie hängen sie mit meiner Glaubensentwicklung und mit meiner Theologie zusammen?*
- *Wo habe ich in meinem Leben in Konflikten und durch sie hindurch Wichtiges gelernt?*

III. Ambivalente Kommunikation als gesellschaftlicher und kirchlicher „Globe"

Nur mehr wenige Menschen im Norden der Welt bringen überhaupt den christlichen Gott mit dem zusammen, was sie an Kommunikation erleben und was sie unter Kommunikation verstehen. Die Spaltung zwischen dem alltäglichen Kommunikationserleben, dem Begreifen von Kommunikation und der christlichen Gottesanschauung ist nicht nur individuell: Sie umgreift die ganze Gesellschaft. Sollte sich angesichts dieser Schizophrenie zwischen Kommunikation und Gott-Rede die Theologie nicht besser einen anderen Begriff suchen als das Wort Kommunikation, um den christlichen Gott in der gegenwärtigen gesellschaftlichen Wirklichkeit zur Sprache zu bringen? Kommunikation ist zu einem unumgänglichen Begriff in der sogenannten Wissensgesellschaft geworden. Selbst dort, wo nichts anderes als eine Unmenge an Daten ausgetauscht wird, wird der Kommunikationsbegriff für diesen Austausch verwendet. Gerade im Zusammenhang mit der medialen Kommunikation ist das Kommunikationsverständnis weltanschaulich aufgeladen. Das ganze neoliberale Wirtschaftssystem, das die Wissensgesellschaft trägt und in das viele Menschen ihre Hoffnung setzen oder das ihre Ängste bestimmt, ist eng an die modernen Kommunikationsmöglichkeiten und ihr Verständnis gebunden.

1. Das emotionale Wechselbad

Emotional verbinden sich mit der modernen Kommunikation mittels der sogenannten „Neuen Medien" widersprüchliche Einstellungen und Gefühle. Das „global village", das „weltumspannende Dorf" als Metapher für die

Zukunft weltweiter, grenzen- und schrankenloser Kommunikation vermittelt die Illusion, die Welt wäre ein Dorf. Das Bild vom globalen Dorf übt auf viele Menschen eine große Faszination aus. Es ist tatsächlich faszinierend, wenn ich (M. S.) in diesem Moment mit unserer jüngsten Tochter, die sich mehrere Monate in Indien aufhält, via Mausklick kommunizieren und das Neueste austauschen kann. Jede Nachricht erreicht mich über die modernen Kommunikationsmittel. Selbst die Entstehung dieses Buches, das die beiden Autoren in Innsbruck und in Tübingen verfassen, ist ohne moderne Kommunikation kaum vorstellbar: Wir schreiben unsere Texte in den PC, wir tauschen sie via E-Mail aus, wir holen Literatur und Informationen aus dem Netz usw.

Neben der Selbstverständlichkeit, mit der immer mehr Menschen an der modernen Kommunikation teilhaben, ist das Bild vom „global village" auch angstbesetzt. Zur Zeit, in der wir an diesem Buch arbeiten, geraten die Wirtschaftsgipfel der Europäischen Union, welche die Globalisierung vorantreiben sollen, in eine radikale Krise. GlobalisierungsgegnerInnen formieren sich und artikulieren ihre Ängste vor einer „placeless society", einer ortlosen Gesellschaft, in der sich anscheinend alle Grenzen und Schranken auflösen. Die Ängste, dass Menschen in einer scheinbar unendlichen Kommunikationsfreiheit gleichzeitig ihren individuellen und gemeinschaftlichen Spielraum verlieren und zu Opfern undurchschaubarer medialer und wirtschaftlicher Mächte werden könnten, sind nicht nur irrational. Aus demselben Land, in dem der umkämpfte EU-Gipfel von Genua soeben zu Ende gegangen ist, erreichen mich (M. S.) via E-Mail Sommergrüße ganz anderen Inhaltes:

„Wir haben … wunderschöne, unbeschwerte Ferientage in Italien verbracht. Da ist mir so richtig aufgegangen, was Kommunikation um ihrer selbst willen bedeutet und wie wichtig es ist, sie zu pflegen, wenn immer man kann. Es hat mir unheimlich gut getan, meine eigenen Bedürfnisse und die Bedürfnisse meiner Familie spüren und ohne Arbeitsdruck darauf eingehen zu können. Leben und Kommunizieren um seiner selbst willen, ohne besondere Zwecke damit zu verfolgen, ohne besondere Absichten damit zu verbinden, das ist so das Motto unseres diesjährigen Sommers."

Widersprüchlicher als sie in der gegenwärtigen Gesellschaft zum Ausdruck kommen, könnten die Gefühle und Einstellungen zur Kommunikation kaum sein. Diese Widersprüchlichkeit macht auf die weltanschauliche und religiöse „Ladung" der Kommunikation und Kommunikationssysteme aufmerksam. Die (religiöse Züge tragende) Hoffnung, dass im weltumspannenden virtuellen Kommunikationsraum die Befreiung der Menschheit aus weltanschaulich und religiös bedingten Konflikten geschieht und zu einer welt- und kulturübergreifenden herrschaftsfreien Kommunikation führt, erweist sich nach dem 11. September 2001 in ihrer ganzen Ambivalenz: Auf der einen Seite schließt jener Wirtschafts- und Kulturraum des Nordens, der die Hoffnung auf grenzenlose Kommunikation stimuliert, in aggressiver Weise die „Nichtvernetzten" vom gerechten Anteil der Nutzung der Weltressourcen aus und macht sie zu virtuellen Analphabeten, auf der anderen Seite nützen Terrorsysteme den virtuellen Raum, um weltweit wirksam werden zu können.

2. Die kleinen Götter und der große Gott

Das Bild vom „globalen Dorf" der grenzenlosen Kommunikation gewinnt vor allem dort religiöse Bedeutung, wo die neuen Kommunikationsmedien und der globale Markt in jene Bereiche des menschlichen Lebens vordringen, in denen traditionellerweise Religion und Gottesglaube ihren Ort hatten. Das sind die Bereiche von Sinn und Orientierung, von Geschichte und Zukunft, von richtigem Handeln und dauerndem Glück. Wenn man über die moderne Kommunikation in ihrer weltanschaulichen und religiösen Bedeutung nachdenkt, wird deutlich, wie die „kleinen Götter" grenzenlosen Wissens, weltumspannender Kommunizierbarkeit, nie endenden Konsums, die Hoffnung auf das Kommen des „großen Gottes" verdrängen. Es geht um den Kampf zwischen „Göttern", welche die schnellen Bedürfnisse befriedigen, und einem Gott, der „alle Tränen trocknet" (Offb 21, 4; vgl. Jes 65, 19). Es geht um die Auseinandersetzung zwischen den unendliche Freiheit versprechenden Kommunikationsmöglichkeiten der weltweit Vernetzten und einem Gott, der sich allen Menschen – insbesondere den aus der Kommunikation Ausgegrenzten – mitteilt, und sie gemeinschaftlich in die Freiheit der „Kinder Gottes" ruft. Eine Welt, in der sich das viel umstrittene kirchliche Heilsmonopol auf die Neuen Medien zu übertragen scheint, sodass sich das alte „extra ecclesiam nulla salus" zum „extra media nulla salus", „außerhalb der Medien gibt es kein Heil"[33] zu verändern scheint, bedarf des Nach-Denkens von Kommunikation aus dem Blick des biblischen Gottes und seiner Kommunikation mit den Menschen. Aus dieser theologischen Perspektive mischt sich Kommunikative Theologie in die (post-)moderne Auseinandersetzung um Kommunikation, die auf wissenschaftlicher, gesellschaftlicher und religiöser Ebene an Bedeutung gewinnt, kritisch ein.

---

[33] Vgl. NIEWIADOMSKI, JÓZEF, Extra media nulla salus. Zum religiösen Anspruch der Medienkultur, in: Ders., Herbergsuche. Auf dem Weg zu einer christlichen Identität in der modernen Kultur, Münster 1999, 149–166.

3. Die Vielfalt wird zum Selbstverständnis

Da es in der Theologie um das Gott-Menschenverhältnis und damit um das Menschenverhältnis aus dem „Blick" Gottes und nicht um den Menschen als Produkt einer medialisierten Marktgesellschaft geht, fordert die vielfältige Rede von Kommunikation in einer „Wissensgesellschaft" zunächst zur kritischen Klärung dessen heraus, wie Kommunikation das Selbstverständnis des Menschen prägt. In der unübersichtlichen Bilder- und Informationsflut, welcher die Menschen – vor allem Kinder und Jugendliche – ständig ausgesetzt sind, verändert sich die Identität. Die stabile Ich-Identität kann nicht mehr Ziel der Entwicklung und Sozialisation des Menschen bleiben. Damit vergeht ein Identitätsverständnis, welches lange Zeit von EntwicklungspsychologInnen wie auch von ReligionspsychologInnen und -pädagogInnen als wünschenswert angesehen wurde. Menschen werden zu „GrenzgängerInnen" zwischen unterschiedlichen Identitäten und Rollen, die in Vielzahl angeboten werden. Es bildet sich immer stärker der Begriff einer „Identität in radikaler Pluralität"[34] heraus: Ein Identitätsbegriff, wie er aus den sogenannten Patchwork- oder Bastelidentitäten Jugendlicher bereits bekannt ist. Die Pluralität scheint also die Zukunft der Menschen bis in ihr Selbstverständnis hinein angesichts weltumspannender Informations- und Kommunikationsmöglichkeiten zu bestimmen.

Ein solcher Wandel, sowohl im Selbstverständnis des Menschen wie auch bezüglich seiner Kommunikationsmöglichkeiten, fördert nicht nur Vielfalt, er löst auch Verunsicherung aus. In Zeiten kommunikativer Verunsicherung erhebt sich der Ruf nach Orientierung, nach Gewissheit im Selbstverständnis und nach Gültigkeit in den Rollen und Beziehungen. Ich will wissen, wer ich bin und wer die/der andere ist, mit der/dem ich kommuniziere. Ich will Klarheit darüber, welche Einstellungen und Werte uns verbinden und trennen; worauf ich mich verlassen kann und worauf ich nicht zählen darf. Im kirchlichen Erfahrungsschatz scheint in den Augen vieler Menschen noch immer eine relative Stabilität im Hinblick auf Identität und Rollen, auf Normen und Werte, also auf „stabile" Kommunikationsmöglichkeiten zu liegen; dies anerkennen und suchen neuerdings auch Menschen, die den Kirchen in anderen Bereichen distanziert gegenüber stehen. So instrumentalisieren gegenwärtig Wirtschafts- und Managementkonzepte den kirchlichen Erfahrungsschatz für ihre Zwecke, ohne die Herausforderung der christlichen Botschaft etwa im Hinblick auf eine weltweite soziale Gerechtigkeit mit zu übernehmen. Zumindest im „inneren Segment" von Kirchen scheinen Menschen noch am ehesten zu wissen, wer sie sind, was sie zu tun

---

[34] Vgl. Höring, Patrik C., Identität radikaler Pluralität, in: Diakonia 32 (2001) 278–284.

haben, welche Rolle sie in unterschiedlichen Lebenszusammenhängen spielen, welche Normen und Werte sie vertreten und aus welcher Hoffnung sie leben. Doch die Hoffnung auf Stabilität in der Kommunikation kann schnell in eine fundamentalistische Einstellung umkippen. Menschen bunkern sich in einmal gewonnene Überzeugungen, Systeme und Anschauungen ein, ohne sie zu hinterfragen. Den kommunikativen Zusammenhängen wird nicht mehr an die Wurzeln gegangen. FundamentalistInnen sind nur in einem oberflächlichen, meist geschichtslosen Sinn „radikal".

Gegenüber einer reaktionären oder fundamentalistischen Einstellung zur medialen Pluralisierung muss man anerkennen, dass die plurale Kommunikationswelt ein bestimmtes Selbstverständnis des Menschen nicht nur zu zerstören, sondern auch zu erweitern vermag. Sie fördert neue menschliche Möglichkeiten im Hinblick auf „Pluralitätskompetenz". Dabei geht es darum, dass im Inneren des Menschen verschiedene Subjektanteile und Teilidentitäten miteinander verbunden werden. Durch die innere Kommunikation mit den fremden Anteilen vergrößert sich auch nach Außen die Fähigkeit, dem Anderen und Fremden nicht nur mit Misstrauen und Angst zu begegnen.

4. Identität aus „geschenkter" Kommunikation

Kommunikative Theologie hat weder die Destabilisierung des Menschen durch die Auflösung von Identität und Kommunikativität noch deren fundamentalistische Zementierung im Blick. Sie erschrickt aber auch nicht vor den neuen Entwicklungen des Menschen durch den Erwerb einer „Pluralitätskompetenz". Das Gegenteil ist der Fall: Die stabile Ich-Identität als Ziel von Entwicklung und Erziehung, von der insbesondere im religionspädagogischen Handeln oft ausgegangen wurde, war immer schon eine Fiktion, die das Fragmentarische, das zum Menschsein auf Erden wesentlich gehört, ausschloss. Der Blindheit für das Fragment folgten idealisierende Kommunikationskonzepte, welche eine harmonisierende Kommunikation in möglichst homogenen Gruppen im Auge hatten.

Die jüdisch-christlichen Glaubensquellen und die Tradition kirchlichen Handelns aus dem Glauben heraus eröffnen einen anderen Blick auf die Kommunikation von Menschen als die stabilisierenden Identitätskonzepte. Es ist der neue „Blick" auf eine Zukunft, in der Menschsein nicht deshalb „gelingt", weil alle Störungen und Konflikte beseitigt sind (was oft bloß einem „Unter-den-Teppich-Kehren" gleich käme). Nicht das Kommunikationsmanagement kann nach christlicher Auffassung „gelingende" Kommunikation herstellen. „Gelingende" Kommunikation ist letztlich nicht „gemacht", sondern von jenem Anderen her geschenkt, der in sich Beziehung ist und dem Menschen geistvoll innewohnt: jener ganz Andere, der sich auf vielerlei Weise, letztlich in Jesus Christus den Menschen mitteilt (4. Kapitel). Die Glaubensperspektive verändert auch das Identitätsverständnis: Eine Identität aus „geschenkter" Kommunikation, die durch die Erfahrung des Anderen als Anderen geprägt ist, lebt in und aus der Vielfalt in Beziehung: einer inneren und äußeren Vielfalt in Beziehung, welche die Gottesbeziehung radikal herausfordert.

Eine solche „geschenkte" Identität, eine „Identität aus Gratuität" führt aus jener problematischen Alternative heraus, die noch immer im Bewusstsein breiter Gesellschaftsschichten besteht: Es gibt „starke" autonome Subjekte und „schwache" beziehungsreiche. Die beziehungsreichen und „schwachen" Menschen, die den „hard facts" menschlicher Kommunikation nicht gewachsen sind und sich daher den „soft facts" der Beziehungspflege zuwenden, werden besonders unter Frauen und speziell unter religiösen Menschen vermutet. Im 6. Kapitel, in dem der Ansatz der Themenzentrierten Interaktion (TZI) näher beschrieben wird, werden wir sehen, dass R. Cohns Axiom vom autonomen Subjekt bei gleichzeitiger und mit der Autonomie untrennbar verbundener Interdependenz die problematische Trennung bewusst und damit auf eine Richtung hin bearbeitbar macht, dass eine Öffnung des Menschen auf eine „geschenkte" Identität hin letztendlich möglich werden kann.

Ein Kommunikationsverstehen, wie wir es zuletzt angedeutet haben, fällt also nicht vom Himmel; es muss Schritt für Schritt aus dem christlichen Glauben in Auseinandersetzung mit dem (post-)modernen Kommunikationsverständnis entfaltet werden. Dabei ist einer Kommunikativen Theologie eingeschrieben, dass sie sich nur im lebendigen Zusammenspiel von Kommunikationshandeln und Kommunikationsverstehen artikulieren kann. Insofern zeigt sie sich als typisch christlich-kirchliche Theologie, die den Erfahrungen aus dem kommunikativen (Glaubens-)Handeln heraus für ihre Gott-Rede entsprechenden Raum gibt, sich also im Rahmen einer kommunikativen Ekklesiologie artikuliert (5. Kapitel).

Nachfragen
- *Wo begegne ich dem Zusammenhang von medialisierter Wissensgesellschaft, Kommunikation und Theologie und wie sehe ich ihn?*
- *Wie finde ich mich in der Kommunikationsgesellschaft zurecht? Was genieße ich? Was nütze ich? Was bedroht mich?*
- *Wie und worin beeinflusst die Kommunikationsgesellschaft mein theologisches Denken und Handeln? Was macht mich nachdenklich?*
- *Wie komme ich mit den unterschiedlichen Identitätsverständnissen zurecht?*
- *Woraus begründe ich meine Identität? Woraus begründen sie Menschen in meiner Umgebung bzw. in meinem Arbeitsfeld?*

IV. Herausforderungen für Theologie und kirchliches Handeln

Die anthropologisch-theologisch interpretierte Kommunikationswirklichkeit des Menschen steht – seitdem Information zu einem Schlüsselwort moderner Gesellschaften, ihrer Wissensvermittlung und ihrer Steuerung geworden ist – vor neuen Herausforderungen. Mit den Schlagworten von der Wissens-, Informations- und Kommunikationsgesellschaft kommt die Verschiebung von der Industriegesellschaft zu einer Gesellschaft zum Ausdruck, die ihre Wertschöpfung nicht mehr der industriellen Arbeit, sondern dem – primär virtualisierten – Informationsaustausch verdankt. Angesichts einer auf den unterschiedlichen wirtschaftlichen, gesellschaftlichen und vor allem medialen Ebenen rasch fortschreitenden Globalisierung expandiert die virtuelle Kommunikation explosionsartig.

1. Epochale Veränderungen in der Kommunikation

Wie aus den bisherigen Überlegungen bereits deutlich wurde, stehen als Kommunikationsmedien längst nicht mehr nur das gesprochene Wort oder die „Sprache des Körpers" zur Verfügung. Die Kommunikationsmedien erweitern sich ständig. Die Kommunikationsmöglichkeiten und das Kommunikationsausmaß sind in einer epochalen Veränderung begriffen. Wir gehen einer „placeless society", einer „ortlosen Gesellschaft" entgegen, prophezeit der britische Zukunftsforscher W. Knoke in seinem Buch „Kühne neue Welt"[35]. Raum und Zeit werden keine Rolle mehr spielen; die Vernetzung der Informationen dürfte zum Nabel der Welt werden. In der „kühnen neuen Welt" des 21. Jahrhunderts werden sich Nationalstaaten, Unternehmen, Gewerkschaften in ihrer heutigen Form ebenso auflösen wie Schulen, Religionen und Familien. Entfernungen werden unbedeutsam; mit einem Mausklick kann jederzeit jede beliebige Information unkontrolliert abgerufen oder weitergegeben, jede Ware bestellt, das elektronische Geld verwaltet werden. Großkonzerne, welche gegenwärtig noch die Wirtschaft bestimmen, werden zerfallen; quer über den Globus schließen sich in „Amöbenform" kleine Unternehmen zusammen und bieten die Leistungen der Großen von heute an. Ein Großteil der Arbeit wird aus den Betrieben ausgelagert und vom privaten Netzanschluss aus zu erledigen sein, auch die Bildung. Wie einst die Menschen zur Schule gingen, so wird in Zukunft die Information zu den Menschen kommen. „Dass die Figur des Lehrers zu einer fast mythischen Größe heranwachsen, dass selbst die geschmähte Betriebsgemeinschaft ein Sehnsuchtsziel werden, dass sich

---

[35] KNOKE, WILLIAM, Kühne neue Welt. Leben in der „placeless society" des 21. Jahrhunderts, deutsch: Wien 1996.

die Studenten nach dem persönlichen Unterrichtsgespräch drängen könnten, von dem sie in den Erzählungen ihrer Eltern gehört haben, ist nur allzu wahrscheinlich"[36].

Zu den großen Verlierern der neuen Entwicklung gehören alle jene, welche nicht zeitgerecht in die globale Kommunikation einsteigen können, das sind bei uns die medialen Analphabeten. „Umfragen zufolge fürchtet beinahe jeder zweite Deutsche, der neuen Medienflut und den Anforderungen des Computers nicht gewachsen zu sein"[37]. Wenn schon jetzt die Armut weiblich ist, dann wird sich auch die diesbezügliche Teilung der Gesellschaft weiterhin verschärfen: „Nur zehn Prozent aller Netz-Nutzer sind, Schätzungen zufolge, weiblich", schreibt S. Gaschke. Sie hält den „vernetzten Computer" für „ein überschätztes Männerspielzeug"[38]. Die größten Verlierer werden die zahllosen nicht vernetzbaren Arbeitskräfte in den Ländern der sogenannten dritten und vierten Welt sein, deren Potential völlig unbrauchbar wird.

Die Entwicklung in Richtung einer globalen, virtuellen Kommunikationsgesellschaft wird eine Identitätsveränderung der Menschen bewirken. Wer an die Kommunikationsmedien angeschlossen ist, wird eine schier unendliche Freiheit haben, mit jenen Menschen zu kommunizieren, welche die eigenen Interessen teilen; dies freilich nicht in unmittelbaren persönlichen Begegnungen, sondern als wechselseitiger Austausch von Informationen in einer illusionären Gemeinschaft. Der Kommunikationstheoretiker N. Bolz (Essen) diagnostizierte bei den „39. Salzburger Gesprächen" als eine der Paradoxien der neuen Medienwelt: Aufgrund der menschlichen Lust nach Kommunikativität steigern die technischen Medien die Kommunikationsaktivitäten des Menschen, ohne sich dabei etwas zu sagen. Zwischenmenschliche, „face-to-face"-Kommunikation wird zukünftig nur mehr im Kontext dieser neuen Kommunikationsmöglichkeiten denkbar sein.

2. Kommunikation unter der Herausforderung der Effizienz

Der zunehmend ökonomisierten und medialisierten ‚modernen' Welt des Nordens entsprechend, steigt das Interesse an effektiver Kommunikation auch im zwischenmenschlichen Bereich. „Wie kann man erfolgreich kommunizieren?", fragt der Kommunikationstrainer J. Richardson aus San Francisco in seiner praktischen Einführung in die Arbeitsweise von NLP, dem sogenann-

---

[36] FRÜHWALD, WOLFGANG, Vor uns die Cyber-Sintflut, in: Der Mensch im Netz. Kultur, Kommerz und Chaos in der digitalen Welt, ZEIT Punkte 5 (1996), 12.

[37] HEUSER, UWE JEAN, Die fragmentierte Gesellschaft, in: Der Mensch im Netz. Kultur, Kommerz und Chaos in der digitalen Welt, ZEIT Punkte 5 (1996), 17.

[38] GASCHKE, SUSANNE, Frauen und Technik, in: Der Mensch im Netz. Kultur, Kommerz und Chaos in der digitalen Welt, ZEIT Punkte 5 (1996), 44.

ten „Neurolinguistischen Programmieren"[39]. Der Autor verspricht:
Wenn Sie das Buch lesen und Sie die beschriebenen Techniken und Strategien beherrschen, wird es ihnen möglich sein:

1. *Sofort jegliche Situation zu kontrollieren ...*
2. *Vertrauen und Kredit aufzubauen ...*
3. *Die Macht der Suggestion einzusetzen, um zu bekommen, was Sie wollen ...*
4. *Ihre Vorschläge auf eine Art zu präsentieren, die tatsächlich unwiderstehlich ist ...*
5. *Widerstände ohne Anstrengung, aber erfolgreich zu überwinden ...*
6. *Zu erreichen, dass man Ihnen zustimmt ...*
7. *Zu erreichen, dass andere Sie genau verstehen ...*
8. *Zu verhindern, dass man Sie manipuliert.*[40]

J. Richardson und mit ihm viele andere, die eine effektivere zwischenmenschliche Kommunikation erreichen wollen, greifen neueste Ergebnisse „der Kommunikations- und Überzeugungsforschung" auf, in denen „Entdeckungen aus solch verschiedenen Gebieten wie Hypnose, Kybernetik, Linguistik, Psychologie und Psychiatrie wie auch Verkaufs- und Management-Kommunikation zusammengefasst werden"[41]. Der Autor gibt darüber Auskunft, auf welches Ziel hin die Forschungsergebnisse ausgewertet werden: „Beim Suchen nach Lösungen für Kommunikationsprobleme bevorzuge ich das, was wirkt"[42]. Im Gespräch mit NLP-Vertretern konnten wir feststellen, dass inzwischen auch in diesem Ansatz die reine Pragmatik überwunden ist. Dennoch lässt sich insgesamt, der geltenden ökonomischen Logik in unserer Gesellschaft entsprechend, ein Trend zum schnellen Erfolg beobachten. Input und Output müssen in einem kalkulierbaren Verhältnis stehen. Das wirkt sich auch im gesamten Bildungssektor aus. Im Schul-, Fachhochschul- und Universitätsbereich ist eine Zielorientierung bestimmend, welche die Qualität der Ziele an ihrer – möglichst empirischen – Operationalisierbarkeit und Evaluierbarkeit misst.

Auf dem Hintergrund der kurz skizzierten Entwicklungen ist es verständlich, dass die Ergebnisse von Informations- und Kommunikationstheorien erheblichen Einfluss auf die gesellschaftliche Entwicklung in allen Bereichen des Lebens haben. Doch welche Kommunikationstheorien stehen zur Verfügung? Sind die beträchtlichen anthropologischen und ethischen Probleme, die in der Wissensgesellschaft auftauchen, nicht Ausdruck zu

---

[39] RICHARDSON, JERRY, Erfolgreich kommunizieren. Eine praktische Einführung in die Arbeitsweise von NLP, deutsch: München 1992.
[40] RICHARDSON, Erfolgreich kommunizieren, 9f.
[41] RICHARDSON, Erfolgreich kommunizieren, 12.
[42] RICHARDSON, Erfolgreich kommunizieren, 12.

kurz greifender Kommunikationstheorien? Können mit Hilfe der prinzipiell kybernetisch-technologischen Informations- und Kommunikationstheorien die gesellschaftlichen Herausforderungen einer globalen Welt bewältigt werden? Welchen Beitrag kann die Theologie für das Verstehen von Kommunikationsprozessen leisten, indem sie in ihre Hermeneutik humane und ethische Implikationen bewusst einschließt, ja letztlich durch die christliche Gotteshypothese, den „Himmel" im Blick auf eine „geschenkte", nicht „gemachte" Kommunikation offen hält?

Aus dem Bewusstsein eines unvermeidlichen Involviertseins der Theologie in moderne Kommunikation greift Kommunikative Theologie die diesbezüglichen Herausforderungen einer Wissensgesellschaft nicht nur analytisch-hermeneutisch auf. Indem sie sich auf bestimmte Kommunikationsprozesse bezieht und solche bewusst initiiert, schafft sie eine theologisch reflektierte Praxis mit Modellcharakter, die das Zusammenspiel von gesellschaftlicher Wirklichkeit, kirchlichem Handeln und theologischem „Nach-Denken" transparent macht.

3. Die Kirchen sind in die Wissensgesellschaft involviert

Der Globalisierung der Kommunikation und dem Trend nach effektiver Kommunikation können sich auch die Kirchen und mit ihnen die Theologie nicht entziehen. Allein ein Blick in kirchliche Fortbildungsprogramme zeigt, wie umfangreich und bunt gemischt die Angebote wurden, die den Kommunikationsbereich besser „in den Griff" zu bekommen versuchen. Je mehr sich die Kommunikation globalisiert, je schwieriger die Kommunikationsbedingungen in Gemeinde und Schule werden und je hilfloser die darin Handelnden agieren, um so größer wird der verständliche Wunsch nach Rezepten und schnell erlernbaren „Tipps und Tricks"[43].

Es geht nicht darum, die Anstrengungen abzuwerten, Kommunizieren lernbarer und damit auch effektiver zu machen. Auch sollen die rasanten technologischen Entwicklungen in Richtung einer überwiegend digitalisierten Kommunikation nicht verdammt werden[44]. Gerade angesichts dieser Ent-

---

[43] Bei einem Gespräch der Linzer Diözesanleitung mit ProfessorInnen der Theologischen Fakultät bezüglich einer nebenberuflichen Ausbildung von GemeindeassistentInnen formulierte ein prominenter Sprecher der Diözese prägnant jene Meinung, die in weiten Bereichen die kirchliche Öffentlichkeit bestimmt: „Für die theologische Ausbildung soll die Fakultät Kurse anbieten und für das, was die SeelsorgerInnen für die Arbeit in der Pfarre brauchen, sollen Kommunikations- und Managementtrainings u. ä. zusammengestellt werden".

[44] Das Manuskript für dieses Buch ist auf dem PC geschrieben und die Vernetzung zwischen uns beiden Autoren, mit den Bibliotheken und mit Internet Anbietern verschafft in kürzester Zeit wichtige Informationen. Mit dem Notebook und dem Handy kann selbst die Bahnfahrt noch als effektive Arbeitszeit genutzt werden.

wicklungen, der sich in Hinkunft Menschen kaum völlig entziehen werden können, ist besonders in der kirchlichen Praxis nach theologischen Kommunikationskriterien zu fragen.

a) Die „Non-profit"-Variante

Wer marktgerecht denkt, könnte nach der Logik des vermuteten Erfolges in einem „Non-profit"-Unternehmen entscheiden. Der „Erfolg" kirchlicher Sendung würde zwar nicht, wie in Industriebetrieben üblich, an den „hard facts", beispielsweise wie Gewinnmaximierung u. ä. wie in einem Industriebetrieb gemessen; die „soft facts" wie effektive Kommunikation, Zufriedenheit der „Kunden", hohe TeilnehmerInnenzahl bei kirchlichen Veranstaltungen usw. müssten aber trotzdem „stimmen".

Tatsächlich wird im modernen kirchlichen Bildungsmarkt oft nach diesen „soft fact" Kriterien gehandelt. Derartige pragmatische Entscheidungen stoßen aber bereits schon dort an ihre Grenzen, wo zukünftige Entwicklungen im Kommunikationsbereich widersprüchlich eingeschätzt werden:

- Es kann als besondere Chance betrachtet werden, dass schon in naher Zukunft Erfahrungen unmittelbarer, ohne technische Vermittlung zustande kommender Kommunikation, in der Menschen jenseits von Erfolgs- und Leistungsdruck einander begegnen und an „ihren Themen" arbeiten, zu Alternativerfahrung werden könnten.

- Die faszinierenden Möglichkeiten globaler Kommunikationsmedien, Glaubensinformation und mediale Beteiligung an kirchlichen Handlungen grenzenlos weltweit zu verbreiten und vielen Menschen, die niemals in ein kirchliches Bildungsgeschehen involviert werden könnten, einen einfachen Zugang – via Mausklick – zu ermöglichen, können sich mit der kirchlichen Sendung zur Glaubensverkündigung verbinden.

Es zeigt sich schon heute, mit welcher Gutgläubigkeit nicht zuletzt traditionalistisch orientierte Kirchenkreise auf den „Datenhighway" aufzuspringen versuchen, um dort Glaubensinhalte unterzubringen. Unter einem modernen medialen Gewand verbirgt sich das alte Modell eines instrumentellen Umgangs mit der Sprache. Eine solche Kommunikation „greift" nicht nur deshalb nicht, weil das Emotionale ausgeblendet wird, sondern weil sie der „Sache" des Glaubens, die kommuniziert werden soll, nicht entspricht. An vielen biblischen Beispielen wird deutlich, wie die Form der Begegnung zum eigentlichen Inhalt wird: Jesus sieht den ihn verleugnenden Petrus an, mehr muss nicht geschehen, damit zwischen ihnen klar ist, worum es geht (vgl. Lk 22, 61a); es genügt, dass Maria Elisabeth begrüßt, und schon „hüpfte das Kind in ihrem Leibe" (Lk 1, 40) und die beiden Frauen wissen, worum es geht; auch der unerkannte Auferstandene geht zunächst schweigend ein Stück des Weges mit den enttäuschten und traurigen „Jüngern von Emmaus", bevor er sie in ein Gespräch verwickelt und sich ihnen in der eucharistischen Symbolhandlung zeigt (vgl. Lk 24, 13-35; speziell V. 15).

Bedenken kirchlich Verantwortliche die Auswirkungen medialer Kommunikationsformen auf die Beziehungsqualität christlicher Botschaft genügend und stellen sie die Beliebigkeit des Zugriffs ausreichend in Rechnung? Ist die Grundbotschaft christlichen Glaubens in einem Kommunikationssystem kommunizierbar, das anscheinend keine Grenzen kennt, in das zu jeder Zeit jede Information eingespeist werden kann, zu dem jede/r zugelassen ist, das aber letztlich unverbindlich bleibt und aus dem sich jede/r ohne Folgen zurückziehen kann? Handelt es sich dabei vielleicht doch um Kommunikation, welche trotz der Fülle transportierbarer Informationen begegnungsleer bleibt?

b) Die Begegnungs- und Beziehungsvariante

Oder wird die Option vorrangig bei den durch Kommunikationstechniken nicht herstellbaren und medial nicht produzierbaren Begegnungen von Mensch zu Mensch liegen? Wird es also darum gehen, dem Ich, dem Du, dem greifbaren und nicht dem illusionären Wir der vernetzten Welt den Vorrang zu geben und an überschaubaren, geleiteten, intersubjektiven Kommunikationsprozessen verstärkt interessiert zu sein?

Das kirchliche Bewusstsein dafür, dass nicht jeder Glaubensinhalt zu jeder Zeit von jedem Menschen abrufbar sein kann, sondern des Intimraumes menschlicher Begegnung in definierbaren Beziehungen von Familie, Gruppe oder Gemeinde bedarf, jenes Bewusstsein, das vor allem am Anfang die kirchliche Glaubenskommunikation geleitet hat, scheint immer mehr zu schwinden; ja man kann fragen, ob nicht die Kirchen durch ihre Massenkommunikation schon heute einer postmodern-beliebigen Glaubensrezeption Vorschub leisten.

Wir haben gesehen: Nicht nur das gesellschaftliche „Nach-Denken" von Kommunikation bedarf der theologischen Anstrengung, auch das kirchliche. Deshalb wird in einem weiteren Schritt danach gefragt, wie eine Kommunikative Theologie nach-denkt, wie sie also zu ihrem Wissen kommt. Dabei wird das Selbstverständnis der Theologie als „Gott-Rede" vorausgesetzt und darauf wird auch immer wieder Bezug genommen. Die spezifischen inhaltlichen Akzente der „Gott-Rede" einer Kommunikativen Theologie werden im 4. Kapitel systematisch entfaltet.

Nachfragen
* *Welche Tendenzen im Hinblick auf die Kommunikationsgesellschaft sind/ waren mir bewusst, welche nicht?*

- *Welche halte ich für richtig, welche widersprechen meinen Erfahrungen?*
- *Wo und wie bin ich vom Trend zur effizienten Kommunikation tangiert?*
  Wo verfalle ich ihm? Wo und wie setze ich bewusste Gegenakzente?

V. Gott in allen Dingen – eine Alternative?

Um die für moderne Theologien inzwischen selbstverständlich gewordene Kontextualität in ihrer Lebensrelevanz vor Augen zu führen und die notwendige Verschränkung von Inhalt, Form und Medium in der Theologie transparent zu machen, greife ich (M. S.) auf ein altes Bild und eigenes Erleben zurück.

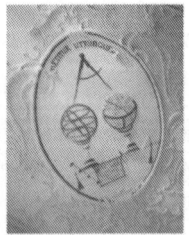

Deckenfresko im Dekanatssitzungssaal der Theol. Fakultät der Universität Innsbruck

Abbildung 6

1. Gott, das Leben und die moderne Medizin

Die Frau eines krebskranken Freundes ist bei mir zu Besuch. Ich führe sie durch die Räume der alten Innsbrucker Universität, in welchen nun die Theologische Fakultät untergebracht ist. Wir kommen in den Senatssitzungssaal, der nun wieder von der Theologischen Fakultät genützt wird. Dort befindet sich das in Abb. 6 dargestellte Deckenfresko. Es will den traditionellen Zusammenhang der Wissenschaften verdeutlichen: An den vier Ecken sind die Naturwissenschaften, die Medizin, die Rechtswissenschaften und die Theologie dargestellt. Sie sind auf das „Buch mit sieben Siegeln", das die Geheimnisse der Natur wie auch die Apokalyptik versinnbildlichen kann, und auf das Lamm, das die Auferstehung und Wiederkunft Christi symbolisiert, ausgerichtet. Die Schöpfung und die ganze Heilsgeschichte, zentriert in Tod und Auferweckung Jesu, sind die unbefragte Mitte der Wissenschaften: Von der Schöpfung Gottes und von der Offenbarung Gottes in Jesus Christus her und auf ihn hin kommen die Wissenschaften zu ihrem Wissen. So gesehen tragen alle Wissenschaften mit den ihren Forschungsgegenständen je angemessenen Verfahren und nicht nur die Theologie zur Wahrheitssuche im Blick auf Gott und den Menschen bei.

Die Frau meines Freundes verharrt längere Zeit im Schweigen und betrachtet das Deckenfresko. Plötzlich sagt sie: „Wenn das heute in der Wissenschaft noch so wäre, wie das hier dargestellt ist, ginge es meinem Mann besser". Dann erzählt sie von dem zunächst ungebrochenen Vertrauen, das ihr Mann als Techniker in das Können der Schulmediziner gesetzt hatte. Nun, nachdem das Sterben unausweichlich sei, sei das ganze Vertrauen in die Wissenschaft zusammengebrochen: „Es gibt keine Verbindung zwischen Gott, dem Leben und der Medizin mehr."

2. Menschenwissenschaften und Gotteswissenschaften
sind nicht zu trennen

Tatsächlich war das „alte" Wissenschaftsverständnis von der Voraussetzung bestimmt, dass es keine Erkenntnis über den Menschen neben oder außerhalb der Erkenntnis Gottes, seiner Schöpfung und seiner Offenbarung in Jesus Christus gibt. Der Geist Gottes war der letztendliche Ermöglicher aller menschlichen Erkenntnis. Glaube und Wissenschaft waren nicht zu trennen.

So ideologisch verdächtig eine solche Perspektive aufgeklärten WissenschaftlerInnen auch erscheinen mag, so sehr erhebt sich dennoch die Frage, ob das eigentliche Problem des Paradigmas, dass Gott in allen Dingen sei und sein offenbarendes Kommunikationshandeln in seiner Vielfalt erst in der Kooperation aller Wissenschaften zugänglich werde, in der Perspektive selbst oder in deren Artikulation im Wissenschaftsbetrieb liegt; ob nicht die Hybris der Theologie, welche die „neuen" Wissenschaften zu Mägden der Theologie degradiert hat und von der auf unserem Bild nichts zu sehen ist, die weitgehende Ausblendung theologischer Fragen im heutigen Wissenschaftsbetrieb verstehen lässt.

Bis heute sind ja in allen wissenschaftlichen Disziplinen WissenschaftlerInnen vertreten, die aus ihrem Glaubensbewusstsein heraus für die Anschauung offen sind, dass sie in ihrer natur- oder kulturwissenschaftlichen Forschung das Unsagbare erahnen, ohne ihm eine unmittelbare Geltung für ihren wissenschaftlichen Erkenntnisprozess zu geben; Glaubenswissen wird nur mehr für den persönlichen Bereich als gültig angesehen. Die asymmetrische Kommunikation zwischen den „modernen" Wissenschaften und der Theologie bzw. den Kirchen, die bisweilen indoktrinatorische Züge angenommen hat, und dem, wie christliche Kirchen und TheologInnen aufgrund ihrer Einsicht in die Gott-Mensch-Kommunikation kommunikativ handeln müssten, mag ein nicht unwesentlicher Grund für die Tabuisierung der Wahrheitsfrage im modernen Wissenschaftsbetrieb sein.

3. Lebenswissenschaften ohne Gott?

Die aufgeworfene Fragestellung berührt auch die neueren Entwicklungen an den Universitäten. Unter dem Begriff „Lebenswissenschaften" werden Wissenschaftszweige und wissenschaftliche Fachbereiche eingerichtet, die dem spezialisierten Auseinanderdriften der Forschungsbereiche entgegenwirken und eine lebensgerechte Wissenschaft aufbauen sollten. In solchen Versuchen ist die Theologie kaum integriert. Einerseits vermag sie sich offensichtlich nicht als „Lebenswissenschaft" anzubieten, andererseits sind die Vorurteile gegenüber einer „Gottes- und Glaubenswissenschaft" so groß, dass ihre unverzichtbare Rolle in den Lebenswissenschaften kaum gewürdigt wird.

4. Kommunikative Theologie und Menschenwissenschaften

Wird Theologie als das Nach-Denken eines Kommunikationsgeschehens begriffen, kann sie die Kooperation mit anderen Wissenschaften, insbesondere denen, die sich explizit und implizit mit menschlicher Kommunikation auseinandersetzen, nicht verweigern, um zu ihrem Wissen zu kommen; sie darf annehmen, dass WissenschaftlerInnen auch dann, wenn sie sich selbst nicht ausdrücklich so verstehen, in ihrer Wahrheitssuche vom Geist Gottes zur wahren Erkenntnis der Welt und des Menschen angetrieben sind. Die vernunftgeleiteten Verfahren, die sie dabei anwenden, können – wenn sie dem Forschungsgegenstand angemessen sind – der Wahrheit des einen und dreieinen Gottes nicht widersprechen. Gott in allen Dingen erkennen und damit Welt und Mensch in ihrer eigentlichen Bestimmung verstehen, ist das Ziel allen wissenschaftlichen Tuns.

VI. Der „private" Gott und die „gott-lose" Wissenschaft

Die Plausibilität des beschriebenen Bildes von „Gott in allen Dingen" ist – wie gesagt – längst zerbrochen, ja sie scheint sich in das Gegenteil verkehrt zu haben: Die Wissenschaften haben sich in Abgrenzung von den christlichen Kirchen und „deren" Theologien und in der Verdrängung der Religion aus dem Bereich der gesellschaftlichen und wissenschaftlichen Öffentlichkeit die Eigenständigkeit des Denkens und Forschens erkämpft.

1. Autonome Wissenschaften

Nach einer dramatischen Geschichte von Verurteilungen, Abwertungen und Abgrenzungen haben die christlichen Kirchen und mit ihnen die Theologie zu einer neuen Verhältnisbestimmung von Wissenschaft und Glaube gefunden. Als klassischer Text für das Verhältnis von autonomer Erforschung der „irdischen Dinge" und dem Gottesglauben, mit dem es die Theologie zu tun hat, kann der folgende Artikel 36 aus der Pastoralkonstitution „Gaudium et spes" des Zweiten Vatikanischen Konzils gelten:

„Wenn wir unter Autonomie der irdischen Dinge verstehen, dass die geschaffenen Dinge und auch die Gesellschaften über eigene Gesetze und Werte verfügen, die vom Menschen schrittweise zu erkennen, zu gebrauchen und zu gestalten sind, dann ist es durchaus berechtigt, diese (Autonomie) zu fordern: dies wird nicht nur von den Menschen unserer Zeit gefordert, sondern entspricht auch dem Willen des Schöpfers. Aufgrund ihres Geschaffenseins selbst nämlich werden alle Dinge mit einer eigenen Beständigkeit, Wahrheit, Gutheit sowie mit eigenen Gesetzen und (eigenen) Ordnungen ausgestattet, die der Mensch unter Anerkennung der den einzelnen Wissenschaften und Techniken eigenen Methoden achten muss. Deshalb wird die methodische Forschung in allen Disziplinen, wenn sie in einer wirklich wissenschaftlichen Weise und gemäß den Normen der Sittlichkeit vorgeht, niemals dem Glauben wahrhaft widerstreiten, weil die profanen Dinge und die Dinge des Glaubens sich von demselben Gott herleiten. ... Ja wer bescheiden und ausdauernd die Geheimnisse der Dinge zu erforschen versucht, wird, auch wenn er sich dessen nicht bewusst ist, gleichsam an der Hand Gottes geführt, der alle Dinge trägt und macht, dass sie das sind, was sie sind. Deshalb sind gewisse Geisteshaltungen zu bedauern, die einst selbst unter Christen wegen eines unzulänglichen Verständnisses für die legitime Autonomie der Wissenschaft vorkamen und durch die dadurch entfachten Streitigkeiten und Auseinandersetzungen in der Mentalität vieler die Überzeugung schufen, dass Glauben und Wissenschaft einander entgegengesetzt seien."[45] Die Autonomisierung der Forschung, ihre Zentrierung auf die naturwissenschaftlich-technischen Paradigmen des Zerlegens und Erklärens, die Privatisierung der Religion sowie der Eintausch der alten Abhängigkeit der Wissenschaften vom kirchlichen Einfluss gegen neue Abhängigkeiten innerhalb der von Markt und Medien gesteuerten Informationsgesellschaft haben die Theologie in eine Nebenrolle verwiesen.

2. „Narren" der Wissenschaft

In einer „Bildungsgesellschaft", die weitgehend der Nützlichkeits- und schnellen Anwendungspragmatik von Wissen verfallen ist, geraten TheologInnen zunehmend in die Rolle der „unnützen Knechte", ja der „Narren" im Wissenschaftsbetrieb. Möglicherweise erweist sich aber gerade die bewusste Übernahme einer solchen Rolle als befreiend-erlösender Beitrag in der Erklärung kommunikativer Wirklichkeit und im Verstehen der Sinnzusammenhänge, dem sich keine dem Menschen würdige Wissenschaft entschlagen kann. Denn eine solche Rolle kann nur in der Form eines absichtslosen und damit vom wissenschaftlichen Machtgefüge und seinem Sponsoring so wenig wie möglich korrumpierten, kritischen Dienst im Konzert der Wissenschaften ausgeübt werden. Dazu ist eine Kommunikative Theologie sowohl von ihrem biblischen Selbstverständnis her als auch im Hinblick auf die Zukunftsfähigkeit von Kommunikation prädestiniert[46].

3. Die „Gotteshypothese": eine „private" Artikulation der alles bestimmenden Wirklichkeit?

So beeinflusst der moderne Kontext, in den die wissenschaftliche Theologie – zumindest im Norden der Welt und im jüdisch-christlichen Kontext – hineingestellt ist, die Frage, wie TheologInnen zu ihrem Wissen kommen und was Theologie als Nach-Denken eines Kommunikationsgeschehens bedeu-

---

[45] Pastoralkonstitution über die Kirche in der Welt von heute „Gaudium et spes" (GS), Nr. 36.
[46] AIGNER, MARIA ELISABETH, Dient Gott der Wissenschaft? Praktisch-theologische Perspektiven zur diakonischen Dimnsion von Theologie, Münster 2002.

tet, erheblich. Mit der Forderung des Zweiten Vatikanums, „die methodische Forschung in allen Disziplinen … in einer wirklich wissenschaftlichen Weise" und gemäß den – nicht näher definierten – „Normen der Sittlichkeit" zu betreiben, partizipieren TheologInnen an den geltenden wissenschaftlichen Standards der *scientific community*. Zusammen mit anderen Kulturwissenschaften leisten sie gemäß W. Pannenbergs wissenschaftstheoretischer Grundlegung einen wesentlichen Beitrag zur Überwindung der klassischen Trennung von gesetzmäßiger naturwissenschaftlicher Erklärung und hermeneutischem geisteswissenschaftlichem Verstehen in Form eines „systemtheoretischen anstelle eines nomologischen Erklärungsbegriffes"[47]. Mit einem solchen erweiterten Verstehensbegriff wird es möglich, das Einzelne in ein Ganzes einzuordnen und somit Sinneinheiten in immer größere Kontexte zu integrieren und dabei bis zur „letztumfassenden Bedeutungstotalität"[48] vorzugreifen: „Wegen der Abhängigkeit jeder Einzelbedeutung von dieser Sinntotalität wird letztere in jedem einzelnen Bedeutungserlebnis implizit mitbeansprucht"[49]. Die Frage nach der Wahrheit fällt dann mit der „alle Erfahrung umfassende(n) Sinntotalität in ihrer inneren Kohärenz zusammen"[50].

Doch auch wenn jede einzelne Bedeutungserfahrung eine Sinntotalität impliziert, heißt das noch lange nicht, dass die Wirklichkeit einen umfassenden, tragenden Gesamtsinn in sich tragen müsse. Schließlich gibt es auch die Erfahrung von Sinnlosigkeit. Die Frage nach einer umfassenden Sinntotalität im Sinne der Wahrheit ist für W. Panneberg identisch mit der Gottesfrage. Die Gotteshypothese, im Sinne der Annahme einer alles bestimmenden Wirklichkeit, muss sich an den eigenen Implikationen messen lassen und in der menschlichen Erfahrung bewähren. Diese Wirklichkeit kann dem Menschen nur widerfahren. Sie ist an menschlichen Zeugnissen solchen Widerfahrens indirekt, nie direkt, innerhalb von Zeit und Geschichte ablesbar. Eine eindeutige Manifestation Gottes ist erst vom Ende der Geschichte her möglich, wie sie Jesus u. a. in der Ankündigung der anbrechenden Gottesherrschaft hoffend antizipiert hat. Die Bestätigung dieser Hoffnung durch Gott selber, die sich in der Auferweckung Jesu manifestiert, aber in der Geschichte durch die Integration der stets neuen Erfahrungen in die zentrale christliche Perspektive bewähren muss, kann wissenschaftlich nur als Hypothese eingebracht werden.

[47] PANNENBERG, WOLFHART, Wissenschaftstheorie und Theologie, Frankfurt a. M. 1973, 141.
[48] SCHWAGER, RAYMUND / NIEWIADOMSKI, JÓZEF U. A., Dramatische Theologie als Forschungsprogramm, in: ZkTh 118 (1996) 322.
[49] PANNENBERG, Wissenschaftstheorie, 216.
[50] PANNENBERG, Wissenschaftstheorie, 219.

4. Spuren des „kommunikativen" Gottes

Kommunikative Theologie sucht nach Parametern, mit denen nach jenen nicht produzierbaren, widerfahrenden Bedeutungserfahrungen zu fragen ist, die den Menschen nicht der dauerhaft drohenden Sinnlosigkeit preisgeben, sondern Keime eines umfassenden, tragenden Gesamtsinnes in sich tragen. Das „Nach-Denken" von Kommunikationsgeschehen ermöglicht Unterscheidungen auf Grund der spezifisch christlichen Gestalt der „Gotteshypothese" und jener Kommunikationsgestalt, die der Gemeinschaft eingestiftet ist, welche Kraft ihrer Sendung die Hoffnung auf die anbrechende Gottesherrschaft wach halten soll: der Kirche. Die christliche Gotteshypothese als biblischer Gottesglaube ist keine philosophisch abstrakte Gottestheorie: Sie kann als jene „kommunikative Wirklichkeit" begriffen werden, in der die Wahrheit Gottes in Beziehung gewiss wird, jenes Gottes des Lebens und der Freiheit, der in sich Beziehung ist und der sich dem Menschen mitteilt. Die Kirche als „geheiligtes Fragment" repräsentiert durch alle Brüchigkeit und Sündhaftigkeit hindurch jene Kommunikationsgestalt, in der die Hoffnung auf die anbrechende Herrschaft Gottes als alle und alles umfassende Kommunikationswirklichkeit Gottes aufleuchtet.

Wenn also bleibend sinnstiftende, die Zukunft auf Gott hin offen haltende Kommunikationserfahrungen zur Debatte stehen, dann ist mit Recht das Kommunikationsgeschehen in Kirche und Gesellschaft auf solche kommunikative Erfahrungen hin „nach-zudenken". Dass dies nicht im luftleeren Raum oder im Labor, losgelöst vom konkreten gesellschaftlichen und kirchlichen Kommunikationshandeln geschehen kann, ja dass sich Kommunikative Theologie auf ein modellhaftes Kommunikationsgeschehen beziehen muss, wie wir es u. a. in unseren Lehrgängen und Kursen initiieren, bringt nochmals den unauflösbaren Theorie-Praxisbezug, vor allem aber die ekklesiologische Verankerung dieser Theologie zur Geltung.

5. Kommunikationswissenschaftliche Möglichkeiten und Grenzen

Solche Prozesse zeigen, dass TheologInnen nicht beim Gebrauch wissenschaftlich qualifizierter, vorwiegend hermeneutischer Verfahren in der Sicherung wissenschaftlicher Methodologien zur Erklärung von Detailanalysen des Faktischen oder beim Verstehen von Einzelnem stehen bleiben können. Der übergreifende Sinnhorizont, nach dem die Theologie in ihrer Verwiesenheit auf Religion und Gottesglauben immer zu fragen hat, lässt sie die entscheidenden Sinn-, Orientierungs- und Zukunftsfragen für das (Über-)Leben von Welt und Mensch in der Thematisierung solcher Fragen in konkreten Kommunikationsprozessen stellen; Fragen, welche bei der zunehmenden

Spezialisierung und Profilierung in der wissenschaftlichen Detailforschung nicht mehr ausreichend in den Blick kommen. Damit wirken TheologInnen mit ihren Erkenntnissen potentiell dem Misstrauen entgegen, das immer mehr Menschen gegenüber den modernen Wissenschaften wegen ihrer mangelnden Orientierungsleistung haben. Wie ein Stachel im Fleisch der wissenschaftlichen Spezialisierung erweist sich die Gotteshypothese als Herausforderung, den Wahrheitsanspruch der Wissenschaften nicht im geschlossenen Horizont des „Vorletzten" zu begraben, sondern das wissenschaftliche Denken auf einen „offenen Horizont" hin aufzubrechen, der die ganze Erfahrungswirklichkeit des Menschen, einschließlich seiner religiösen, einbezieht; ja über sie hinaus greifend, die mögliche Zukunft von Mensch und Welt antizipierend, ihren Beitrag zu einer rational begründeten Hoffnung leistet.

Nachfragen
* *Wie erlebe und sehe ich den Zusammenhang und die Unterscheidung der Wissenschaften?*
* *Wo und wie begegnen mir in meinem Lebenskontext die Wissenschaften bzw. ihre Ergebnisse als voneinander isoliert? Welche Auswirkungen sehe ich dabei?*
* *Welche Rolle könnte Theologie in der neueren Entwicklung der Wissenschaften spielen? Was erwarte ich diesbezüglich von der Theologie, was nicht?*

VII. Nochmals die Frage: Wie „geht" Theologie in und aus Kommunikation?

Auf dem Hintergrund der vorausgehenden Überlegungen ist nun nochmals in einer vertiefenden Weise die Frage aufzunehmen, die bereits im 1. Kapitel ansatzweise gestellt wurde: „Wie ‚geht' Theologie in und aus Kommunikation?"

Gott als ungeteilte und unteilbare, transzendente, „kommunikative" Wirklichkeit ist nicht unmittelbar empirisch bzw. phänomenologisch zugänglich. Allein aus einem naturwissenschaftlich-technischen Erklärungszusammenhang heraus oder mit einem kulturwissenschaftlichen Verstehensparadigma betrachtet, wissen TheologInnen nicht mehr als SprachwissenschaftlerInnen über Texte oder ReligionswissenschaftlerInnen und KulturanthropologInnen über Riten und Gebräuche in unterschiedlichen Kulturen. Gleichzeitig ist das historisch-kritische, vergleichende, interpretierende usw. Wissen von den religiösen Zeugnissen der Menschheit, einschließlich der jüdisch-christlichen und kirchlichen Glaubensquellen, für die Theologie unverzichtbar.

Dasselbe gilt auch für das wissenschaftliche Verstehen religiöser Phänomene heutiger Menschen und Gesellschaften, innerhalb und außerhalb der
christlichen Kirchen, wie es etwa die Religionsphänomenologie oder die
Religionssoziologie betreibt[51].

1. Erkenntnis aus Identifikation und Kommunikation

Können TheologInnen mit ihrer notwendigen sprachwissenschaftlichen,
kultur- und gesellschaftswissenschaftlichen methodischen Qualifikation
allein das Wesentliche von dem verstehen, worum es in der „Kommunikation Gottes mit den Menschen", speziell in der Menschwerdung Gottes in
Jesus Christus als zentraler Befreiungs-/Erlösungstat, die allen Menschen
und Kulturen gilt, geht? Wie also kann der „harte Kern" der christlichen
Gotteshypothese in seiner narrativ-symbolischen Gestalt wissenschaftlich
zugänglich werden? Nur von innen her, also in einer Reflexion auf das
(Sprach-)Handeln von Menschen, die mit Identifikation einhergeht und die
großen Bedeutungszusammenhänge der Gott-Mensch-Kommunikation
offen legt, erschließt sich der Lebens-/Glaubenstext. Die Form der Erschließung ist aber wiederum an den Gegenstand der Erkenntnis rückgebunden.
Analog dem christlichen Gottesverständnis vom einen und dreieinen Gott,
der in sich die „Kommunikationsgestalt" schlechthin darstellt[52] und von
seinem Wesen her auf Kommunikation mit Welt und Menschen in einer
Weise ausgerichtet ist, dass diese im Bund, in der Schöpfung und in Jesus
Christus ihren menschlich letztverbindlichen Ausdruck findet, bleibt der
Kommunikationsbegriff nicht beliebig. Theologische Erkenntnis kann nie-
mals isoliert von den anderen, den Vertrauten und den Fremden, sondern
immer nur eingebunden in die konkrete Kommunikationsgemeinschaft von
Kirchen, in denen sich die „Gnade" von „Communio" angesichts bleibender
Fremdheit ereignen kann, geschehen. TheologInnen kommen nicht in der
kirchlich und gesellschaftlich isolierten Studierstube, am PC oder in der
Bibliothek (allein) zu ihrem Wissen, sondern wesentlich in der Partizipation
an den Freudens-, Leidens- und Konfliktgeschichten konkreter Menschen,
wie sie sich in christlichen Gemeinden und Gemeinschaften in der gläubig-

---

[51] Vgl. SCHARER, MATTHIAS, Wie kommen die TheologInnen zu ihrem Wissen. Die Perspektive „Kommunikativer Theologie", in: Wie kommt die Wissenschaft zu ihrem Wissen Bd.
3 (Einführung in die Methodologie der Sozial- und Kulturwissenschaften), Hohengehren
2001 (Buch und CD)

[52] Vgl. NITSCHE, BERNHARD, Die Analogie zwischen dem trinitarischen Gottesbild und der
communialen Struktur von Kirche. Desiderat eines Forschungsprogrammes zur Communio-Ekklesiologie, in: HILBERATH, BERND JOCHEN (HG.): Communio – Ideal oder Zerrbild
von Kommunikation? (QD 176), Freiburg i. Br. 1999, 81–114.

kritischen Auseinandersetzung mit dem Evangelium realisieren. Die Communio der Suchenden/Glaubenden in ihrem Lebens-/Glaubenszeugnis, in ihrem Dienst aneinander sowie an der Gesellschaft und zentral in ihrer Feier ist unabdingbare theologische Erkenntnisquelle.

Die Wahrheit der Gottesrede, der sich TheologInnen immer wieder neu anzunähern suchen, liegt also nicht in einer ideologischen Behauptung bestimmter weltanschaulicher Positionen gegenüber anderen; sie lässt sich auch nicht allein aus dem kritischen Verstehen der Glaubenstexte ermitteln. Theologie als umfassendes Kommunikationsverstehen gründet auf Kommunikation; einer Kommunikation, die sich nicht davon abbringen lässt, auch angesichts der Fiktion einer scheinbar grenzenlosen Kommunikation im „global village" jenes Widerfahren in den wissenschaftlichen Diskurs einzubringen, dessen der Mensch gnadenhaft inne werden kann, wenn er sich dem Geschenk möglicher Wandlung nicht verschließt. Das theologische Fragen nach der Wahrheit des Menschen aus der Perspektive des jüdisch-christlichen Gottes bewegt sich demnach in hermeneutischer Hinsicht zwischen dem Verstehen auf Grund eines gemeinsamen Horizontes und der gleichzeitigen Herausforderung, sich auf einen Kommunikationsprozess hin zu öffnen, in dem Sprecher und Hörer – zumindest zunächst – keinen gemeinsamen Horizont mehr zu haben scheinen; einer Erfahrung, die Menschen nicht nur angesichts des „fremden" Gottes, sondern intersubjektiv auch in der interkulturellen Begegnung mit dem Fremden machen können[53]. Das Andere und Fremde, ja der ganz Andere ist als „Kommunikationspartner" in einer Begegnung zu denken, die Mensch und Welt auf einen Horizont hin aufbricht, der empirische Grenzen obsolet werden lässt. Ausdrücklich kann diese Horizonterweiterung im rituellen „Spiel" der Liturgie widerfahren, in dem Vergangenheit, Gegenwart und Zukunft des Menschen in eins fallen, also die „Realpräsenz" der Geschichte Gottes mit den Menschen als Heilsgeschichte erfahrbar wird[54]. Sie ist aber auch in anderen „kommunikativen Handlungen" von Menschen, in denen das Wirken des Geistes Gottes aufleuchtet, wie dem Zeugnis des Lebens oder dem Dienst aneinander sichtbar.

2. Wer darf „mit-essen"?

Wie sich zwar brüchig, aber doch greifbar Spuren dieses umfassenden Kommunikationsgeschehens konkret zeigen können und zur unmittelbaren,

---

[53] Vgl. SCHREITER, ROBERT J., Abschied vom Gott der Europäer. Zur Entwicklung regionaler Theologie, Salzburg 1992, hier: 53.
[54] Vgl. u. a. SCHARER, MATTHIAS / NIEWIADOMSKI, JÓZEF, Faszinierendes Geheimnis. Neue Zugänge zur Eucharistie in Familie, Schule und Gemeinde, Innsbruck–Mainz 1999.

kommunikationsrelevanten theologischen Einsicht führen, sei an einem Beispiel verdeutlicht[55].

„Im Innsbrucker Bahnhofsviertel feiert eine Gruppe von KatholikInnen Gottesdienst. Die Eucharistiefeier hat längst begonnen, als eine deutlich als Prostituierte erkennbare Frau den Gottesdienstraum betritt. Sie scheint leicht alkoholisiert zu sein und ruft laut in den Raum hinein: ‚Bekomme ich da auch etwas?' Offensichtlich meint sie mit ‚etwas' das eucharistische Brot. Der Priester, welcher der Eucharistie vorsteht, ist im Moment sprachlos, sagt aber nach einigem Zögern: ‚Ja schon', sichtlich in der geheimen Hoffnung, dass die Frau noch vor der Kommunion die Feier wieder verlassen wird. Sie bleibt aber, nimmt das eucharistische Brot, bricht die Hostie in zwei Teile, konsumiert einen Teil, steckt den anderen in die Hosentasche und verlässt den Gottesdienstraum. Nachforschungen ergeben, dass sie mit der geteilten Hostie geradewegs zum Bahnhof ging, wo eine Schwester der Bahnhofsmission, die ihr öfters geholfen hatte, ihren Dienst versah. Sie brachte ihr die geteilte Hostie mit den Worten: ‚Schau, was ich dir mitgebracht habe, du isst ‚das' doch so gerne!'"

Soziologisch betrachtet geht es in dieser Szene um das Dilemma einer Gruppe von Menschen, die sich zum Zweck ritueller Handlungen, die ihr Selbstverständnis ausdrücken, getroffen haben und dabei von einer „Nichteingeweihten" empfindlich gestört werden. Will man verstehen, warum sie auf diese Störung in der beschriebenen Weise reagieren, kann man zunächst gruppensoziologische Theorien zu Rate ziehen. Nach menschlicher Einsicht wird es, je weltanschaulich aufgeladener die rituelle Handlung vollzogen wird und je existentieller sie die Gruppenidentität verkörpert, um so wahrscheinlicher zum Ausschluss der Fremden kommen, die als gewaltsame Störung des gottesdienstlichen Vollzuges erscheinen muss. Dass ein solches Ausschlusshandeln eine hohe Plausibilität hat, kann man an vielen Beispielen von Ausschlussmechanismen traditioneller Religionen erkennen; schließlich fällt Jesus einem solchen zum Opfer. Nicht weniger exklusiv gebärden sich auch neue „Religionen", wenn es um die Frage geht, wer „in" und wer „out" ist: Die globale Selektion von Markt und Medien, die sich auch im nördlichen Wissenschaftsbetrieb kaum reflektiert widerspiegelt, produziert nicht nur den Ausschluss einzelner, sondern ein unübersehbares Heer an ausgeschlossenen Opfern.

---

[55] Vgl. SCHARER, MATTHIAS, Eucharistie und kirchliches Handeln. Ein Perspektivenwechsel, in: WEBER, FRANZ / BÖHM, THOMAS / FINDL-LUDESCHER, ANNA / FINDL, HUBERT (HG.), Im Glauben Mensch werden. Impulse für eine Pastoral, die zur Welt kommt, Innsbruck 2000, 29–41.

Was ermöglicht es der Gottesdienstgemeinde im Innsbrucker Bahnhofsviertel, zwar zögernd, aber schließlich doch, eine Fremde nicht auszuschließen, und was ermöglicht der Frau ein spontanes, implizit theologisch angemessenes Handeln? Die Szene erinnert nicht unwesentlich an jene Erzählungen vom Essen und Trinken Jesu, wie sie uns im Neuen Testament überliefert werden. Der Eindruck, dass Jesus alle willkommen sind und selbst „Zöllner und Sünder", also Menschen ohne moralische Reputation, mit ihm essen und trinken, muss so unverwechselbar zum Jesusbild der frühen ZeugInnen gehört haben, dass es sich wider alle geschichtlich verständlichen Harmonisierungs- und Rechtfertigungstendenzen des Christentums bis in die neutestamentlichen Ursprungszeugnisse hinein durchgehalten hat. Damit ist dem Christentum, in einer ständigen kritischen Auseinandersetzung zwischen Ursprungszeugnissen, Tradition und aktuellen Fragestellungen im Hinblick auf den gesellschaftlichen und kirchlichen Umgang mit dem Anderen und Fremden prophetisch eingestiftet, dass jeglicher Ausschluss von Menschen dem in Jesus Christus menschgewordenen „Wort Gottes" zuwider läuft. Eine solche theologische Erkenntnis, in unserem Fall mehr implizit als explizit, in und aus der zentralen Feier der Kirche gewonnen, markiert weitere theologische Erkenntnisschritte.

3. Theologie aus kontextueller Aufmerksamkeit und authentischer Berührbarkeit

In der Betroffenheit der Gemeinde von der Situation und Frage dieser Frau und in der Sensibilität der Frau für die Tiefenbedeutung der Eucharistie zeigt sich exemplarisch, was „Kontextualisierung der Theologie" im Hinblick auf die wissenschaftliche Gottesrede praktisch bedeuten kann. Wie wir an unserem Fall sehen können, geht es bei der Wahrnehmung des theologischen Kontextes nicht um subjektiv und intersubjektiv distanzierende Lebensweltanalysen, sondern um die authentische Berührbarkeit von den Freuden und Hoffnungen und der Trauer und Angst der Menschen von heute[56] als Quelle theologischen Wissens. Die Sympathie (= das Mitleiden) des biblischen Gottes mit den jeweiligen Schwierigkeiten und Chancen von Mensch und Gesellschaft stimuliert zwar die Einbeziehung von intersubjektiv orientierten, human- und gesellschaftswissenschaftlichen Methoden zur „Analyse der Lebenswelt", um besser „sehen" zu können, was jeweils der Fall ist. Doch das theologische „Sehen" konfrontiert mit der Wahrheitsfrage auf einer Ebene, auf der es nicht mehr nur um die verifizierbaren oder falsifizierbaren einzelnen Versatzstücke des Menschen, sondern um das Ganze der mensch-

[56] Vgl. GS 1.

lichen Wirklichkeit im Hinblick auf die Zukunftsfähigkeit von Mensch und Gesellschaft in der einen Welt für alle geht. Wenn sich die Kirche gemäß dem Selbstverständnis des Zweiten Vatikanums als „Sakrament", d.h. „Zeichen und Werkzeug für die innigste Vereinigung mit Gott wie für die Einheit der Menschheit"[57] versteht, dann kommt christliche Theologie in der kontextuellen Aufmerksamkeit und authentischen Berührbarkeit zu jenen theologischen Erkenntnissen, die ihr der Geist Gottes in seiner Anwesenheit in der Welt – auch außerhalb kirchlicher Verkündigung – zu erkennen aufgibt (vgl. 1. Kapitel).

4. Theologie aus Schuldfähigkeit und eingestandener Ohnmacht

In einem solchen Erkenntnisprozess kann eine Theologie, die in lebendiger Beziehung zur Geschichte der Kirchen steht, deren alte Lasten, wie die konfessionelle Spaltung der Christenheit, ein noch immer unzureichend aufgearbeiteter Antijudaismus, eine kulturignorante Missionierung, wie sie u. a. in Lateinamerika betrieben wurde, oder ein – konfessionell unterschiedlich gewichtetes – vorurteilsgeladenes Verhältnis zu Frauen, nicht einfach abschütteln. Keine Theologie steht als „reine" Vertreterin eines Wahrheitsanspruches da, der ihr eigenes Involviertsein in die Schuldgeschichte der Menschheit tabuisiert. Die Selbstaufklärung und Schuldfähigkeit der Theologie gerade auch als kritischer Wissenschaft erhält ihren Impuls für die historische Aufarbeitung ihres eigenen Versagens aus dem Vertrauen heraus, dass im Angesicht des lebendigen, dem Menschen liebevoll zugewandten Gottes keine Sünde zu groß und kein Versagen zu wirkmächtig ist, als dass es vor der aufgeklärten Vernunft verschleiert werden müsste.

In theologischen Gruppenprozessen kann sich die globale Schuldverstrickung der Theologie und der Kirchen zusammen mit der individuellen und kommunikativen Ohnmacht, die in der Berührbarkeit durch individuelles und kollektives Leid zum Ausdruck kommt, zeigen. Solche berührende Momente und Szenen gehören zu existentiell bedeutsamen theologischen Prozessen; es gilt zu lernen, darüber nicht in individuelle oder kollektive Depression zu verfallen, aber die Betroffenheit auch nicht abzuwürgen. Das geschilderte Beispiel führt uns auf die richtige Fährte.

[57] LG 1.

72

5. Theologie aus geschenkter Wandlung

Wider alle kirchenrechtliche und sakramententheologische Einsicht von der Würdigkeit der Empfänger der Eucharistie stammelt jener der Eucharistie vorstehende Priester, von dem ich oben erzählt habe, sichtlich nicht ohne schlechtes Gewissen: „Bei uns bekommst du etwas zu essen". Für den Vorsteher und für die Gemeinde ist das eucharistische Brot nicht „irgend etwas Essbares". In der Gestalt des heiligen Brotes, das die feiernde Gemeinde zusammen isst, und im Kelch, aus dem sie trinkt, wird die ganze Geschichte Gottes mit den Menschen, zentral der im Todesschicksal Jesu anwesende Gott, real präsent. Dass Gott im Kreuz gegenwärtig sein soll, ist weder für das Erleben von Menschen heute noch für die Frühe Kirche selbstverständlich: In der hebräischen Bibel gilt: „Von Gott verflucht ist ein Gehenkter" (Dtn 5, 1). Deshalb ist das Schicksal Jesu, das in der Eucharistiefeier im Kontext des Lebens der Gemeinde Gestalt gewinnt, menschlich gesehen „Torheit" (1 Kor 1, 18), für die ChristInnen aber „Gottes Kraft" (1 Kor 1, 18). „Denn sooft ihr von diesem Brot esst und aus dem Kelch trinkt, verkündet ihr den Tod des Herrn, bis er kommt" (1 Kor 11, 26).

Indem der Priester der Frau – zwar zögernd, aber dennoch – die Eucharistie reicht und auch die feiernde Gemeinde wider alle Logik gesellschaftlicher Konventionen, „was sich gehört und was sich nicht gehört", und ohne protestierend den „Saal" zu verlassen die menschliche und theologische Provokation annimmt, wird eine theologische Erkenntnis einsichtig, die sich zentral auf die Kommunikation zwischen Gott und den Menschen bezieht. Selbst ein rituell ausgeprägtes Kommunikationshandeln kann um eines konkreten Menschen willen durchbrochen werden, weil sich der Priester und die Gemeinde vom innersten Geheimnis der Feier her zu einer neuen Einsicht wandeln lassen.

6. Theologie als Unterscheidung

Christliche Theologie kann gegenwärtig nur im Kontext pluraler religiöser Erfahrungen betrieben werden. Es ist offensichtlich, dass das religiöse Feld angesichts eines funktionalen Religionsverständnisses immer unschärfer wird und sich neue gesellschaftliche Institutionen herausbilden, die als Art „Oberreligionen" das Leben von immer mehr Menschen bestimmen. Sie übernehmen Funktionen, welche traditionell zu den ureigensten Domänen der Religion gehören. Markt und Medien als pseudoreligiöse Phänomene dominieren die ethische und weltanschauliche Orientierung, die Sinnfrage, ja werden zum Lebens- und Sterbehorizont von zunehmend mehr Menschen, sodass es um deren Freiheit willen zur Auseinandersetzung zwischen den neuen Göttern und dem einen und dreieinen Gott der Bibel und kirchlichen

Tradition kommen muss. Dabei fordert die sogenannte Informations- und Kommunikationsgesellschaft zur besonderen Auseinandersetzung heraus. Wenn Weltanschauungen einander gegenüberstehen, dann ist die Versuchung zum ideologischen Kampf besonders groß: Die von der jeweils anderen Seite als ideologisch fixiert Betrachteten sollen im Kampf der besseren Argumente überzeugt werden. Am Beispiel der biblischen Gestalt des Propheten Elija, der sich mit den Priestern der falschen Götter einen erbitterten Kampf liefert, ja das Gottesurteil über sie heraufbeschwört (vgl. 1 Kön 18), kann man jene theologische Depression erahnen, die Menschen trotz eines vordergründigen ideologischen Sieges befallen kann. Als Flüchtling vor der Königin, die ihn verfolgt, sitzt er in der Wüste unter dem Ginsterstrauch und wünscht sich den Tod (vgl. 1 Kön 19,4). Einzig der Bote Gottes kann ihn zum Weitergehen ermutigen, um schließlich im Zerbrechen der alten Theophanien, in denen sich Gott im Sturm, im Feuer oder in anderen Naturgewalten gezeigt hatte, in eine neue, unbegreifliche Gottesahnung hineinverwandelt zu werden, die im sanften, leisen Säuseln des Windes ihren metaphorischen Ausdruck findet.

Wie können Menschen Gott und Götzen unterscheiden? Der Apostel Paulus bringt im ersten Kapitel des Römerbriefes seine theologische Überzeugung zum Ausdruck, dass das, was man von Gott erkennen kann, auch offenbar und der menschlichen Vernunft zugänglich ist. Dabei ist die Frage nach der Wahrheit zuinnerst mit der nach Gerechtigkeit verbunden. Durch Ungerechtigkeit wird Wahrheit niedergehalten; die Herrlichkeit Gottes kann nicht zum Durchbruch kommen. Menschen „vertauschen" sie mit vergänglichen Bildern:

„Der Zorn Gottes wird vom Himmel herab offenbart wider alle Gottlosigkeit und Ungerechtigkeit der Menschen, die die Wahrheit durch Ungerechtigkeit niederhalten. Denn was man von Gott erkennen kann, ist ihnen offenbar; Gott hat es ihnen offenbart. Seit Erschaffung der Welt wird seine unsichtbare Wirklichkeit an den Werken der Schöpfung mit der Vernunft wahrgenommen, seine ewige Macht und Gottheit. Daher sind sie unentschuldbar. Denn sie haben Gott erkannt, ihn aber nicht als Gott geehrt und ihm nicht gedankt. Sie verfielen in ihrem Denken der Nichtigkeit, und ihr unverständiges Herz wurde verfinstert. Sie behaupteten, weise zu sein, und wurden zu Toren. Sie vertauschten die Herrlichkeit des unvergänglichen Gottes mit Bildern, die einen vergänglichen Menschen und fliegende, vierfüßige und kriechende Tiere darstellen. (Röm 1, 18–23)"

Zu jeder Zeit kommen TheologInnen in einer jeweils neuen Auseinandersetzung um die Wahrheit Gottes und damit auch des Menschen und der Welt, also durch Unterscheidung dessen, woran Menschen ihr Herz hängen und was sie zu ihrem Gott machen, zu ihrem Wissen. Die wissenschaftliche

Auseinandersetzung um den wahren Gott in der Form von Argumentationen ist im Vertrauen darauf sinnvoll, dass allen Menschen, nicht zuletzt auch in den intersubjektiv nachvollziehbaren Einsichten der Wissenschaften, eine Ahnung von der Erkenntnismöglichkeit dessen zugänglich wird, der – wie Paulus sagt – „an der Schöpfung mit der Vernunft erkennbar" ist und gleichzeitig der Jenseitige bleibt. Sucht man nach einer zusammenfassenden Kurzformel dafür, wie TheologInnen zu ihrem Wissen kommen, dann kann man von einem intersubjektiv nachvollziehbaren Verstehen und Antizipieren von kommunikativen Handlungen sprechen, die der menschlichen Wirklichkeit den Himmel offen halten und die „Herrlichkeit des unvergänglichen Gottes" nicht mit Bildern vergänglicher Wirklichkeiten vertauschen.

Nachfragen
* *Welches Bild von Theologie habe ich aus der Aus- und Fortbildung?*
* *Wird bzw. worin wird mein Bild von Theologie und theologischer Erkenntnis durch die vorausgehenden Ausführungen bestätigt, irritiert, verändert?*
* *Welche existentiellen Folgen hätte für mich eine partizipative, schuld- und wandlungsfähige Theologie?*

4. Kapitel: Der kommunikative Gott christlicher Offenbarung und seine Kommunikation in der Geschichte

In diesem Kapitel wenden wir uns ausdrücklich der „Sache", dem „Es", also der Glaubenstradition in seiner theologischen Bedeutung und in seiner Beziehung zu den anderen Perspektiven der Glaubenskommunikation zu. Damit kommt die Gottesfrage explizit in den Blick.

I. Gott – ein kommunikatives Wesen

Die bisherigen Überlegungen drängen uns dazu, über Gott als das Subjekt, d. h. als den Ausgangs-, bleibenden Bezugs- und Zielpunkt jeden theologischen Bemühens nachzudenken. Es ist schon deutlich geworden, dass die entscheidenden (konstitutiven) und kommunikativen Handlungen der Glaubensgemeinschaft Gott selbst zum Subjekt haben, jedenfalls in einem primären und einem fundamentalen Sinn. Außerdem ist deutlich geworden, dass selbst eine ganz theozentrische Theologie wie die dialektische Theologie Barths nicht umhin kommt, auch vom Menschen zu reden, wenn sie von Gott redet. Dies heißt wiederum, umgekehrt geblickt, von Gott als einem auf den Mensch ausgerichteten Gott zu sprechen.

Es mag zunächst ein wenig befremden und Nachfragen provozieren, wenn wir deshalb an dieser Stelle von Gott als einem kommunikativen Wesen sprechen. Der Verdacht könnte sein, dass hier Gott wieder für ein theologisches Konzept vereinnahmt würde; dass wir mit der Kommunikativen Theologie der im 2. Kapitel kritisierten „Spiegelung" menschlicher Kommunikationserfahrungen und -sehnsüchte in Gott hinein verfallen. Diese Gefahr ist tatsächlich immer gegeben und kann nur durch die Durchführung des Konzepts selber widerlegt werden. So weit sollten Missverständnisse allerdings schon ausgeschlossen sein, die von einem eingeschränkten Begriff der Kommunikation ausgehen und deshalb an dieser Stelle argwöhnen könnten, uns ginge es um die Sanktionierung des bloßen Redens über Gott. Stille vor Gott, Meditation, Gottesdienst in verschiedener Art, Glaubensgespräch, Bibel-teilen waren und sind feste Bestandteile unserer Kurse Kommunikativer Theologie. Das heißt, es geht uns gerade um ein integratives Verständnis von Kommunikation, welches das Reden über Gott mit dem Reden von Gott und mit dem Reden zu Gott verbindet.

Eine weitere ernst zu nehmende Anfrage an das Konzept der Kommunikativen Theologie könnte in diesem Zusammenhang lauten: Wird nicht das Anderssein, das Fremdsein Gottes übersehen? Erste Teilantwort: Ja, Gott ist auch einer, der schweigt, einer, der so redet, dass Menschen ihn nicht verstehen, einer, der sich gerade dem Menschen, welcher sich vertrauensvoll an ihn wendet, entziehen kann. Gott ist also kein Gott, der am Ende einer Telefonleitung zu jeder Zeit erreichbar wäre! Eine Theologie, welche nicht berücksichtigt, dass Gott immer auch der ganz Andere, der Schweigende, der Verborgene und sich Entziehende ist, verfehlt ihre Aufgabe. Zweite Teilantwort: Gerade dies bedeutet aber nicht, dass Theologie selber ganz fremd, ganz anders, ganz verborgen sei oder sich in Schweigen hüllen solle. Theologie hat nun einmal die Aufgabe, auch da zu reden, wo es darauf aufmerksam zu machen gilt, dass hier jede Rede verstummen muss. Ansonsten könnte leicht die Gefahr bestehen, dass das Denken und Reden vorzeitig eingestellt wird. Es ist gewiss richtig, dass es auf ganz entscheidende Fragen der Theologie, etwa auch auf die Frage, wie Gott und das Leid zu vereinbaren sind, keine unsere menschliche Vernunft befriedigende Antwort gibt. Aufgabe der Theologie ist aber nicht, deshalb über diese Frage zu schweigen, sondern Gründe dafür ausfindig zu machen, warum es auf diese Frage keine Antwort gibt. Es muss also zwischen Gott und der Theologie unterschieden werden. Allerdings macht die eben kurz skizzierte Situation die Theologie, wenn sie bei ihrer Sache bleibt, bescheiden.

Blicken wir jetzt von der Theologie noch einmal hin auf den Gott, von dem sie redet, so können wir noch einiges Klärende zur Bezeichnung Gottes als eines „kommunikativen Wesens" beitragen. Für Glaubende gilt, dass Gott selbst ein Beziehungswesen ist. Diese Vorstellung ist keine Erfindung von Menschen, sondern wird erst ermöglicht durch die Selbstoffenbarung Gottes; das heißt dadurch, dass Gott eine Beziehung zur Welt als Schöpfung und zu den Menschen und seinen Geschöpfen als Sündern und Erlösten und der Vollendung Entgegengehenden eingeht; nur deshalb ist von ihm als von einem Gott in Beziehung zu reden. Über Gott *an und für sich* können wir auch in der christlichen Theologie keine Aussagen machen. Gott *an und für sich* begegnet uns immer nur als der Gott *für uns*. Daraus lässt sich umgekehrt nicht folgern, dass es Gott an und für sich nicht gäbe, weil er nur als Gott für uns erscheint. Wohl aber ist dadurch eine Grenze unserer theologischen Reflexions- und Sprachmöglichkeit gezogen. So können wir im Blick auf das Konzept der Kommunikativen Theologie sagen: Nur weil Gott eine Beziehung mit uns eingeht, weil er mit uns Gemeinschaft haben will und mit uns Kommunikation aufnimmt, deshalb können wir überhaupt von Gott, zu Gott und über Gott reden. Insofern könnten wir auch unsere Bezeichnung noch präzisieren, indem wir von Gott als *dem* kommunikativen Wesen sprechen. Gott ist es, der zu allererst die Kommunikation, die Gemeinschaft, die uns am Leben erhält, ermöglicht. Dies ist unser Glaube an Gott den Schöpfer von Himmel und der Erde, der sichtbaren und der unsichtbaren Welt. Nicht erst das, was wir die Offenbarung Gottes in der Geschichte nennen, sondern schon seine Offenbarung als Schöpfergott erweist ihn als kommunikatives Wesen, als das kommunikative Wesen.

Was dies im Blick auf Offenbarung und Geschichte bedeutet, werden wir in einem eigenen Unterkapitel (IV. Abschnitt) weiter ausführen. Es war aber notwendig, an dieser Stelle bereits auf Gottes Offenbarungshandeln in Schöpfung und Geschichte kurz einzugehen, damit unsere Rede über Gott als das kommunikative Wesen ihren rechten Ort einnimmt: Unabhängig von der Selbstoffenbarung Gottes können wir nämlich über ihn keine verlässliche Aussage machen. Deshalb ist das Missverständnis abzuwehren, wir könnten hier quasi eine Theologie von oben her betreiben, d. h. uns auf die Ebene Gottes begeben und zunächst einmal einen Gottesbegriff an und für sich entwickeln, um ihn dann nachträglich mit der Geschichte in Verbindung zu bringen. Wenn wir also, bevor wir auf Offenbarung und Geschichte eingehen, bereits über Gott als das kommunikative Wesen reden, so haben wir den Ausgangs- und Ermöglichungspunkt unseres Redens nie aus dem Blick verloren.

Unter dieser Voraussetzung – dass wir von, zu und über Gott nur reden können, weil Gott zu uns geredet hat und redet – können wir noch einen weiteren Schritt tun, der für die christliche Theologie ebenso zentral wie in ihr selbst umstritten ist. Dass Gott im Blick auf Schöpfung und Menschheit als kommunikatives Wesen, als ein Gott in Beziehung verstanden werden darf, ist klar geworden. Christliche Gottesverkündigung spricht darüber hinaus auch von Gott als einem in sich beziehungsreichen Wesen. Dies ist der Kerngehalt des christlichen Glaubens an den Dreieinigen Gott, der als solcher höchste Ansprüche an eine theologische Explikation stellt. Wir haben in unseren Kursen zur Kommunikativen Theologie diesen Kerngehalt auf den Punkt zu bringen versucht, in dem wir die einschlägigen Kurse zur Kommunikation des Dreieinigen Gottes überschrieben haben: „Im Ursprung ist Beziehung". Dieses Motto gilt im Blick auf Schöpfung und Menschheit in jedem Fall, wie bislang ausgeführt wurde. Gilt es auch im Blick auf Gott? Müssen wir bzw. können wir bzw. dürfen wir sagen, dass Gott, der Ursprung von allem, in sich selbst ursprünglich ein Beziehungswesen, ein kommunikatives Wesen ist? Abstrakte Spekulationen über den Gottesbegriff helfen hier nicht weiter. Im Blick auf das Gespräch mit den monotheistischen Religionen des Judentums und des Islam ist zu sagen, dass Gott im Blick auf die Schöpfung und die Menschheit ein kommunikatives Wesen, ein Beziehungswesen sein kann, auch wenn er in sich streng monotheistisch gedacht wird, wenn also nicht von

Beziehungen in Gott geredet wird. Wie kommt aber nun die christliche Theologie dazu, von Beziehungen in Gott zu reden?

Nachfragen
- *Fällt es mir leicht, von Gott zu reden oder stockt mir eher der Atem?*
- *Wenn ich an Gott denke, stellen sich dann bei mir eher personale Bilder ein oder eher andere Symbole von Transzendenz?*
- *Was bedeutet Beziehung für mich? Bringe ich Gott damit zusammen?*
- *Wo erlebe ich Gott als nah und vertraut, wo als fremd und unnahbar?*

II. Wie kam die christliche Gemeinde zu ihrem Bekenntnis zum Dreieinigen Gott?

Das christliche Gottesbild hat sich in einem Prozess von Erfahrungen und Kommunikation entwickelt. Seine endgültigen Formulierungen auf den Konzilien von Nizäa (325) und Konstantinopel (381) stellen das dar, was wir als eine konstitutive kommunikative Handlung beschrieben haben. Diese Handlung wird nun nicht in neuerlichen synodalen oder konziliaren Versammlungen erneuert, sondern in jeder Tauffeier und häufig auch in den zentralen Gottesdiensten der christlichen Gemeinden, der Eucharistie bzw. dem Abendmahl.

Wie kamen die ChristInnen zu ihrem Bekenntnis? Wie kamen sie dazu, wenn sie Gott sagten, vom Schöpfergott als dem Vater Jesu Christi, von Jesus als dem Christus und vom Heiligen Geist als dem Herrn und Lebensspender zu sprechen?

Ganz entscheidend ist der Ausgang, der *„locus theologicus“*, von dem her christliche Gotteserfahrung ihre kommunikative Explikation gewinnt. In der traditionellen Gotteslehre wirkte sich die im Mittelalter vorgenommene Aufteilung der Lehre von Gott zum Teil verhängnisvoll aus. Bevor nämlich über den Dreieinigen Gott *(De Deo trino)* gehandelt wurde, handelte man „über den einen Gott“ *(De Deo uno)*. Dies konnte den Eindruck erwecken, als ließe sich zunächst unabhängig von der Erfahrung des Dreieinigen Gottes eine allgemeine, philosophische, metaphysische Gotteslehre entwickeln. Selbstverständlich dachten die christlichen Theologen vom Glaubensbekenntnis her. Ihr Anliegen war es freilich, über dieses Glaubensbekenntnis auch mit den strengen Monotheisten auf jüdischer und muslimischer Seite ins Gespräch zu kommen, ja eine allgemeine Basis für das Reden von Gott zu finden. Darüber ging dann der Streit, ob es in der Schöpfung (nur) Spuren des Einen oder (auch) Spuren des Dreieinen Gottes zu finden gäbe. So sehr auf der einen Seite die Entscheidung für die Zweiteilung der Gotteslehre zu begründen ist, so sehr förderte sie auf der anderen Seite die bereits als verhängnisvoll etikettierte Aufteilung. Dadurch, dass in dem Traktat über den einen Gott schon Entscheidendes über Gottes Wesen gesagt wurde, verstärkte sich der Eindruck, dass in der Lehre über den Dreieinen Gott nichts Wesentliches hinzukäme, zumal manche Traktate in der Form einer höheren Mathematik oder einer flachen naiven Symbolik daherkamen.

Auch heute werden wir dahin tendieren, zuerst ein allgemeines Gefühl für Transzendenz, für Gott zu entwickeln. Dennoch ist es ganz entscheidend, dass die entsprechenden kommunikativen Prozesse die Wurzel christlicher Gotteserfahrung erkennen lassen. Für die Ausbildung des christlichen Gottesbekenntnisses ist nun die Erfahrung Gottes, die Jesus von Nazareth selbst gemacht und an seine Jüngerinnen und Jünger weitergegeben, kommuniziert hat, entscheidend. Wir haben in der jüngeren Vergangenheit gelernt, diese nach wie vor zentrale und gültige Antwort durch eine wesentliche, erste Antwort nicht nur zu ergänzen, sondern fundamental zu verankern. Gemeint ist die Gotteserfahrung Israels, an welcher Jesus von Nazareth partizipiert und die er zwar zum Teil auf anstößige Weise, aber prinzipiell im breiten Strom alttestamentlicher Gottesüberlieferung artikuliert. So müssen wir präzise sagen: Ausgangs- und bleibender Orientierungspunkt christlicher Rede von Gott ist die Gotteserfahrung Israels, so wie sie durch Jesus von Nazareth zur Sprache gebracht, gelebt wurde bis in den Tod hinein. Durch die Auferweckung hat sich der Schöpfergott zu diesem seinem Zeugen als seinem Sohn und endgültigen Boten bekannt. Seither können die JesusnachfolgerInnen von Gott nur sprechen, indem sie zugleich von diesem Jesus von Nazareth sprechen. In der Auseinandersetzung mit den strengen Monotheisten mussten sie sich dazu durchringen, in der entscheidenden Frage, ob Jesus auf die Seite Gottes oder auf die Seite der Menschen gehört, eine zweifache Antwort zu geben: Jesus von Nazareth war in allem uns gleich außer der Sünde, d. h. er blieb in ständiger Gottverbundenheit; und in eben diesem Menschen hat sich Gott selbst als unser Heil mit-geteilt, mit uns kommuniziert.

Hinzu kam eine zweite für das christliche Gottesbekenntnis zentrale Erfahrung. Jesus, der sich unter den Menschen ganz von Gott, seinem Abba-Vater her verstand, handelte im heiligen/heilenden Geist Gottes. Wes Geistes Kind Jesus ist und war, das enthüllte sich den Jüngerinnen und Jüngern mittels der Glaubenskommunikation in Gebet, Meditation, Schriftlesung, in theologischer Diskussion darüber „was alles in Jerusalem geschehen ist", in konstitutiven kommunikativen Handlungen wie der Feier des Abendmahls und in der Diakonie (vgl. die Emmaus-Geschichte in Lk 24, die in dieser Hinsicht exemplarisch ist). So entdeckten sie: Es war der Geist Gottes, der Jesus bei der Taufe zu Beginn seines öffentlichen Wirkens als den Retter Israels proklamierte; es war der Geist, der ihn in die Wüste führte und ihn allen Versuchung widerstehen ließ, seinen Auftrag gegen irdische Macht einzutauschen; es war der Geist Gottes, durch den er die Ungeister austrieb und die Menschen frei machte; es war der Geist Gottes, der ihn im nächtlichen Gebet mit seinem Gottvater und -schöpfer und -retter verband; es war der Geist Gottes, der ihn in Gethsemane in Treue zu seinem Auftrag und in Liebe zu den Menschen, die ihm ans Herz gewachsen waren, durchhalten ließ; es war der Geist Gottes, in dem er vertrauensvoll, trotz aller menschlichen Ratlosigkeit sein Leben in die Hände des Vaters hineingab. Was sie im Mitleben mit ihm erfahren hatten, das entdeckten sie zum Teil erst, als sie den Herrn neu als lebendig mitten unter ihnen erfuhren. Dann wurde ihnen klar, dass es der Geist Gottes war, der Jesus von den Toten auferweckt und ihn als Erstgeborenen der Entschlafenen zur Rechten des Vaters platziert hatte als Richter über Lebende und Tote. Dann ging ihnen auf, dass es der Heilige Geist war, in dem Gott sich selbst auf seine Schöpfung, die Menschheit hin überschritt, bis hin zur konkreten Menschwerdung in Jesus von Nazareth selbst.

Damit waren die Jüngerinnen und Jünger gedrängt, wenn sie von Gott redeten, von Jesus von Nazareth und vom heiligen/heilenden Geist Gottes zu sprechen. So wie im Zusammenhang des Konzils von Nizäa entschieden wurde, dass in Jesus Gottes Wort Mensch geworden war, so wurde im Zusammenhang der Auseinandersetzung auf dem Konzil 381 entschieden, dass der Heilige Geist der Geist ist, der vom Vater kommt, der Herr ist und Leben schafft, der als solcher göttlicher Geist mit dem Vater und dem Sohn angebetet und verherrlicht wird. Dabei waren es nicht philosophische Theorien und metaphysische Spekulationen, welche das Kirchenvolk mit seinen Theologen und Bischöfen zur Explikation dieses dreieinigen, kommunikativen Gottesbegriffs nötigten. Es war die auf Erfahrung beruhende Überzeugung, dass nur Gott selbst uns Menschen retten, unsere gestörte Kommunikation wieder ermöglichen, unser Zusammenleben wieder tragen könne. Zu dieser ersten Überzeugung – nur Gott selbst kann uns retten – kam die zweite hinzu: Nur dann, wenn Gott wirklich selbst bei uns, und zwar unter uns und in uns ankommt, sind wir gerettet. Ein Axiom der Vätertheologie hieß: „Was nicht angenommen ist, ist nicht geheilt; aber was mit Gott vereinigt ist, das wird auch gerettet"[58].

Nachfragen
- *Wo finde ich mich in der Emmaus-Geschichte wieder?*
- *Habe ich schon die Erfahrung machen dürfen, dass Gott mir leibhaftig und geistvoll nahe ist?*
- *Geht es mir auch so, dass ich von Jesus und vom Heiligen Geist reden muss, wenn ich von Gott sprechen will?*

---

[58] GREGOR VON NAZIANZ, ep. 101 (PG 37, 181f).

III. Charakteristika des kommunikativen Gottesverständnisses

Ist das Wesen Gottes ein kommunikatives? Und bedeutet dies, wenn wir von Jesus dem Christus sagen, er sei gleichen Wesens mit dem Vater, dass er an diesem kommunikativen Wesen Anteil hat? Und gilt dies für den Heiligen Geist, den wir zwar im Credo nicht gleichwesentlich nennen, aber im kommunikativen Vollzug des Gottesdienstes der Taufe und Verkündigung als von gleichem Wesen, als Mit-Wesen („mit angebetet und mit verherrlicht") bekennen? Dass Gott selbst sich in Jesus von Nazareth und im Heiligen Geist mitteilt, offenbart ihn als kommunikatives Wesen, als Gott, der beziehungsfähig ist. Dies war weder für das Judentum und noch weniger für die hellenistische Antike selbstverständlich. In einem strengen Monotheismus, in einer strengen Fassung des einen weltüberlegenen unveränderlichen, unbeweglichen Göttlichen war jedes Heraustreten aus dieser transzendenten Sphäre in die Sphäre der Welt und damit der Endlichkeit und Materie tendenziell ein Abfall von der göttlichen Höhe. Damit hängt zusammen, dass sich griechische Philosophen die Einheit nur als strenge Einheit ohne Vielfalt, ohne innere Differenzierung vorstellen konnten. Demgegenüber wollten die ChristInnen daran festhalten, dass Gott selbst sich in diesem Jesus von Nazareth in seinem Geist mitgeteilt hat, ohne aufzuhören, Gott zu sein. Gegenüber den Griechen ging es also nicht darum, anstelle der Eins eine Drei zu setzen und statt Einheitssymbolen im rigoristischen Sinne nun Drei-Einheits-Symbole zu finden. Das Anliegen war vielmehr, die Heilsbedeutung der Selbstmitteilung dadurch festzuhalten, dass der Überzeugung Ausdruck gegeben wurde: Gott kann in diese Welt eingehen, ohne aufzuhören, Gott zu sein. Gott kann wirklich selbst in unserer Mitte und unter uns ohne Minderung seines Gottseins ankommen und präsent sein. Zwar ist das Ideal der ChristInnen die Heimkehr ins himmlische Vaterhaus. Diese ist jedoch nicht verstanden als ein Abschütteln einer als tendenziell schlecht gewerteten Materie, sondern als Vollendung der Schöpfung.

Für die Juden damals wie heute ist der Gedanke einer lebendigen Vielfalt in Gott so lange kein Problem, als aus den Konkretisierungen dieser beziehungsreichen Vielfalt keine selbstständigen Wesen oder „Personen" gemacht werden. So spricht das Alte Testament von Gottes Wort und Gottes Weisheit, von Boten Gottes, die im Auftrag Gottes unterwegs bzw. wie die Weisheit schon vor Beginn der Schöpfung bei Gott sind. In diesem Sinn besang der Dichter und Pfarrer Kurt Marti die „gesellige Gottheit"[59]. Freilich müssen die Grenzen dieser Charakterisierung beachtet werden. Was der Gott Israels und der Gott der ChristInnen ist, lässt sich nicht von einem allgemeinen

---

[59] MARTI, KURT, Die gesellige Gottheit, Stuttgart ²1993.

Konzept der Gottheit her denken, und der Beziehungsreichtum in Gott darf nicht nach flachen Analogien der Geselligkeit konzipiert werden. Aber halten wir im Blick auf das Gespräch mit den Juden wie auch den Muslimen fest: Nicht erst dann, wenn wir von dem Sohn Gottes und dem vom Vater (und dem Sohn) ausgehenden Heiligen Geist Gottes sprechen, sprechen wir von Gott als einem kommunikativen Wesen. Wir können mit Juden und Muslimen daran festhalten, dass *an und für sich* Gott *für uns* immer ein Gott ist, der auf Kommunikation, auf Communio, d. h. Lebensgemeinschaft und Beziehung aus ist. Freilich werden wir ChristInnen unsererseits dann noch sagen, dass die Offenbarung Gottes als Selbstmitteilung in seinem Sohn und in seinem Geist ein wesensgemäßer Ausdruck dessen ist, was wir von Gott erfahren haben. Von Gott zu sprechen und dabei Vater, Sohn und Geist zu nennen, bedeutet also keine Auflösung des Monotheismus in einen Vielgötterglauben (Tritheismus), sondern die in leibhaftiger Gestalt symbolische Präsentation dessen, was das kommunikative Wesen Gottes ausmacht.

Dabei kommen alle unsere Begriffe und Vorstellungen, auch wenn es die besten sind, die wir zur Verfügung haben, an ihre Grenzen. Selbst der Begriff der Person und der Begriff der Gemeinschaft sind begrenzt und können ein Gottesverständnis in die Irre leiten. Von daher erscheint es wenig sinnvoll und aussichtsreich, im interreligiösen Dialog mit Ein-, Zwei-, Drei-Gott-Konzeptionen zu operieren. Statt dessen ist danach zu fragen, was das Anliegen hinter dem jeweiligen Gottesbild, der jeweiligen Theo-logie, darstellt. In unseren Kursen haben wir gelernt, zwischen dem Thema und dem dahinter liegenden Anliegen zu unterscheiden. Immer wieder wurden wir darauf aufmerksam, dass diese Unterscheidung auch für das ökumenische und interreligiöse Gespräch, ja für die Glaubenskommunikation und theologische Kommunikation überhaupt hilfreich sein kann.

Was ist also das Anliegen, das hinter dem christlichen Bekenntnis zum Dreieinigen Gott steht? Es ist das Bekenntnis zu Gott als einem kommunikativen Wesen. Gott ist ein Gott, der von sich aus auf Beziehung, auf Kommunikation, auf Ausweitung seiner Gemeinschaft ins Nichtgöttliche hinein angelegt und aus ist. Dies haben wir nicht von irgendwo her deduziert, erfunden oder gewünscht oder im Sinne einer Projektion auf eine Gottheit übertragen. Wir ChristInnen sind vielmehr – wie Juden und Muslime auf ihre je spezifische Weise – davon überzeugt, dass Gott sich selbst mitgeteilt hat. Für uns ChristInnen ist Jesus von Nazareth der Höhepunkt der Selbstmitteilung Gottes, die bleibend unter uns im Heiligen Geist kommuniziert wird und in uns selbst lebt. Statt von den „drei Personen" Vater, Sohn und Geist zu sprechen, können wir das Grundanliegen christlicher Grunderfahrung und Glaubenskommunikation auch einmal im Blick auf eine Verständigung mit dem Judentum, dem Islam und darüber hinaus mit anderen Religionen so artikulieren: Wir sprechen von der Quelle der Gottheit, von ihrer Exzentrizität und ihrer Konzentration, von ihrer zentrifugalen und ihrer zentripetalen Kraft. In diesem Sinne steht dann Jesus Christus für die konzentrierende und zentripetale (zum Zentrum hin tendierende) und der Heilige Geist für die exzentrische und zentrifugale (vom Zentrum weg tendierende) Bewegung in der Dynamik des Einen Gottes[60]. Das heißt: Gott ist in dem Sinne ein kommunikatives Wesen, dass er von sich aus auf Selbstmitteilung an das andere seiner selbst orientiert ist und in dieser Selbstmitteilung immer wieder zu sich selbst zurückkommt. Gott ist einer, der sich veräußerlicht und zugleich verinnerlicht. Dabei macht es die Gottheit des kommunikativen Gottes aus, dass er auf die Selbstmitteilung eines anderen Wesens nicht angewiesen ist, um zu sich selbst zu kommen. Dieser Gedanke, dass Seiendes durch das Andere zu sich selbst kommt, liegt dem bekannten Dreischritt von These, Antithese und Synthese im Sinne Hegels zugrunde. In der christlichen Trinitätstheologie wird dieser Grundgedanke dahingehend vertieft, dass Gott in sich selbst den Dreischritt von Selbstmitteilung, Selbstfindung und Selbstsein vollzieht. Dies ist ein Grenzgedanke, der festhalten will, dass Gott nicht auf uns angewiesen ist, um Gott zu sein. Um so größer erscheint die Gnade, dass Gott sehr wohl auf uns angewiesen sein will, um sein Schöpfungswerk zu vollenden und seine Gemeinschaft zu leben.

Der Heilige Geist steht in unserer christlichen Sicht für diese Exzentrizität Gottes, für das Aus-sich-Herausgehen Gottes auf die Schöpfung und die Welt, auf das Nichtgöttliche hin. Insofern ist Gott selbst in seinem Geist in aller Schöpfung zu finden. Jesus Christus ist der Konzentrationspunkt in dieser exzentrischen Bewegung, der Punkt, in der sich die Exzentrizität kondensiert und konzentriert, konkret wird. Das Aus-sich-Herausgehen Gottes ist immer auch ein Heimholen, eine Konzentration, eine Meditation, ein Zur-Mitte-Gehen. Im Dialog mit anderen Religionen fragen wir nach vergleichbaren Erfahrungen des Aus-sich-Herausgehens und Zur-Mitte-Kommens Gottes. Spannend wird vor allem die Frage sein, inwiefern es auch in anderen Religionen diese Erfahrungen der Menschwerdung, der Fleischwerdung, der Inkarnation, der Manifestation Gottes in seiner zentripetalen, d.h. zum Zentrum hin wiederum sich orientierenden Kraft gibt.

Wir haben das christliche Gottesverständnis expliziert, das aus Erfahrung, Meditation und Reflexion gewachsen ist. Es ist also nicht etwas von irgendwo her Deduziertes, sondern Ausfaltung der Selbstmitteilung. Damit ist bereits grundgelegt, dass Offenbarung und Glaube, Überlieferung des Glaubens

---

[60] Vgl. HILBERATH, BERND JOCHEN, Der Heilige Geist – ein Privileg der Kirche?, in: GROSS, WALTER (HG.), Das Judentum – eine bleibende Herausforderung christlicher Identität, Mainz 2001, 174–183.

und Leben des Glaubens heute nur als kommunikative Prozesse verstanden werden können. Wenn der kommunikative Gott sich offenbart, kann diese Offenbarung nur ein kommunikatives Geschehen sein. Wenn Glaube heißt, sich dem kommunikativen Gott anzuvertrauen, dann muss Glaube selbst ein kommunikatives Geschehen sein. Die Überlieferung dieses kommunikativen Geschehens des Glaubens kann dann selbst nur in Form kommunikativer Prozesse erfolgen. Das ist in den folgenden Abschnitten noch ein wenig zu entfalten.

Nachfragen
- *Welche Erfahrungen habe ich in Gottes-Gesprächen mit Menschen anderer Religionen gemacht?*
- *Kenne ich aus meiner Selbsterfahrung eine zentripetale und eine zentrifugale Kraft, einen Drang zur Ekstase wie zur Konzentration?*
- *Fällt es mir leicht, auf das Wort „Person" zu verzichten, wenn ich von Gott rede?*

IV. Offenbarung und Glauben als kommunikatives Geschehen

Im vorangegangenen Unterkapitel (II.) hatten wir uns dessen vergewissert, dass wir von Gott überhaupt nur reden können, weil er selbst sich uns geoffenbart hat. Vom kommunikativen Gott zu reden setzt also Gottes Kommunikation mit den Menschen voraus. Die zwei Seiten dieser Kommunikation werden theologisch als Offenbarung und Glauben bezeichnet. Sie sind wie zwei Seiten einer Medaille: Gott offenbart sich, damit Menschen zum Glauben kommen; Menschen kommen zum Glauben, weil Gott sich offenbart. Offenbarung und Glauben sind also Beziehungsbegriffe, sie sind wechselseitig aufeinander bezogen. Allerdings bilden Offenbarung und Glauben kein symmetrisches Verhältnis. Der Glauben konstituiert nicht die Offenbarung, wiewohl auch die Offenbarung nicht an ihr Ziel käme, wenn kein Mensch zum Glauben kommen würde. Glauben ist also das, worauf Offenbarung aus ist. Da Offenbarung und Glauben Beziehungsgeschehen sind, sind sie Freiheitsgeschehen. Das heißt, auch von Seiten des Offenbarenden ist das Zum-Glauben-Kommen nicht zu erzwingen, sondern immer Einladung an Freiheit. Noch weniger kann der Glaubende den Offenbarenden zwingen, sich zu offenbaren. Was schon im zwischenmenschlichen Bereich gilt, verstärkt sich, wenn wir das Verhältnis Gottes zum Menschen betrachten. Die bereits früher erwähnte dialektische Theologie etwa des jungen Karl Barth setzte Offenbarung und Glauben so radikal entgegen, dass im Dreieinigen Gott selber auch der Empfänger der Offenbarung angesetzt werden musste.

Es gab auf der menschlichen Seite überhaupt keinen Anknüpfungspunkt für Offenbarung. Ein solches Konzept lässt sich nicht durchhalten, da auch Offenbarung nicht (mehr) Offenbarung ist, wenn niemand da ist, dem etwas offenbart wird und der somit als Freiheitswesen eingeladen ist, dem Offenbarenden zu glauben. Im Folgenden betrachten wir Offenbarung und Glauben als die beiden Seiten eines kommunikativen Geschehens.

1. Offenbarung als Selbstmitteilung Gottes an das Geschöpf

Für unser Konzept einer Kommunikativen Theologie zeigt sich eine interessante Parallele. In der Bestimmung dessen, was die Kirche als Offenbarung ansieht, registrieren wir eine wichtige Akzentverlagerung zwischen den Aussagen des Ersten Vatikanischen Konzils (1869/1870) und denen des Zweiten Vatikanischen Konzils (1962–1965). Grob gesprochen verlagerte sich der Akzent von einer sehr einseitig betrachteten kommunikativen Handlung hin zu einer differenzierten und wechselseitigen, die deutlicher das kommunikative Geschehen als Lebensvollzug zu erkennen gab. Die auffallende Parallele sehen wir in der Entwicklung des Konzepts von theologischem Lehren und Lernen, das sich löst von einer einseitigen, überwiegend als kognitiv und autoritativ zu kennzeichnenden Sprachhandlung hin zu dem, was wir die Kommunikative Theologie in der Interaktion verschiedener Subjekte nennen. In der dogmatischen Konstitution über den katholischen Glauben sprach das Erste Vatikanische Konzil von der Offenbarung Gottes in der Schöpfung, die es dem Menschen prinzipiell ermöglicht, Gott als Ursprung und Ziel aller Dinge „mit dem natürlichen Licht der menschlichen Vernunft" zu erkennen. Dann fährt der Text des Konzils fort: „Jedoch hat es seiner (Gottes) Weisheit und Güte gefallen, auf einem anderen, und zwar übernatürlichen Wege sich selbst und die ewigen Ratschlüsse seines Willen dem Menschengeschlecht zu offenbaren"[61]. Aufgabe dieser so genannten übernatürlichen Offenbarung ist es zwar auch, die Erkenntnis Gottes aus der Schöpfung leichter zu ermöglichen. Allerdings ist sie dazu nicht unbedingt notwendig; dies ist sie vielmehr, „weil Gott aufgrund seiner unendlichen Güte den Menschen auf ein übernatürliches Ziel hinordnete, nämlich an den göttlichen Gütern teilzuhaben, die das Erkenntnisvermögen des menschlichen Geistes völlig übersteigen"[62].

Offenbaren heißt vom Wortlaut und Wortursprung her: Verborgenes aufde-

---

[61] ERTES VATIKANISCHES KONZIL, Dogmatische Konstitution „Dei Filius", in: Denzinger-Hünermann, Kompendium der Glaubensbekenntnisse und kirchlichen Lehrentscheidungen, Freiburg i. Br. 1991, Nr. 3004 (im Folgenden: DH).
[62] DH 3005.

cken. Dies kann auf verschiedene Weise geschehen; wir denken vor allem an das Zeigen von bisher Verborgenem oder an das Sprechen über bislang Unbekanntes. Da das Erste Vatikanische Konzil in diesem Kontext den Eingang des Hebräerbriefs zitiert, legt sich ein Verständnis von Offenbaren als Sprechen nahe: „Oftmals und auf vielfache Weise hat Gott einst zu den Vätern in den Propheten gesprochen: zuletzt hat er in diesen Tagen zu uns gesprochen in seinem Sohn" (Hebr 1,1f.). Offenbarung Gottes wird also gesehen als Anrede Gottes an sein Volk. Diese Offenbarungsrede erfolgte zu den Vätern und Müttern im Glauben durch die Propheten, nach christlicher Überzeugung auf endgültige und nicht mehr überholbare Weise in dem letzten Propheten, dem Sohn, in Jesus, dem Christus. Es gehört zur Tradition der Schultheologie, dass von einer Offenbarung in Wort und Tat gesprochen wird, wobei mit den Taten in erster Linie die Wunder Jesu gemeint waren. So galten denn auch die Erfüllung alttestamentlicher Verheißung (Prophetie) und das Wunderwirken Jesu als Glaubwürdigkeitsbeweise für die Göttlichkeit seiner Offenbarung. Dabei wurden die Taten als Bekräftigung der Worte eingestuft. Zusammenfassend kann gesagt werden, dass zur Zeit des Ersten Vatikanischen Konzils Offenbarung als autoritatives Ansprechen Gottes an den Menschen verstanden wurde.

Was ist nun der Inhalt der Rede Gottes? Nach dem Wortlaut der Offenbarungskonstitution des Ersten Vatikanischen Konzils teilt Gott „sich selbst und die ewigen Ratschlüsse seines Willens" mit. Das Erste Vatikanische Konzil kennt also durchaus schon den Begriff, der zum Schlüsselbegriff seit dem Zweiten Vatikanischen Konzil geworden ist, nämlich den Begriff der Selbstmitteilung Gottes. Allerdings tritt er zurück hinter dem Gedanken der Offenbarung verborgener Wahrheiten und bislang verborgener Ratschlüsse des göttlichen Willens. Diese Interpretation wird dadurch bestätigt, dass im Fortgang des oben bereits zitierten Textes von der unbedingten Notwendigkeit der übernatürlichen Offenbarung die Rede ist, insofern der Mensch auf ein übernatürliches Ziel hin geordnet wurde. Dieses übernatürliche Ziel wird aber erläutert als Teilhabe an den göttlichen Gütern, „die das Erkenntnisvermögen(!) des menschlichen Geistes völlig übersteigen". Gewiss kann mit den göttlichen Gütern auch die Teilnahme am göttlichen Leben gemeint sein, insofern diese selbstverständlich menschliches Erkenntnisvermögen übersteigt. Dennoch ist es vom Gesamtkontext her bezeichnend, dass hier vor allem auf den kognitiven, d. h. die Erkenntnis betreffenden Aspekt der Offenbarung geschaut wird. Dies bestätigt sich auch darin, dass gleich im Anschluss daran davon die Rede ist, dass diese übernatürliche Offenbarung „in geschriebenen Büchern und ungeschriebenen Überlieferungen" festgehalten ist. Es dominiert also das kognitive Moment, es geht um Offenbarung als Mitteilung von Wahrheiten, als Lehren in Sätzen.

Das Zweite Vatikanische Konzil geht in seiner Offenbarungskonstitution ebenfalls von dem Motiv göttlichen Offenbarungshandelns aus, das es in der Güte und Weisheit sieht. Ebenso ist, was den Inhalt der Offenbarung angeht, von der Selbstmitteilung und dem göttlichen Willen die Rede. Genauer heißt es freilich so:

„Es hat Gott in seiner Güte und Weisheit gefallen, sich selbst zu offenbaren und das Geheimnis seines Willens bekannt zu machen, dass die Menschen durch Christus, das Fleisch gewordene Wort, im Heiligen Geist Zugang zum Vater haben und der göttlichen Natur teilhaftig werden. In dieser Offenbarung redet also der unsichtbare Gott aus dem Übermaß seiner Liebe die Menschen wie Freunde an und verkehrt mit ihnen, um sie in die Gemeinschaft mit sich einzuladen und in sie aufzunehmen. Dieses Offenbarungsgeschehen ereignet sich in Taten und Worten, die innerlich miteinander verknüpft sind, so dass die Werke, die in der Heilsgeschichte von Gott vollbracht wurden, die Lehre und die durch die Worte bezeichneten Dinge offenbaren und bekräftigen, die Worte aber die Werke verkündigen und das in ihnen enthaltene Geheimnis ans Licht treten lassen. Die durch diese Offenbarung sowohl über Gott als auch über das Heil des Menschen (erschlossene) innerste Wahrheit aber leuchtet uns in Christus auf, der zugleich der Mittler und die Fülle der ganzen Offenbarung ist."[63]

Gott offenbart sich selbst und teilt den Menschen das Geheimnis seines Willens mit. Es geht also nicht um die Ratschlüsse des Göttlichen Willens bzw. es wird nicht akzentuiert, dass Gott dem Menschen die Dekrete (so wörtlich im lateinischen Text) seines Willens mitteilt. Nein, es ist vom Geheimnis die Rede (lateinisch: sacramentum). Hier wird also stärker biblische und altkirchliche Terminologie aufgegriffen. Wie auch in anderen Texten des Zweiten Vatikanischen Konzils werden die Termini *mysterion* bzw. *mysterium* und *sacramentum* verwendet. Offenbarung ist kommunikative Kontaktaufnahme Gottes, der sich zum Heil der ganzen Menschheit, ja der ganzen Schöpfung entschlossen hat und diesen Heilsplan, dieses Mysterion seines Willens, in der Heilsgeschichte offenbart und bewirkt. Das Geheimnis des Willens wird im Zweiten Vatikanischen Konzil nicht als Mitteilung von Dekreten oder Satzwahrheiten verstanden wie noch im Ersten, sondern als Offenbarung der Teilhabe der Menschen am Leben des Dreieinigen Gottes: durch Christus im Heiligen Geist zum Vater.

Nun ist in einem zweiten Anlauf auch von einem Reden Gottes die Rede, freilich nicht als Mitteilung von Sätzen, sondern als Anrede an die Menschen. Der Akzent des kommunikativen Offenbarungsaktes Gottes liegt

---

[63] DV 2 (DH 4202; zu den Schriftbelegen im ersten Teil s. Zitat im 1. Kapitel, IV.).

also nicht darin, dass Gott etwas mitteilt; die primäre Beziehung ist nicht eine Ich-Es-Beziehung. Vielmehr geht es um die Beziehung Ich-Ihr bzw. die Beziehung des trinitarischen Wir zum menschlichen Wir. Es geht nicht um den Zusammenschluss in einer Wissensgemeinschaft, sondern in einer Liebes-, Freundes- und Lebensgemeinschaft. Dabei ist auch das Motiv der Freiheit angesprochen, insofern von einer Einladung die Rede ist und zugleich davon, dass Gott selbst uns die Aufnahme in die Gemeinschaft, d. h. die Annahme der Einladung ermöglicht. Direkt wird im Text auch vom Offenbarungsgeschehen in Wort und Tat gesprochen. Das, was wir als einseitig in der schultheologischen Konzeption nach dem Ersten Vatikanischen Konzil herausgestellt haben, ist hier aufgehoben in eine wechselseitige Beziehung von Taten und Worten. Wir bemerken, dass sogar zunächst von den Taten und erst an zweiter Stelle von den Worten die Rede ist. Offenbarung ist also Selbstmitteilung Gottes vor allem in Taten, d. h. in Gottes Handeln an den Menschen. Offenbarung ist somit ein kommunikatives Geschehen; präziser noch als (bloßes) Sprechen ist es als kommunikatives Handeln zu charakterisieren. Mit Max Seckler können wir „den Offenbarungsbegriff des Konzils als kommunikationstheoretisch-partizipativ bezeichnen", was der Tübinger Fundamentaltheologe wie folgt erläutert: „Während der Communio-Aspekt eher auf die durch die Selbstoffenbarung Gottes ermöglichten personalen Beziehungen zielt, kommt im Partizipationsgedanken die Teilhabegewährung an den ,bona divina', d. h. an Wahrheit, Gerechtigkeit, Liebe, Friede usw., zum Ausdruck und damit die sozial-sachhafte Komponente"[64].

Es lässt sich zeigen, dass Kommunikation, Communio und Partizipation im theologischen Zusammenhang die gleiche Grundstruktur aufweisen. Näher hin handelt es sich um drei Beziehungsaspekte, die eine eindeutige Abfolge bilden. An erster Stelle steht die Selbstmitteilung Gottes, die Initiative, die von Gott ausgeht, der die Kommunikation eröffnet, zur Gemeinschaft einlädt und Teilhabe an seinem Leben anbietet. An zweiter Stelle steht das Sich-Einlassen des Menschen auf die Anrede Gottes. Der Mensch lässt sich ansprechen, er ergreift die ausgestreckte Hand zur Communio, und er willigt ein in die angebotene Teilhabe. An dritter Stelle steht ein Leben, das dieser Grundstruktur des Gottesverhältnis des Menschen bzw. des Menschenverhältnisses Gottes entspricht. Der Mensch realisiert sich als kommunikatives Wesen, er lebt in der Communio der Menschengemeinschaft und nimmt Teil an der Realisierung dieser kommunikativen Praxis der Lebensgemeinschaft des Dreieinigen Gottes (Reich Gottes)[65].

---

[64] SECKLER, MAX, Der Begriff der Offenbarung, in: KERN, WALTER U. A. (HG.), Handbuch der Fundamentaltheologie, Bd. 2, Freiburg i. Br. ²2000, 47f.
[65] Vgl. dazu meine (J. H.) Untersuchung: „Participatio actuosa". Zum ekklesiologischen Kon-

2. Glauben: Vom Fürwahrhalten zum Sich-Einlassen auf Gottes Communicatio und Communio

Glaube, so hatten wir gesagt, ist die Kehrseite der Medaille, auf deren Vorderseite „Offenbarung" steht. Da, wo Gott sich offenbart und seine Offenbarung ans Ziel kommt, kommen Menschen zum Glauben. Demnach erscheint selbstverständlich, dass einem bestimmten Konzept von Offenbarung ein bestimmtes Verständnis von Glauben entspricht. Dies wollen wir im Blick auf die beiden Vatikanischen Konzilien kurz betrachten.

Die einschlägige Passage über den Glauben im Offenbarungsdekret des Ersten Vatikanischen Konzils lautet:

> „Da der Mensch ganz von Gott als seinem Schöpfer und Herrn abhängt und die geschaffene Vernunft der ungeschaffenen Wahrheit völlig unterworfen ist, sind wir gehalten, dem offenbarenden Gott im Glauben vollen Gehorsam des Verstandes und des Willens zu leisten. Dieser Glaube aber, der der Anfang des menschlichen Heiles ist, ist nach dem Bekenntnis der katholischen Kirche eine übernatürliche Tugend, durch die wir mit Unterstützung und Hilfe der Gnade Gottes glauben, dass das von ihm Geoffenbarte wahr ist, nicht (etwa) wegen der vom natürlichen Licht der Vernunft durchschauten inneren Wahrheit der Dinge, sondern wegen der Autorität des offenbarenden Gottes selbst, der weder sich täuschen noch täuschen kann."[66]

Wir sehen, dass der übernatürlichen Offenbarung der Glaube als eine übernatürliche Tugend entspricht. Dem asymmetrische Verhältnis des Schöpfers zu seinen Geschöpfen entsprechend gibt es auch ein asymmetrisches Verhältnis zwischen dem Offenbarungshandeln Gottes und dem Glauben des Menschen. Diese Asymmetrie wird durch das Erste Vatikanische Konzil besonders stark hervorgehoben. Von völligem Unterwerfen und völligem Gehorsam ist hier die Rede. Das Glaubensmotiv liegt in der Autorität des offenbarenden Gottes selbst begründet. Da Gott sich selbst nicht täuschen kann und als wahrhaftiger Gott niemanden täuschen will, ist auf seine Autorität hin die geoffenbarte Glaubenswahrheit anzunehmen. Glauben heißt also, so können wir abgekürzt formulieren, Fürwahrhalten dessen, was Gott geoffenbart hat.

Diese Definition des Glaubens findet eine Fortsetzung in der Formulierung, welche die Theologen nach dem Ersten Vatikanischen Konzil als Quasi-Definition dessen angesehen haben, was ein Dogma im feierlichen und formalen Sinne darstellt. An der einschlägigen Stelle heißt es:

text eines pastoralliturgischen Programms, in: BECKER, HANS JAKOB U. A. (HG.), Gottesdienst – Kirche – Gesellschaft, (Pietas liturgica 5), St. Ottilien 1991, 319–338.
[66] DH 3008.

„Mit göttlichem und katholischem Glauben ist ferner all das zu glauben, was im geschriebenen oder überlieferten Wort Gottes enthalten ist und von der Kirche – sei es in feierlicher Entscheidung oder kraft ihres gewöhnlichen und allgemeinen Lehramtes – als von Gott geoffenbart zu glauben vorgelegt wird."[67]

Was mit göttlichem und katholischem Glauben zu glauben ist, ist eine Wahrheit, die von Gott geoffenbart ist („göttlicher Glaube") und von der Kirche als zu glauben vorgelegt wird („katholischer Glaube"). Das Dogma im feierlichen Sinn stellt also einen Lehrsatz der Kirche dar, von dem die Kirche erklärt, dass er auf die Offenbarung Gottes zurückgeht und den sie zugleich feierlich als zu glauben vorlegt. Von dieser Definition her ergibt sich z. B. das für viele gläubige Menschen überraschende Faktum, dass die Auferweckung Jesu aus dem Tod kein Dogma im feierlichen Sinne ist. Selbstverständlich bestreitet niemand in der Kirche, dass diese Glaubensüberzeugung in der Offenbarung Gottes enthalten ist. Aber es gab im Verlaufe der 2000 Jahre Kirchengeschichte nie Anlass dazu, diese Überzeugung feierlich als Glaubenssatz vorzulegen. Wer also nur fragt, was er an Dogmen unbedingt glauben muss, reduziert den Glauben auf das, was aus geschichtlich bedingten Gründen im Laufe der 2000jährigen Glaubensgeschichte als feierlich definiert wurde. Wobei, da a diese Quasi-Definition erst 1869/70 getroffen wurde, auch jeweils noch für die 1800 Jahre davor festgelegt werden musste, was mit diesem Anspruch feierlich gelehrt wurde. Auch das Enthaltensein in der Offenbarung macht selbstverständlich einige Schwierigkeiten und wird gelegentlich zum Streitpunkt zwischen der wissenschaftlichen Theologie und dem kirchlichen Lehramt, erst recht im ökumenischen Kontext. In unserem Zusammenhang genügt, dass das Erste Vatikanische Konzil feierlich erklärt, was die Schultheologie der damaligen Zeit und weit bis Mitte des 20. Jahrhunderts hinein als Offenbarung und Glaube versteht, nämlich das Mitteilen von Glaubenswahrheiten, die von den gläubigen Menschen aufgrund der Autorität für wahr zu halten sind. Hinzuzufügen ist noch, dass diese Offenbarungskommunikation sich auf die kirchlichen Vermittlungsinstanzen hin weiter abbildet. Die Autorität des sich offenbarenden Gottes wird ja dann durch Autoritäten in der Kirche (Heilige Schrift, Tradition, Lehramt) vergegenwärtigt. Wie sehr es sich hier um ein autoritatives, asymmetrische Gefälle in einer hierarchisch aufgebauten Societas und nicht in einer Communio von prinzipiell der gleichen Würde teilhaftigen Getauften und Gefirmten handelt, bestätigt die Formulierung im weiteren Fortgang der zitierten Passage aus dem Ersten Vatikanischen Konzil:

---

[67] DH 3011.

„Damit wir aber der Pflicht, den wahren Glauben zu umfassen und in ihm beständig zu verharren, Genüge tun können, hat Gott durch seinen einziggeborenen Sohn die Kirche eingesetzt und so mit offensichtlichen Kennzeichen seiner Einsetzung ausgestattet, dass sie als Hüterin und Lehrerin des geoffenbarten Wortes von allen erkannt werden kann. Allein auf die katholische Kirche nämlich erstreckt sich all das, was göttlicherseits zur einsichtigen Glaubwürdigkeit des christlichen Glaubens so vielfältig und so wunderbar angeordnet wurde. Ja, auch die Kirche selbst ist durch sich … ein mächtiger und fortdauernder Beweggrund der Glaubwürdigkeit und ein unwiderlegbares Zeugnis ihrer göttlichen Sendung."[68]

Wir wollen keineswegs bestreiten, dass die Kirche selbst ein glaubwürdiges Zeugnis von Gottes Selbstmitteilung geben kann. Freilich ist dann darauf zu achten, was wir unter Kirche verstehen, wo wir das Leben der Kirche ausmachen, wohin wir gehen, wenn Christus uns mit den Worten „Komm und sieh!" einlädt. Jedenfalls scheint es in der heutigen Zeit, nach dem Zweiten Vatikanischen Konzil, schwierig zu sein, eine Kirche, die nach einem hierarchischen Kommunikationsmodell aufgebaut ist, als glaubwürdiges Zeugnis der partizipatorischen Selbstoffenbarung Gottes zu erfahren. Das Zweite Vatikanische Konzil wiederholt durchaus die Worte seines Vorgängerkonzils und spricht ebenfalls davon, dass dem offenbarenden Gott der volle Gehorsam des Verstandes und des Willens zu leisten ist. In dieser Betonung löst das Konzil ein, was im Vorwort der Offenbarungskonstitution als Absicht erklärt wird, nämlich „den Spuren des Trienter und des Ersten Vatikanischen Konzils folgend, die echte Lehre über die göttliche Offenbarung und deren Weitergabe vorzulegen"[69]. Insgesamt gesehen ergibt sich der Eindruck, dass das Konzil bei der Beschreibung der Kehrseite der Medaille mehr in der Linie des Ersten Vatikanischen Konzils bleibt, als es dies tut, wenn es über die Vorderseite, die Offenbarung Gottes, spricht. Allerdings beginnt die Offenbarungskonstitution mit einem Zitat aus dem Anfang des ersten Johannesbriefes und macht so doch zu allem Beginn klar, dass es in diesem doppelten kommunikativen Geschehen von Offenbarung und Glaube um eine kommunikative und partizipatorische Lebensgemeinschaft geht, in der das Fürwahrhalten von Aussagen auf Autorität hin eingeschlossen ist, ohne das Modell zu sein, wonach das Offenbarungs- und Glaubensgeschehen verstanden wird. Die Offenbarungskonstitution beginnt mit den Worten:

---

[68] DH 3012/3013.
[69] Dogmatische Konstitution über die göttliche Offenbarung „Dei verbum" (DV) 1.

„Gottes Wort ehrfürchtig hörend und getreu verkündigend folgt das heilige Konzil den Worten des Johannes, der sagt: ‚Wir künden euch das ewige Leben, das beim Vater war und uns erschienen ist. Was wir gesehen und gehört haben, künden wir euch, damit auch ihr Gemeinschaft mit uns habt und unsere Gemeinschaft mit dem Vater und mit seinem Sohn Jesus Christus sei' (1 Joh 1,2f.).“[70] Darum geht es also im kommunikatorisch-partizipatorischen Offenbarungs- und Glaubensgeschehen, dass Gott die Menschen einlädt in seine Gemeinschaft, dass er die Initiative ergreift, auf die Menschen zugeht und ihnen den Geist gibt, aus dieser Gemeinschaft heraus zu leben. Die Kirche selbst ist dann die Vorhut dieses Reiches Gottes, ist Zeichen und Werkzeug für diese Gemeinschaft. Das meint der Begriff „mysterion/mysterium" bzw. „sacramentum": Durch die Gemeinschaft der Menschen untereinander wird die Gemeinschaft mit Gott realisiert. Wir verkünden in Wort und Tat den Mitmenschen die göttliche Einladung zur Gemeinschaft. Indem Menschen mit uns Gemeinschaft haben, haben sie Gemeinschaft mit Gott, weil der heilige-heilende Geist dieser Gemeinschaft in unserer Mitte lebt und uns bewegt, dem Weg Jesu Christi hin zum Schöpfergott zu folgen.

V. Lebendige Überlieferung als Kommunikationsprozess

Wir hatten bereits bei der Kennzeichnung des Offenbarungsverständnisses des Ersten Vatikanischen Konzils darauf hingewiesen, dass Offenbarung, wenn sie vor allem als Mitteilung von zu glaubenden Lehrsätzen verstanden wird, vornehmlich in der geschriebenen und überlieferten Offenbarung zu finden ist. Selbstverständlich gilt die Heilige Schrift als die Urkunde des Glaubens und als die von keiner anderen Instanz mehr zu normierende Norm. Dies gilt auch in der erneuerten Sicht des Offenbarungs- und Glaubensverständnisses, welche das Zweite Vatikanische Konzil sich zu eigen gemacht hat. Freilich wird die Heilige Schrift nicht in erster Linie als Sammlung von Lehrsätzen verstanden, aus der man schöpfen könne, um Lehren der Kirche als schriftgemäß zu erweisen. Vor allem ist die Überlieferung, die Tradition der Kirche, nicht eine zweite weitere materiale Quelle, aus der wiederum Autoritätsbeweise für die Richtigkeit der kirchlichen Lehre gewonnen werden könnten. All dies gilt auch, wird aber im Sinne des Zweiten Vatikanischen Konzils relativiert, indem es eingeordnet wird in den größeren Zusammenhang einer kommunikatorisch-partizipatorisch verstandenen Offenbarung. In der Auseinandersetzung zu Zeiten des Ersten

---

[70] DV 1.

Vatikanischen Konzils war es wichtig geworden, wer die entscheidende (‚unfehlbare') Autorität in der Kirche darstellt. Im Zusammenhang mit dem kommunikatorisch-partizipatorischen Offenbarungsverständnis des Zweiten Vatikanischen Konzils hat die Theologie die Vielfalt der Subjekte wieder entdeckt. In der Fachsprache spricht man wieder von mehreren *loci theologici*. Dabei wird zurückgegriffen auf den neuzeitlichen Theologen Melchior Cano, der in der Auseinandersetzung der Reformationszeit auf die verschiedenen Bezeugungsinstanzen der Offenbarung und des Glaubens hingewiesen hat. Neben der ungeschriebenen Überlieferung Christi und der Apostel sind dies z. B. die Gesamtkirche *(ecclesia catholica)*, die altkirchlichen Konzilien, die römische Kirche, Kirchenväter, die Theologen überhaupt, das Lehramt. Neben den eigentlichen *loci theologici* gibt es auch solche, die nicht genuin theologisch sind, jedoch in der Theologie „Bürgerrecht genießen": die natürliche Vernunft, die Philosophen und die menschliche Geschichte[71]. Wir werden im Kapitel über das geschenkte Wir der Kirche noch auf die Unterscheidung und das In-Beziehung-Stehen der verschiedenen Subjekte der Glaubenskommunikation zu sprechen kommen.

In unserem Zusammenhang ist wichtig festzuhalten, dass Überlieferung (Tradition) im Sinne des Zweiten Vatikanischen Konzils als ein lebendiger Prozess verstanden wird. Wir sprechen nicht mehr von zwei materialen Quellen der Offenbarung, der Bibel und der Tradition, sondern von der Überlieferung des in der Urkunde der Heiligen Schrift bezeugten apostolischen Glaubens als Antwort auf die Selbstmitteilung Gottes in Jesus Christus in seinem Geist. Das Wort der Schrift legt sich nicht selbst aus, sondern muss verkündet und im Hören und Lesen und im Tun lebendig werden. Dies ist der Überlieferungsprozess der Glaubensgemeinschaft Kirche. Weil es in der Tradition um die Weitergabe des Wortes des Lebens geht (vgl. den Anfang des ersten Johannesbriefs), deshalb muss auch der Traditionsprozess ein kommunikatorisch-partizipatorischer Prozess sein. Hier hat das Zweite Vatikanische Konzil in der neuen Perspektive erste Schritte unternommen. Diese bleiben freilich auch in ökumenischer Hinsicht noch im Anfangsstadium dessen, was ein kommunikatorisch-partizipatorisches Überlieferungsverständnis bedeuten könnte. Aber das Konzil hat die Tür aufgetan, hier sind jetzt entschieden Schritte weiterzugehen.

---

[71] Vgl. SECKLER, MAX, Loci theologici, in: LThK³, Bd. 6 (1997) 1014–1016.

Nachfragen
- *Wie verwende ich in der Alltagssprache den Ausdruck „ich glaube"?*
- *Bin ich noch geprägt von einem Verständnis des Glaubens im Sinne des Fürwahrhaltens von Sätzen? Wurde ich so erzogen, oder ist dies ein Schreckgespenst, sodass ich auf Distanz gehe?*
- *Finde ich mich in biblischen Glaubensgeschichten (Abraham, Sarah, Zacharias und Maria, Petrus und Paulus, Johannes und Thomas, Emmausjünger) wieder?*
- *Was schätze ich an der Tradition der Kirche? Erfahre ich Tradition als Ressource, ohne die wir nicht überleben könnten?*
- *Wie passen biblische Offenbarungsgeschichten (Besuch bei Abraham [Gen 18], brennender Dornbusch, Taufe Jesu, Hochzeit zu Kana, Bekehrung des Paulus, der Seher Johannes) zu meiner Gotteserfahrung?*

5. Kapitel: Kirche als Kommunikationsgemeinschaft – das geschenkte WIR

Wenn Gott sich offenbart, ruft er den Menschen zum Glauben. Dieser hat die Freiheit der Antwort. Wo er oder sie die Hand Gottes ergreift und sich von ihm führen lässt, da beginnt der Glaubensweg (der immer auch ein Zweifels- und ein Unglaubensweg ist). Glaubenswege sind Emmauswege: So sehr die Einzelnen in ihrer Entscheidung beansprucht sind, in der Nachfolge Jesu gehen können sie nur gemeinsam. Immer wieder, jeden Augenblick offenbart sich Gott, teilt er sich selbst mit, jeden Augenblick geben Menschen ihre Antwort des Glaubens. So wird auch das Wir der „Gemeinschaft der Glaubenden" je neu konstituiert. Neu erfunden wird die *communio fidelium* freilich nicht; die Verbindung im Hier und Jetzt wird vernetzt mit der Überlieferung. Kirche ist immer zugleich synchron und diachron, zeitgenössisch und traditionsbewusst. Kirche erfindet sich nicht selbst, und sie lässt sich die Schätze der Tradition nicht entgehen. So wenig allerdings Glauben einfach geschieht, so wenig „automatisch" geschieht lebendige Überlieferung. Ob die Kommunikation der Communio synchron, d. h. mit den ZeitgenossInnen, und diachron, d. h. mit den Müttern und Vätern im Glauben, gelingt, hängt von der Kommunikationskultur ab.

Kirche entsteht da, wo der kommunikative Gott sich selbst mitteilt, seine Offenbarung auf Glauben trifft, diese Kommunikationsgeschichte in lebendiger Überlieferung weitergegeben und von ihm her je neu konstituiert wird. Kirche ist deshalb Kommunikationsgemeinschaft, oder sie ist nicht Kirche. Kirche lebt nicht aus sich selbst, sondern aus dem Kommunikationsgeschehen Gottes. Kirche lebt nicht für sich selbst, sondern teilt *communio* und *communicatio* mit anderen. Deshalb ist das Entscheidende an ihr nicht das Selbstgemachte, sondern das Geschenkte: nicht die selbst arrangierte Kommunikation, sondern das überraschende Geschenk ihres Gelingens; nicht die selbst zusammengestellte *communio,* sondern die geschenkte Gemeinschaft von Menschen, die sich aus eigenem Antrieb möglicherweise gar nicht zusammenschließen würden.

Im folgenden Kapitel sind deshalb zwei Aspekte zu bedenken: unsere Bemühungen um eine der Communio entsprechende Kommunikationsstruktur und Kommunikationskultur und die Erfahrung des geschenkten Wir.

I. Zum Einstieg und zur Urteilsbildung: Kommunikologie

TheologInnen lernen häufig am meisten, wenn sie ihre Binnendiskurse übersteigen und bei NichttheologInnen in die Schule gehen. Diese Erfahrung steht im Hintergrund unseres Buches, und wir machen sie uns ausdrücklich an der jetzt erreichten Station unseres Gedankengangs zunutze[72]. Ich greife hier auf die Kommunikationsmodelle zurück, die Vilém Flusser[73] in seinem Buch „Kommunikologie" entwickelt hat und höre, was sie in unserem Zusammenhang zu sagen haben. Selbstverständlich geht es nicht um eine unkritische Übernahme. Im Sehen und Hören soll vielmehr die theologische Urteilskraft am Werk sein.

Vilém Flusser wurde 1920 in Prag geboren, emigrierte 1939 über London nach São Paulo, war zunächst Dozent für Wissenschaftsphilosophie, dann Professor für Kommunikationsphilosophie an der dortigen Universität. Nach seinem Tod 1991 geriet er ein wenig in Vergessenheit, wird neuerdings u. a. von dem Wiener Kommunikationswissenschaftler Thomas A. Bauer, Ordinarius für audiovisuelle Medien, wieder in die wissenschaftliche Diskussion gebracht. Im Blick auf die Formen menschlicher Kommunikation unterscheidet Flusser vier charakteristische Arten des Diskurses und zwei Formen des Dialogs. Modelle bilden Idealtypen ab; in der Realität begegnen uns in der Regel nur Mischformen. Gerade so können uns jedoch die „reinen Anschauungsformen" helfen, die Wirklichkeit transparenter zu machen. Beim Studieren der sechs Kommunikationsmodelle gingen uns einige Lichter auf. In der Tat sind Varianten aller idealtypischen Formen auch in der Kirche zu finden. Im Folgenden zeichnen wir zunächst die Struktur der einzelnen Modelle nach und konfrontieren sie mit Kommunikationssituationen innerhalb der Kirche. Schließlich regt uns die Betrachtung der jeweiligen Stärken und Schwächen an, unter Verwendung einschlägiger Elemente ein eigenes idealtypisches Modell zu entwickeln, welches die Vorgabe der Communio-Theologie in kommunikative Strukturen umsetzt.

1. Theaterdiskurs

Beim Theaterdiskurs (Abbildung 7) befindet sich vor einer konkaven Wand als Bühnenhintergrund und Reflexionsraum ein Sender, der sich an mehrere Empfänger richtet. Dies ist die typische Situation des Theaters, wo der/die

---

[72] Wie im Rahmen des Tübinger Communio-Projekts der Austausch mit anderen Wissenschaften erfolgt, zeigt u. a. der gleichzeitig in dieser Reihe erscheinende Band: Nitsche / Hilberath, Ist Kirche planbar?

[73] Flusser, Vilém, Kommunikologie, Frankfurt a. M. 1998; die Seitenangaben im Text beziehen sich auf dieses Werk.

SchauspielerIn auf der Bühne vor dem Bühnenhintergrund in den Zuschauerraum hineinspricht. Nach Flusser gilt diese Grundstruktur aber nicht nur fürs Theater und den Konzertsaal, sondern auch für das Klassenzimmer und „vor allem ein bürgerliches Wohnzimmer" (21). Die Struktur muss wie folgt beschrieben werden: „Eine konkave Wand im Rücken des Senders und Kanäle, welche den Sender mit den im Halbkreis (oder mehreren Halbkreisen) verteilten Empfängern verbinden" (21). Charakteristisch scheint mir zu sein, dass die konkave Wand „als Schirm gegen äußere Geräusche und als Trichter für die Sendung" dient. Nach Flusser besteht das Charakteristische dieser Struktur darin, „dass Sender und Empfänger einander gegenüberstehen". Und er fügt eine im Blick auf das Kommunikationssystem Kirche hochinteressante Erläuterung hinzu:

„‚Treue' zur Information ist durch die konkave Wand gewährleistet, welche das Theater wie eine Muschel gegen die Außenwelt und deren Geräusche abschließt. ‚Fortschritt' ist gewährleistet, weil jeder Empfänger in der Lage ist, selbst auf die Wand zuzugehen, sich umzudrehen und zu senden, ‚Revolution' zu machen. Aber gerade diese Öffnung möglichen ‚Revolutionen' gegenüber beeinträchtigt die Tauglichkeit der Theaterstruktur, ‚Treue' zu bewahren. Zwar schließt sie relativ gut gegen äußere Geräusche ab, aber sie erlaubt Geräusche im Inneren der Struktur, ‚Kontestationen'. Die Empfänger sind innerhalb dieser Struktur im Stande, unmittelbar auf die Sendung zu antworten, sie sind in ‚verantwortlicher' Position. Da der Theaterdiskurs offen für Dialoge ist und immer wieder in Dialog ausgefaltet werden kann, läuft er ständig Gefahr, dass die ursprüngliche Information von Geräuschen infiziert wird, welche die Gedächtnisse der Empfänger aussenden. Kurz: Theaterdiskurse sind ausgezeichnete Strukturen, falls die Funktion des Diskurses darin besteht, die Empfänger der verteilten Information für diese Information verantwortlich zu machen und sie zu künftigen Sendern zu formen. Falls jedoch mit dem Diskurs die Absicht verfolgt wird, die verfügbare Information getreu zu erhalten, so müssen andere Strukturen gewählt werden (21f)."

Was entnehmen wir dieser ersten Diskursform? Die Form des Theaterdiskurses erinnert wenigstens an zwei Kommunikationsformen der Kirche: an die Liturgie und an die missionarische Verkündigung bzw. die katechetische Unterweisung. In der Liturgie agiert der Hauptzelebrant vor der Wand des Geheimnisses bzw. des geschützten Raumes der Feier. Er sendet in einer gewissen autoritativen Weise auf die Empfänger hin. Immer besteht aber die Möglichkeit, dass die Empfänger selber zu Sendern werden. Sie tun dies spätestens dann, wenn sie den Raum der Liturgie verlassen: „Gehet hin in Frieden, ihr seid gesendet!". Sowohl Gottesdienst wie missionarische

Verkündigung zielen ja darauf, Empfänger zu Sendern zu machen. Modern gesprochen: Aus den „Kundinnen und Kunden" des „Unternehmens" Kirche sollen ja Mitarbeiterinnen und Mitarbeiter werden, weil sie vor allem in der Liturgie als ZeugInnen des Reiches Gottes, als MiterbInnen in ihrer Würde angesprochen wurden[74]. Aus der Beschreibung dieses Diskurses wird klar, dass er sich als Kommunikationsform für eine kleinere Gruppe eignet, in der jede und jeder als Subjekt ernst genommen wird. Ansatzhaft sind sogar dialogische Kommunikationssituationen möglich, ja sie lassen sich von diesem Setting her gar nicht verhindern. Hierin liegt also die Möglichkeit einer Liturgiereform, die im Zeichen der „aktiven Teilhabe" aller steht. Hierin zeigt sich auch die Öffnung von einem einseitigen LehrerInnen-SchülerInnen-Verhältnis hin zu einem Kreis-Diskurs kommunikativer Theologie. In dem dialektischen Verhältnis von Treue und Fortschritt wird zugleich das Konzept einer lebendigen Überlieferung, die als *locus theologicus,* als Ort, an dem Theologie getrieben wird, u. a. auch die Erfahrung der Menschen kennt, wie wir es im vorausgegangenen Kapitel erläutert haben, deutlich.

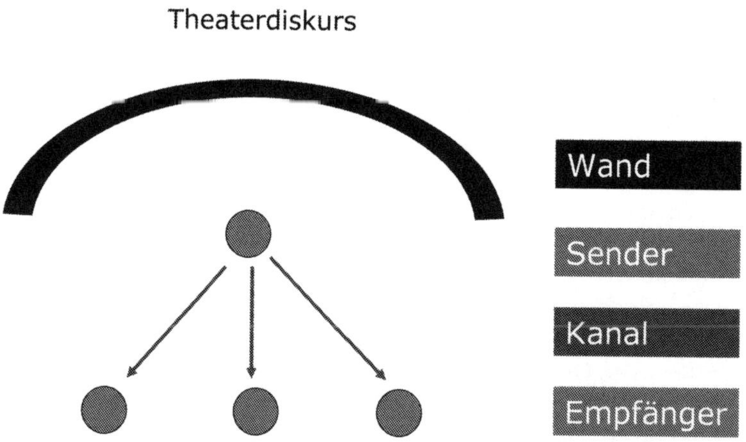

Theaterdiskurs

Abbildung 7

---

[74] Vgl. HILBERATH / NITSCHE, Ist Kirche planbar?

2. Pyramidendiskurs

Das Modell des Pyramidendiskurses (Abbildung 8) bildet die folgende Struktur ab: Ein (ursprünglicher) Sender sendet über Kanäle (das erste Kanalsystem) an Empfänger, die als Relais-Stationen dienen und ihrerseits über ein zweites Kanalssystem eine zweite Gruppe von Empfängern erreichen. Nach Flusser finden sich Beispiele für diese Struktur „in Armeen, Kirchen, politischen Parteien vom faschistischen und kommunistischen Typ und bei einem bestimmten Typ öffentlicher und privater Verwaltung"(22). Als Prototyp dieser Struktur versteht er die römische Republik. Der ursprüngliche Sender wird in diesem Sinn als Autor verstanden. Die Relais-Stationen werden beschrieben als „Gedächtnisse, welche die vom ‚Autor' gesandte Information umkodieren, um sie von Geräuschen zu befreien, und zu Kontrollzwecken an den ‚Autor' zurücksenden, bevor sie an die Empfänger weitergegeben werden. Es sind ‚Autoritäten'" (22f). Dagegen gibt es in der Verbindung zwischen den Relais-Stationen und den endgültigen Empfängern keine Rückstrahlung. Die zweite Ordnung der Kanäle „sind die Träger von Codes, in denen definitiv die Botschaft ausgesandt wird" (23). Flusser fügt als Erläuterung noch hinzu, dass in der Regel die Kanäle in diesen Kommunikationssystemen aus Papier bestehen und die pyramidalen Strukturen auf verschiedenen Ebenen zahlreiche Hierarchien und Autoritäten kennen. Auch die folgende Erläuterung ist uns vertraut:

„Das Charakteristische an dieser Struktur ist die stufenweise Rekodifizierung der Information mit der Absicht, Geräusche zu entfernen und so die ‚Treue zur Botschaft' zu bewahren. Dazu wird auf jeder Stufe der Hierarchie mittels der nächst höheren Stufe die ursprüngliche Information nach Rekodifikation zu Kontrollzwecken an den Autor zurückgesandt. Man kann dies ‚die religiöse' Funktion des pyramidalen Diskurses nennen (von *religare* = rückkoppeln). Gleichzeitig erlaubt es, die gereinigte Information mittels der ‚nächsttieferen' Autorität an den Empfänger weiter zu senden. Man kann dies die ‚traditionelle' Funktion des pyramidalen Diskurses nennen (von *tradere* = weitergeben)[75]" (23).

Die Vorteile des Pyramidendiskurses im Vergleich mit dem Theaterdiskurs liegt darin, dass er für „die Erhaltung der ursprünglich gesandten Information" besser geeignet ist, während er sich schlechter eignet „für das Fortschreiten der Information, für die Umwandlung der Empfänger in Sender". Das bedeutet:

---

[75] Das *„tradire"* des Originals ist zu korrigieren.

„Die Empfänger verfügen über keinen Kanal, der ihnen erlaubte, zu senden, außer sie ,steigen' in der Pyramide auf und werden zu Autoritäten. Verantwortung und Revolution sind in der Pyramidenstruktur auf dem Niveau der Empfänger ausgeschlossen. Dieses Niveau ist für Dialoge geschlossen. Und selbst auf den verschiedenen Niveaus der Autoritäten lässt sich eigentlich nicht von Dialog sprechen. Die Kommunikation von Autorität und Autor und zwischen den verschiedenen Stufen der Autorität beschränkt sich auf die Umkodierung der ursprünglichen Botschaft. Die ganze Struktur fußt auf dem Prinzip der Ausschaltung äußerer und innerer Geräusche, was ihren ,Informationsstrom' zu einem geschlossenen System macht" (23f).

Pyramidendiskurs

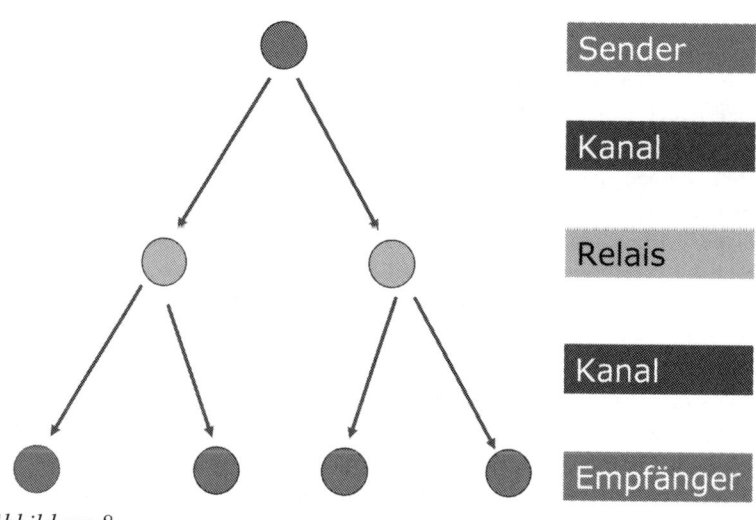

Abbildung 8

Der Pyramidendiskurs scheint eine aufschlussreiche, modellhafte Verdeutlichung dessen zu sein, was wir als Kommunikationsstruktur im System einer delegierten Lehrautorität und der neuscholastischen Schulbuchdogmatik kennen. Wenn dagegen Dialog eine Wesensstruktur christlicher Kommunikation darstellt, dann kann einem solchen Pyramidendiskurs nur eine begrenzte Bedeutung zukommen. Das heißt, es ist genau zu fragen, in welcher Situation Kommunikation nach diesem Modell überhaupt erwünscht ist. Hier ließe sich an Situationen einer notwendigen Selbstvergewisserung unter vorübergehender Ausblendung des Außenbezugs (des Globe) denken. Das war z. B. die Kommunikationssituation des vatikanischen Schreibens *„Dominus Iesus"*, wobei die Autoren irrtümlich meinten, man könne ein global relevantes Thema quasi intern behandeln. Insgesamt geht es in diesem Modell mehr um Strukturen und um Inhalte als um die in die Kommunikation verwickelten Personen. Insofern passt ein pyramidales Kommunikationssystem (wenn von einer Kommunikation dann überhaupt noch gesprochen werden soll) am ehesten zu dem, was Max Seckler das instruktionstheoretische Offenbarungsmodell genannt hat[76]. Jedenfalls kann von einer kommunikatorisch-partizipatorischen Struktur, wie sie das Offenbarungsmodell des Zweiten Vatikanischen Konzils anzielt, nicht die Rede sein.

3. Baumdiskurs

Während der Theaterdiskurs jederzeit in eine dialogische Struktur umschlagen kann, jedenfalls aber für Revolutionen offen ist, insofern die Empfänger an die Stelle der Sender treten können, das Pyramidenmodell dagegen eine solche Revolution *per se* ausschließt und allein auf Treue und Erhaltung ausgerichtet ist, steht der Baumdiskurs (Abbildung 9) ganz im Zeichen des Fortschritts. Die Relais-Stationen des Pyramidendiskurses werden hier durch Dialoge ersetzt, was zur Kreuzung der Kanäle und zur Ausschaltung eines endgültigen Empfängers des Diskurses führt. Nach Flusser sind Beispiele für diese Art von Diskurs vor allem die Wissenschaft und die Technik: „Viele sogenannte ‚fortschrittliche‘, dem Dialog offenstehende Diskurstypen wie gewisse politische Institutionen, Industrieorganisationen, Kunstrichtungen usw. bemühen sich jedoch, die Diskursstruktur mit größerem oder mit kleinerem Erfolg zu imitieren" (24). Die Beschreibung der Struktur verweist auf folgende Elemente: Einen angeblichen (!) Sender „irgendeiner in Vergessenheit geratenen Information, einer ‚Quelle‘, welche nur durch ‚Extrapolation des Diskurses ersichtlich" ist, also nach rückwärts erschlossen werden muss. – „‚Kanäle‘, welche immer kompliziertere Codes tragen, in denen die Informationen von Dialog zu Dialog übertragen werden (meist sind diese Kanäle Bücher, Zeitschriften, …)." – Dialoge, „welche aus Gedächtnissen bestehen, deren Funktion es ist, die empfangenen Informationen zu analysieren, einen Teil davon umzukodieren, mit anderen Informationsbrocken zu neuer Information zu synthetisieren und so an weitere dialogische Kreise weiterzugeben" (24f). Als charakteristisch sieht Flusser „die fortschreitende Zersetzung und Umkodierung der ursprünglichen Information und die daraus folgende ständige Erzeugung neuer Informationen" (25) an. Diese Struktur ist durch eine „explosionsartige Fortschrittlichkeit" ebenso charakterisiert wie durch „das Fehlen letztlicher Empfänger".

---

[76] Vgl. SECKLER, Der Begriff der Offenbarung.

Die Ursache ist „nicht so sehr die Zerstückelung der verteilten Information, sondern die Umkodierung der zerstückelten Information in hermetische, schwer zugängliche Codes" (ebd). So ergibt sich eine ambivalente Bilanz: „Zwar ist es dieser Struktur auf gerade zu wunderbare Weise gelungen, die starre Beschränktheit der Pyramidendiskurse zu durchbrechen, aber der Preis dafür ist die letztliche ‚Bedeutungslosigkeit' dieser Diskursstruktur: Sie hat keinen tatsächlichen Empfänger, und die von ihr verteilte Information kann bestenfalls in künstlichen, kybernetischen Gedächtnissen gespeichert werden. Sie ist einfach ‚unmenschlich' geworden (26)."

Baumdiskurs

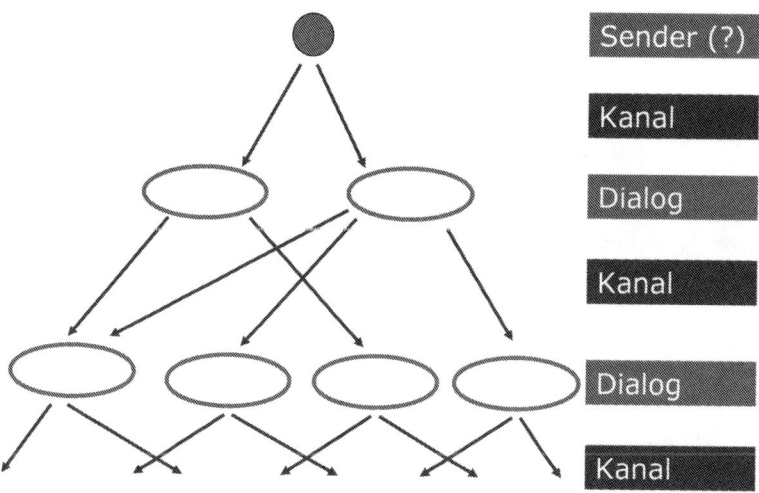

Abbildung 9

103

In Reinform verwirklicht, wäre ein solcher Baumdiskurs das Abbild eines weder durch ein vorgegebenes Thema noch durch partizipierende LeiterInnen gesteuerten Gruppenprozesses, dem Axiome, Postulate und Regeln der Themenzentrierten Interaktion (6. Kapitel) völlig fremd sind. Das heißt, dass hochkomplizierte Sprachspiele bedeutungslos, ja sogar unmenschlich werden können. Dies sollte eine Warnung sein an alle diejenigen im Kommunikationssystem Kirche, die sich in einen hermetischen Code abschließen und dadurch nicht mehr in der Lage sind, mit Menschen in anderen Kommunikationszusammenhängen kommunikativen Kontakt aufzunehmen. Das könnte für Vertreter eines zentralen Lehramtes ebenso gelten wie für TheologInnen, die sich in einen elfenbeinernen Turm der Wissenschaft abschlössen. Vilém Flusser versteht Kommunikation als „Überwindung der Einsamkeit zum Tod" und folgert entsprechend, „dass die hermetische Spezialisierung der Informationsverteilung die eigentliche Absicht der menschlichen Kommunikation verfehlt" (26).

4. Amphitheaterdiskurs

In einem gewissen Sinn stellt der Amphitheaterdiskurs (Abbildung 10) das Gegenteil des geschlossenen Baumdiskurses dar. Ein Sender in der Mitte strahlt nach allen Seiten aus. Es gibt keine konkave Wand der Reflexion und des geschützten Raumes, statt dessen eine geradezu „kosmische Offenheit", eine Grenzenlosigkeit der Kommunikation bzw. des Kanalsystems. Beispiele dafür sind nach Flusser die Massenmedien, als Prototyp sieht er das römische Kolosseum, den Zirkus an.

„Im Grunde besteht diese Struktur nur aus zwei Elementen: (1) Aus einem im leeren Raum schwebenden Sender, in dessen Gedächtnis zu verteilende Information programmiert ist, und (2) aus ausstrahlenden Kanälen, welche die für diese Struktur spezifisch ausgearbeiteten Codes tragen, in denen die Information verteilt wird. ... Allerdings muss noch ein drittes Element in diese Struktur einbezogen werden, obwohl es gewissermaßen nur staubartig im grenzenlosen Raum der Ausstrahlung herum schwebt, nämlich (3) Empfänger. Es handelt sich um Gedächtnisse, welche wie zufällig auf einen Kanal geeicht sind und daher dessen Information empfangen, um ihrerseits programmiert zu werden. Selbstredend ist dieser ‚Zufall' der Eichung in Wirklichkeit die Absicht dieser Diskursstruktur: Die Strukturlosigkeit der empfangenen Gedächtnisse (der ‚Masse') ist in den Ausstrahlungen der Amphitheaterdiskurse vorgesehen (27)."
Bezeichnend für diese Struktur von Kommunikation ist nach Flusser, „dass sich die Empfänger am Horizont, und beinahe schon außerhalb des Diskur-

ses befinden" (28). Damit ist die hermetische und spezialisierte Kommunikationsform der Baumdiskurse überwunden. Nun ist es nicht mehr nötig, aber auch nicht mehr möglich, Empfänger in Sender umzuformen, „denn die Sender sind ‚unsterblich' und können ‚ewig' senden." Fazit: „Es ist diese Perfektion der Kommunikation, welche in anderen Kontexten mit dem Begriff des ‚Totalitarismus' versehen wird" (28).

Wenn es für die Kirche charakteristisch ist, dass im Bereich ihrer Grundvollzüge – martyria, diakonia, leiturgia – aus Empfängern Sender werden, und wenn es in der Kommunikation des Reiches Gottes gerade darum geht, dass sich niemand am Horizont oder beinahe schon außerhalb des Diskurses befindet, vielmehr selbst noch Hecken und Zäune erreicht werden, dann wäre das Ausbilden einer solchen Diskursart selbstzerstörerisch.

Amphitheaterdiskurs

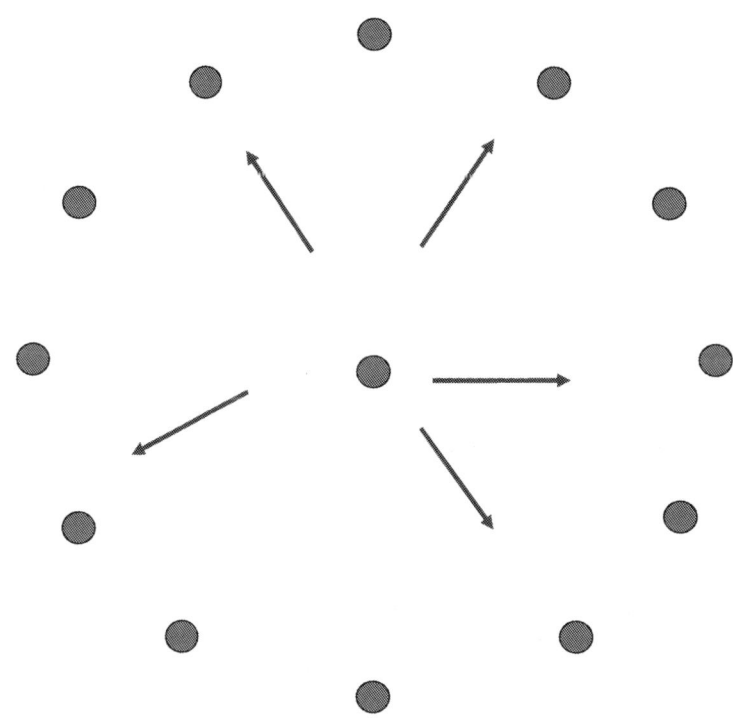

Abbildung 10

Im Unterschied zu diesen vier Diskursformen sind Dialoge durch die Fähigkeit zu charakterisieren, „verschiedene vorhandene Informationen zu neuen zu synthetisieren" (29). Flusser zufolge gibt es im Grunde nur zwei Dialogstrukturen, „welche die menschliche Kommunikation entscheidend ordnen".

5. Kreisdialog

Der Kreisdialog (Abbildung 11) hat die Struktur des runden Tisches und bildet das Setting der Kommunikation in Komitees, Laboratorien, Kongressen und Parlamenten. Nach Flusser ist das Prinzip einfach: „Man finde einen gemeinsamen Nenner aller Informationen, die in den Gedächtnissen aller Beteiligten gespeichert sind, und erhebe diesen gemeinsamen Nenner in den Rang einer neuen Information" (29f). Für unseren Zusammenhang scheinen mir noch folgende Charakteristika erwähnenswert:

„Die am Dialog beteiligten Gedächtnisse unterscheiden sich voneinander nicht nur bezüglich der zu besprechenden Information (des zu entscheidenden Problems), sondern auch hinsichtlich ihrer Kompetenzen (der jeweils verfügbaren Menge von Information), der Codes, in denen sie die Information lagern, und des Bewusstseinsniveaus. Der gesuchte ‚gemeinsame Nenner' ist daher in Wirklichkeit nicht eine allen Beteiligten schon vor dem Dialog gemeinsame Grundinformation, sondern eine Synthese, also tatsächlich etwas Neues. Das erklärt zugleich, warum Dialoge so schwierige Kommunikationsformen sind und warum die sogenannten ‚liberalen Demokratien' so schlecht funktionieren: Sie beruhen nicht auf Übereinstimmung, sondern auf Konflikten. Gerade dieser scheinbare Nachteil legitimiert jedoch diese Kommunikationsform" (30).

Ein Problem des Kreisdialogs ist die begrenzte Zahl der Beteiligten. Insofern stellt der Kreisdialog „eine elitäre Kommunikationsform" dar.

„Allem Anschein nach ist die niedrigste mögliche Zahl der am Dialog Beteiligten zwei, und viele halten diese Situation (beispielsweise zwischen Liebenden, zwischen Mutter und Kind, zwischen Meister und bevorzugtem Apostel, ja zwischen Mensch und Gott) für die grundlegende Dialogform. Plato meinte sogar, dass die wahre Schöpfung neuer Information im ‚inneren Dialog' stattfinde, also in der Begrenzung der Beteiligten auf einen, doch ist diese schizophrene Lage wohl als Aufteilung eines Gedächtnisses, also als Dialog zu zweit anzusehen (30f)."

Kommunikative Theologie statt einsamer Reflexion!

Flusser sieht eine Möglichkeit zur Bestimmung der optimalen Anzahl der am Dialog Beteiligten darin, von der Zielbestimmung her die Struktur zu gestalten. „Jedenfalls sollten diejenigen, welche ‚partizipieren' wollen, konkret angeben können, an welchem Typ von Kreisdialog sie teilnehmen wollen und welche Kompetenz sie für die Ausarbeitung neuer Informationen besitzen." Freilich setzt dies, wie wir auch im Fall Kirche wissen, voraus, dass potentielle TeilnehmerInnen tatsächlich eine Stimme haben, um sich in dieser Weise artikulieren zu können. Kreisdialoge gelingen nach Flussers Meinung selten, wenn sie jedoch gelingen, „dann stellen sie eine der höchsten Kommunikationsformen dar, zu welcher Menschen fähig sind" (31f).

Kreisdialog

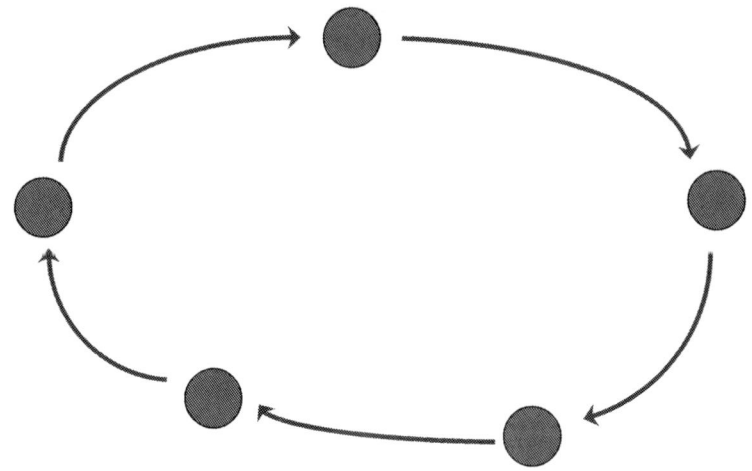

Abbildung 11

6. Netzdialog

Auf verschiedenen Gebieten der Soziologie ist in den letzten Jahrzehnten von Netzstrukturen die Rede. Inzwischen ist dieser Sprachgebrauch und seine modellhafte Bedeutung auch in pastorale „strategische" Überlegungen eingegangen. Es gibt Bemühungen, Communio-Theologie und soziale Netzwerktheorie sich wechselseitig befruchten zu lassen[77]. Was ist nach Flusser das Charakteristische von Netzdialogen (Abbildung 12)? Sie sind zu begreifen als „das Reservoir, in das letzten Endes alle Informationen, wenn

---

[77] HILBERATH, BERND JOCHEN/NITSCHE, BERNHARD (HG.), Ist Kirche Planbar? Organisationsentwicklung und Theologie in Interaktion, Mainz 2002.

auch manchmal auf komplexen Umwegen, münden" (33). Im Unterschied zu den Kreisdialogen sind sie offen und „in diesem Sinne auf authentische Weise demokratisch" (32). Im Unterschied zu Kreisdialogen sind sie immer erfolgreich. Dies scheint mir auch im Blick auf innerkirchliche Kommunikationsstrukturen hochinteressant zu sein, wobei Flusser folgende Abgrenzungen vornimmt:

„Unsere elitäre Tendenz, den ‚gesunden Menschenverstand' im Vergleich zur ‚allgemein gültigen menschlichen Vernunft' zu verachten und etwa wie Trotzki zu behaupten, dass die Mehrheit immer Unrecht habe, ist daher kein guter Ausgangspunkt zur Untersuchung der Netzdialoge. Aber auch die umgekehrte, ebenso elitäre Tendenz, wie sie etwa in der Vox-populi-vox-Dei-These oder der Erhebung der stillen Mehrheit zu entscheidenden Instanz zum Ausdruck kommt, ist kaum geeignet, die Funktion von Netzdialogen zu erfassen" (32f.).

Netzdialog

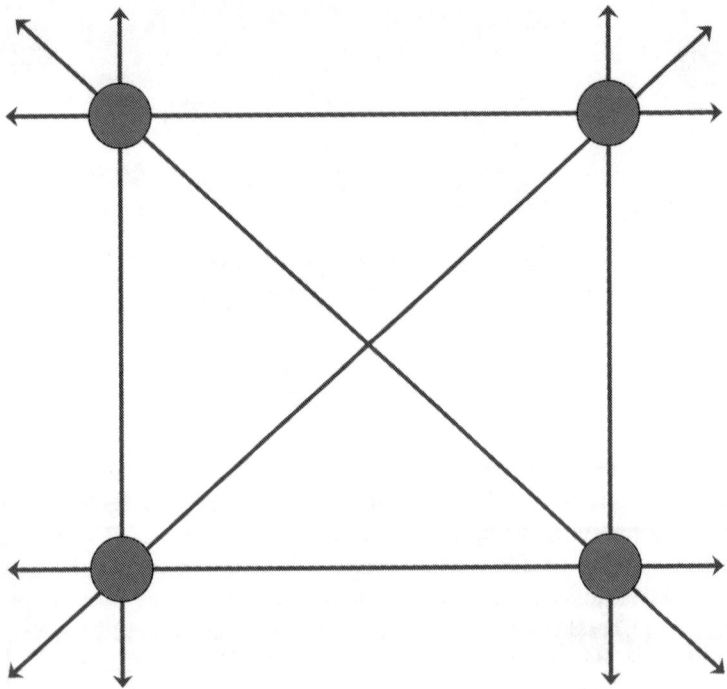

Abbildung 12

Beide Tendenzen sind auch in der Kirche zu beobachten und laufen je auf ihre Weise auf eine Entmündigung des Gottesvolkes hinaus. Ausgehend von einer anthropologischen Grundeinsicht kommt Flusser zu einer politischen Forderung: „Selbstredend waren sich die Menschen seit jeher bewusst, dass die Netzdialoge Basis aller Kommunikation und damit des menschlichen Engagement gegen den Tod bilden. Darum kann das ‚politische Engagement‘, das ja eine Form des Engagement für Kommunikation ist, als ein Engagement für Netzdialoge angesehen werden. Das Ziel der Politik muss im Grunde sein, den Netzdialog zu ‚informieren‘, ihn zu ‚formen‘ und damit zu neuen Informationen (zum ‚neuen Menschen‘) beizutragen. In diesem Sinne ist Demagogie das genaue Gegenteil von politischem Engagement, weil es ihr darauf ankommt, durch Wiederholung bestehender Information (durch Redundanz) das Eindringen neuer Informationen in den Netzdialog und daher eine Veränderung des Menschen zu verhüten" (33).

Geht es nicht im heilsgeschichtlichen Dialog Gottes mit den Menschen, wie er in der Kirche als der Vorhut des Kommunikationsreiches Gottes weitergeführt, besser: am Leben erhalten werden soll, genau darum, informiert, geformt zu werden? Könnte von hierher die Rede von der eingegossenen Gnade, der eingegossenen Tugend, der Formung durch die Gnade eine neue Bedeutung gewinnen? Gleich, in welcher Weise konkret das Ziel des Unternehmens „Reich Gottes" beschrieben wird, es wird deutlich, dass die Kommunikationsstruktur, die Struktur der Information und Entscheidung in der Kirche, keineswegs beliebig ist. Auch wenn sich keine bestimmten Systeme aus der Offenbarung ableiten lassen, so lässt sich doch im Sinne einer theoria negativa der Kommunikation bestimmen, welche Formen der Kommunikation deshalb nicht in Frage kommen, weil sie in krassem Widerspruch zur Zielbestimmung des Kommunikationssystems Kirche stehen. In einem begrenzten Rahmen können Varianten aller Modelle ihre (begrenzte!) Berechtigung haben. Für den Bereich der kirchlichen Grundvollzüge (Martyria, Diakonia, Leiturgia) und hinsichtlich der Wahrnehmung des Priester-, Lehr-(Propheten-) und Hirtenamtes aller Gläubigen lassen sich indes folgende Grundregeln aufstellen:

Je nach Größe der Communio gleicht die „normale" Kommunikationsstruktur einem *Kreisdialog* oder einem *Netzwerk* von miteinander verknüpften Dialogpartnern oder Kreisdialogen. Kommunikationsformen nach Art des *Baumdiskurses* müssen als ExpertInnengespräche begrenzt werden und sind mit der Kommunikation der Communio zu vernetzen. Von ExpertInnen im Bereich der wissenschaftlichen Theologie und des Lehramtes ist die Beherrschung mehrerer Codes zu verlangen, damit sie ihrem Dienst an der

Communio gerecht werden können. Völlig scheidet als Kommunikationsform der *Amphitheaterdiskurs* aus; weder Dauerberieselung noch perma-
nente Indoktrination haben einen auch nur begrenzten Stellenwert in einer
Communio, die sich auf die kommunikative Offenbarung des kommunikativen Gottes gegründet weiß und diese in einer lebendigen kommunikativen
Überlieferung weiterschenkt. Über- und Unterordnungsverhältnisse nach
Art des *Pyramidendiskurses* sind Bestandteile des Kommunikationssystems Kirche, bezeichnenderweise jedoch vor allem da, wo organisiert und
ausgeführt werden muß. Im Bereich der Kernkompetenz von Kirche, in der
Ausübung des dreifachen Amtes bei der Wahrnehmung der drei Grundvollzüge erfolgt autoritatives Sprechen nicht in der Form des Über-Unter. Hier
ist vielmehr in der Perspektive kommunikativer Theologie die Struktur des
Innerhalb-Gegenüber sachgemäß, d. h. Gottes und des Menschen gemäß.
Formen des *Theaterdiskurses* in Verkündigung und Liturgie oder auch im
Bereich des diakonischen Handelns sind somit als spezifische Kommunikationssituationen innerhalb eines Kommunikationsnetzes von prinzipiell
gleichberechtigten Kommunikationspartnern zu konzipieren.

Die Ausarbeitung müsste in Richtung eines Netzdialoges gehen, wobei – die
Verknüpfung in horizontaler wie vertikaler Richtung vorzunehmen und auf
die unterschiedliche Bedeutung der Knotenpunkte im Bereich der jeweiligen Kommunikationsebene zu achten wäre. Darüber hinaus ist zu prüfen,
inwieweit auch die anderen hier skizzierten Kommunikationsformen ihren
begrenzten Stellenwert haben.

Ein communio-gerechtes Modell, welches ausgehend von der Ortsgemeinde
die vertikale Kommunikationsstruktur der Gesamtkirche in groben Strichen
zeichnet, könnte so aussehen:

Communio-Kommunikationsstruktur

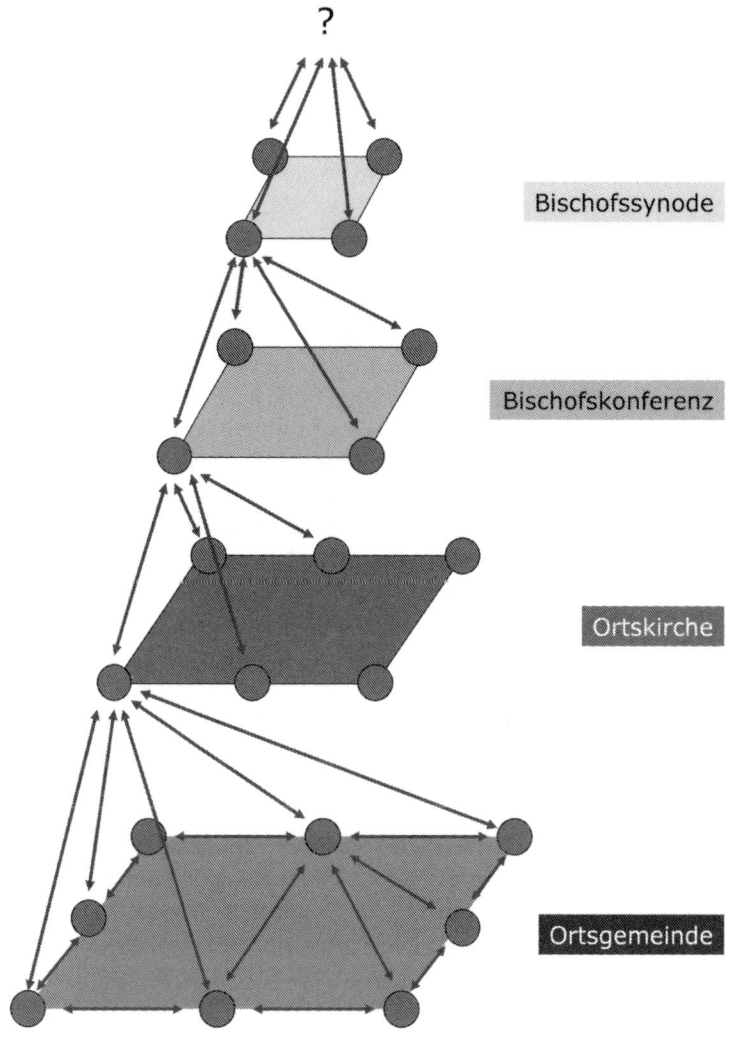

Abbildung 13

7. Communio-Kommunikationsstruktur

Ausgangspunkt bei der Entwicklung einer Kommunikationsstruktur, welche der Leitidee der Communio adäquat ist, muss die Basis, die Ortsgemeinde,

111

sein. Selbstverständlich, ließe sich einwenden, baut sich jede Pyramide von der Basis her auf. Freilich: Pyramidale Systeme, die Kommunikation strukturieren und damit immer auch mit Einfluss, Herrschaft, Macht zu tun haben, tendieren erfahrungsgemäß dahin, aus einem bottom-up- (von unten nach oben) ein top-down- (von oben nach unten) System zu machen, die Kanäle der Kommunikation und Entscheidung von oben her zu beschicken.

Im System einer Communio-Kirche ist es umgekehrt, präziser: Es ist zwischen den Kommunikationsebenen von einer Wechselwirkung auszugehen, es müssen korrelative Kommunikationsstrukturen etabliert werden. Dabei sind die Kommunikationsrichtungen nicht völlig symmetrisch, insofern die höhere Ebene immer im Dienst der niederen steht. In dieser Hinsicht stellt die Communio-Kommunikationsstruktur die Umkehrung des Pyramidendiskurses dar. Das Niedere ist „höherwertig" ließe sich provozierend formulieren, nüchterner gesprochen heißt das: Auch in der Kirche selbst hat das – von ihr immer wieder als eines der Sozialprinzipien eingeklagte – Subsidiaritätsprinzip Berechtigung und Geltung. Dabei genügt es erfahrungsgemäß nicht, dass sich Akteure der höheren Ebene in ihrer subjektiven Einstellung als Diener verstehen, vielmehr sind Kommunikationsstrukturen zu schaffen, die diesen dienenden Charakter garantieren. Das bedeutet nicht – was immer wieder in diesem Zusammenhang als Befürchtung geäußert wird –, dass Kirche sich von unten aufbaue, jedenfalls nicht in dem Sinn, als würden Menschen sich zusammenfinden, um eine Kirche zu gründen und ihr je nach Ausdehnung und Binnendifferenzierung eine Struktur zu geben. Entscheidend ist vielmehr: Kirche baut sich von oben auf, insofern sie im Willen Gottes zur Selbstmitteilung gründet und darin als geschenktes Wir konstituiert wird. Keineswegs geht alle Macht vom Volke (Gottes) aus, freilich auch nicht vom Amt, sondern allein von Gott.

Im übrigen sind dadurch weder Anweisungen von oben und noch weniger bevollmächtigtes Sprechen und Handeln auf die Subjekte der Basis hin ausgeschlossen. Nicht dass es *in* der Communio *auch* ein Gegenüber gibt, ist das Problem; dieses beginnt erst da, wo aus dieser Innerhalb-Gegenüber-Struktur ein prinzipielles Gegenüber gemacht wird. Dies geschieht häufig da, wo die Leitidee maßgebend ist: „Die Kirche ist zwar eine Communio, aber eine communio hierarchica"[78].

Ein solcher Ansatz des Innerhalb-Gegenüber stellt keine Verfälschung der Ekklesiologie dar, hat nichts mit einem unzulässigen basisdemokratischen Umsturz zu tun. Vielmehr hat das Zweite Vatikanische Konzil selbst an dieses Aufbauprinzip der Kirche erinnert, wenn auch der Sprachgebrauch

---

[78] Vgl. hierzu HILBERATH, BERND JOCHEN, Communio hierarchica. Historischer Kompromiß oder hölzernes Eisen?, in: ThQ 177 (1997) 202–219.

in den Texten zwischen Ortsgemeinde und bischöflicher Ortskirche (Diözese) oszilliert. In jedem Fall gilt: Dort, wo zwei oder drei im Namen Jesu versammelt sind, wo Gott Menschen zu Gebet und Tat zusammenruft, wo Gemeinde Eucharistie feiert und dadurch je neu als die Kirche Gottes in Korinth, Rom, Innsbruck, Tübingen, ... konstituiert wird, da ist auch Kirche in vollem Sinn. Ortsgemeinde ist also nicht Kirche minus ... Dabei gehört zum Selbstverständnis dieser Basisgemeinschaft, dass sie mit anderen Gemeinschaften vernetzt ist, dass sie ganz Kirche, aber nicht die ganze Kirche ist. Karl Rahner kommentierte:

„Nun ist wohl nüchtern zuzugeben, dass für das Konzil die andere Blickrichtung aus der traditionellen Theologie vorgegeben war und sich fast unvermeidlich auswirken musste, und dass es fast unmöglich war, im einen und selben Dekret beide Aspekte als Aufbauprinzip zu verwenden. Immerhin schließt die Konstitution die andere Sichtweise nicht aus: man *kann* von der konkreten Gemeinde ausgehen, in der sich die Predigt des Wortes Christi und die Proklamation seines heilbringenden Todes im Abendmahl ereignet, Christus selbst so in Wort und Sakrament und in diakonischer Geschwisterlichkeit [Bruderschaft] als das eschatologische Heil gegenwärtig ist und *so Kirche* ist im wahren Sinn des Wortes. Man kann auch von da aus dann das Verständnis der Kirche als ganzer erreichen, weil diese selbst *wahrhaft da ist* (vere adest) in der Ortsgemeinde. Diese Möglichkeit einer (ökumenisch höchst bedeutsamen) Ekklesiologie von der Wort- und Altargemeinde her ist hier in diesem Abschnitt eröffnet und als legitim anerkannt".[79]

Wenn wir darüber hinaus berücksichtigen, dass Pfarrer heute vielfach die Funktionen wahrnehmen, welche in der Alten Kirche den Bischöfen zukamen, dann relativiert sich die Unterscheidung von (lokaler) Ortsgemeinde und (episkopaler) Ortskirche, was die Basisfunktion und den Ansatz der Ekklesiologie angeht.

Zwei Aspekte sind uns im Blick auf die Ortsgemeinde noch beachtenswert: 1. Auf dieser Ebene der Kommunikation sind Individuen, glaubende Subjekte, miteinander vernetzt. Freilich können die Beziehungen untereinander in ihrer Intensität variieren, und nicht jede muss mit jeder in direktem Kontakt stehen. Vielmehr können diese Basisnetzwerke unterschiedlich geknüpft sein. 2. Die einzelnen Knotenpunkte können unterschiedliche Funktion und Bedeutung haben; so verknüpft zwar jeder Punkt, aber nicht jeder muss ein Aufhänger oder ein zentraler Knotenpunkt sein.

Die Subjekte, die zu einem Basisnetzwerk verknüpft sind, finden sich auf der Ebene der bischöflichen Ortskirche als ein Knotenpunkt im Netzwerk

---

[79] Rahner, Karl, Kommentar zu LG 26, in: LThK².E I, 243f.

der Diözese wieder. Wichtig sind die korrelativen Beziehungen zur Basis mit ihrer Asymmetrie, wovon schon die Rede war.

Zwischenebenen, nämlich zwischen Diözese und Gemeinde, sind denkbar, ja Realität: Dekanate, Pfarrverbände, Seelsorgeeinheiten. Diese Zwischenebenen sind ekklesiologisch nicht zwingend notwendig, von daher müssen sie auf ihre Communio- und Kommunikationstüchtigkeit hin überprüft werden. Dabei könnte sich ergeben, dass zwischen der Ebene des Dekanats als Vernetzung selbständiger Ortsgemeinden und der Ebene einer Seelsorgeeinheit als – möglicherweise – amorphes Gebilde von mehr oder weniger unselbständigen Gemeinden so prinzipiell zu unterscheiden ist, dass die Seelsorgeeinheiten zum ekklesiologischen Grenzfall erklärt werden müssen.

Auf der Ebene der Ortskirche kommt dem Bischof eine ausgezeichnete Stellung zu, er wäre als hervorgehobener Knotenpunkte bzw. Aufhänger im diözesanen Netzwerk einzuzeichnen. In der vorliegenden Skizze fungiert er als derjenige, der die Ortskirche auf der Ebene der Bischofskonferenz repräsentiert und umgekehrt deren Anliegen in seiner Ortskirche vertritt. Der theologische Status der Bischofskonferenzen ist nach wie vor umstritten, also keineswegs ekklesiologisch so gesichert wie die beiden bisher nachgezeichneten Ebenen. Allerdings scheint das Ansinnen der zentralen Kirchenleitung allzu durchsichtig, nämlich getreu dem alten römischen Prinzip divide et impera (teile und herrsche, nämlich: teile die Bischofskonferenzen auf und beherrsche die einzelnen Bischöfe) eine Top-down-Kommunikation durchzusetzen bzw. aufrechtzuerhalten. Im Sinne des Zweiten Vatikanischen Konzils sind Bischofskonferenzen Ausdruck der Kollegialität im Bischofsamt und angesichts der Zeichen der Zeit notwendige Konkretisierungen der universalen Hirtensorge des Bischofskollegiums. Selbstverständlich gibt es auch die Gefahr, dass Ortskirchen und deren regionale Zusammenschlüsse nicht über den Tellerrand der eigenen Problemsuppe hinausschauen. Es ist aber keineswegs ausgemacht, dass im Unterschied dazu die vatikanische Zentrale alles überblickt.

Ebenfalls eine Frucht des Konzils ist die in Rom tagende Bischofssynode. Ihr Status bedarf auch noch der theologischen und kommunikativen Absicherung. Das Wichtigste scheint mir zu sein, dass die Bischöfe selbstbewusst die ihnen durch das Konzil in Erinnerung gerufene bzw. aller erst in dieser Deutlichkeit zugesprochene theologische Stellung und pastorale Verantwortung wahrnehmen. Hinsichtlich der Kommunikationsstruktur auf dieser Ebene würde dies zur Folge haben, dass die vatikanischen Behörden Dienstleistungsbetriebe für die Bischöfe sind, – Monde, Satelliten oder Trabanten auf der weltkirchlichen Umlaufbahn, aber nicht Fixsterne, um die Bischöfe zu kreisen haben. Auch die Zentralstelle hat eine Relaisstation zu sein; sie ist nicht permanenter Sender an die zu Volksempfängern degradierten Glaubenssubjekte.

Schließlich deutet das Fragezeichen an der Spitze der Pyramide darauf hin, dass über die konkrete Form einer permanenten zentralen Kirchenleitung und das heißt vor allem über die konkrete Form der Ausübung des Petrusdienstes noch weiter gesprochen werden muss. Genau dazu hat Papst Johannes Paul II. aufgefordert, und entsprechende Gespräche befinden sich bereits in einer Auswertungsrunde. Freilich: Entgegen der immer wieder laut werdenden Auffassung „mit dem nächsten Pontifikat wird es anders" soll signalisiert werden, dass nicht der Wechsel an der Spitze, sondern die kommunikative Aktivierung der Basis bzw. der Zwischenebenen (Ortskirche, Bischofskonferenz, Bischofssynode) bzw. die Anerkennung und Respektierung der bereits aktiven Kommunikationssubjekte über die Zukunft des Kommunikationssystems der Communio-Kirche entscheiden. Vilém Flusser schreibt am Ende seiner Vorstellung der Kommunikationsmodelle: „Theaterdiskurse und Kreisdialoge scheinen nicht mehr richtig funktionieren zu können, sie befinden sich in einer ‚Krise'. Pyramidale Diskurse sind immer auch wichtige Kommunikationsformen, obwohl man vor einer Generation den Eindruck gehabt hat, sie ‚überwunden' zu haben. Baumdiskurse (vor allem aus Wissenschaft und Technik) scheinen die Szene zu beherrschen, aber es melden sich Vorgänge an, die daran zweifeln lassen. Charakteristisch für unsere Lage ist jedoch vor allem die Synchronisation von technisch hochentwickelten Amphitheaterdiskursen mit archaisch gebliebenen, aber immer besser bearbeitbaren Netzdialogen – eine totalitäre Entpolitisierung bei scheinbar allgemeiner Partizipation. Inwieweit dieses (vielleicht apokalyptische) Urteil berechtigt ist, soll im folgenden Abschnitt untersucht werden" (34).

II. Communio und Kommunikation

Im hier folgenden Abschnitt treiben wir die Untersuchung des Verhältnisses von Communio und Kommunikation noch ein wenig voran. Wir fragen zunächst nach dem theologischen Gewicht der Communio-Ekklesiologie, um dann unsere Aufmerksamkeit zu schärfen, indem wir uns in die Haltung der Themenzentrierten Interaktion einstimmen.

Die Communio-Ekklesiologie versteht die Ortsgemeinde als communio fidelium, Gemeinschaft der Glaubenden, und die jeweils „höheren" Ebenen als Vernetzung von Gemeinschaften (communiones). Die Kommunikationsprinzipien der Communio-Theologie gelten selbstverständlich auch für das Verhältnis der verschiedenen, durch Bischöfe repräsentierten Ortskirchen zueinander und zur zentralen Kirchenleitung, den Organen des Petrusdienstes. Genau an der Stelle ist aber weltöffentlich unübersehbar, dass die konkret realisierten Kommunikationsstrukturen römisch-katholischer Kirche weit hinter dem Ansatz der Volk Gottes- bzw. Communio-Theologie des Zweiten Vatikanischen Konzils zurückbleiben. So wird immer wieder auch die Frage gestellt, ob das nicht am Konzept der Communio selbst liegt.

1. Communio – Ideal oder Zerrbild von Kommunikation?[80]

Es wäre schon eine fatale Situation, wenn Communio, 20 Jahre nach Ende des Zweiten Vatikanischen Konzils von der außerordentlichen römischen Bischofssynode als die Leitidee des Konzils hingestellt, sich so in ihr Gegenteil verkehren würde. Denn gewiss geht es in dem Schlüsselkonzept der Communio um ein kommunikatorisch-partizipatorisches Realisieren der Offenbarungsstruktur in die Kirche hinein; der Begriff der Communio hat den Vorteil, diese Kommunikationsstruktur theologisch zu begründen. Nicht weil wir unbedingt Anschluss an moderne Demokratie- und Kommunikationstheorien gewinnen wollen, sondern weil wir von der Berufung und Sendung aller, TeilhaberInnen an der Aufgabe im Reiche Gottes zu werden, ausgehen, deshalb plädieren wir für eine Kommunikationsstruktur in einer Communio-Kirche. Der Communiobegriff hat, wie im Unterkapitel über die Offenbarung bereits skizziert wurde, eine dreifache Struktur. Zunächst zeigt er an, von woher sich die Communio begründet. Es ist das Heilshandeln des Dreieinigen Gottes, seine Selbstmitteilung in der Geschichte, die konkret Gestalt gewinnt in der Berufung der Menschen zur individuell unvertretbaren und gemeinsam wahrgenommenen Bezeugung der frohen Botschaft. Die zweite Dimension ist das Sich-in-Anspruch-nehmen-lassen der Menschen, das Annehmen dieser Offenbarung. Auf der Ebene der Ekklesiologie, der Lehre von der Kirche, würde man von der Kirche als der Frucht des Heilshandelns Gottes sprechen. Auf der dritten Ebene wäre dann das anzusiedeln, was Sendung der Kirche bedeutet, was wir meinen, wenn wir die Kirche Werkzeug des Heils nennen. Auf dieser dritten Ebene geht es nämlich um das Teilnehmen an der Verantwortung für das Reich Gottes. So gesehen wird deutlich, dass es bei dem Konzept der Communio und der ihr entsprechenden Kommunikationsstrukturen nicht lediglich um die dritte Ebene geht, die instrumentelle. Vielmehr geht es darum, das, was wir im Zusammenhang des Offenbarungsbegriffs dargelegt haben, in das Konzept der Kirche hinein zu verlängern. Die Kirche ist von Gottes Angebot her eine Gemeinschaft von Menschen, berufen, das Heilshandeln Gottes vor aller

---

[80] Vgl. HILBERATH, BERND JOCHEN (HG.), Communio – Ideal oder Zerrbild von Kommunikation? (QD 176), Freiburg i. Br. 1999.

Welt zu bezeugen. Diese Gemeinschaft ist vorgegeben, dies ist die Gabe der Koinonia, der Communio. Weil wir alle Anteil haben an dieser Gabe, symbolisch verdichtet in der Feier der Eucharistie, deshalb bilden wir untereinander einen Leib, eine Gemeinschaft von Menschen. Wenn dies so ist und biblisch belegt werden kann, woher kommen denn die Widerstände gegen das Konzept einer Communio-Ekklesiologie? Sie haben ihren realen Grund darin, dass „communio" oft als Zauberformel ohne nähere Bestimmung des dahinterstehenden Konzepts gebraucht wird. Faktisch kann es aber sein, dass mit Communio-Ekklesiologie eine Vorstellung von Kirche „ummantelt" wird, die etwa nach dem Modell des Pyramidendiskurses oder in allen Kommunikationssituationen nach dem Modell des Theaterdiskurses funktioniert. So ist uns allen die Redeweise „wir sind ja alle Brüder und Schwestern" sehr wohl vertraut. Nicht selten wird sie eingesetzt, um von unliebsamen Strukturdebatten abzulenken. Dass die außerordentliche Bischofssynode 1985 „communio" anstelle von „Volk Gottes" zur Leitkategorie des Konzils erklärt hat, steht durchaus in diesem Kontext. Eine ganze Reihe von Synodenteilnehmern witterten in dem Konzept des Volkes Gottes eine unzulässige Demokratisierung der Kirche. Statt dessen sollte „communio" den sakramentalen Charakter der Kirche, ihr Sein als „mysterium", zum Ausdruck bringen. Dies hat auf der anderen Seite den Verdacht genährt, als werde hier im Sinne einer Immunisierungsstrategie die Diskussion über notwendige Reformen der Kommunikation- und Entscheidungsstrukturen in der Kirche abgeblockt. Leider führt diese Problemkonstellation dazu, dass sich häufig Vertreter einer Volk-Gottes-Theologie auf der einen und Anhänger einer Communio-Theologie auf der anderen Seite wechselseitig „exkommunizieren". Dabei verbinden sie gemeinsame Anliegen. Insofern die Auslegung des Konzils nicht beliebig ist, sondern sich an die Intention der überwältigenden Mehrheit der Konzilsväter zu halten hat und nach bestimmten Regeln erfolgt, lässt sich mit Bestimmtheit sagen, dass dem Konzept der Communio-Ekklesiologie eine kommunikatorisch-partizipatorische Kommunikationsstruktur in der Kirche entsprechen muss. Mag sein, dass dies gegenwärtig wieder eher unter der Überschrift „Volk Gottes" zu erreichen ist. Dabei ist freilich zu beachten, dass auch die Kommunikationsstruktur des Volkes Gottes nicht von vornherein als eine kommunikatorisch-partizipatorische vor aller Augen liegt, sondern als solche ebenfalls eingefordert werden muss.

In der Tat bewegt sich also der Ruf nach Communio und einer ihr entsprechenden Kommunikationsstruktur in der Spannung zwischen einem beschworenen Ideal und einer gefürchteten Verzerrung der Kommunikationsstruktur der Kirche. Deshalb ist jeweils genau hinzuschauen, ob das konkrete Konzept einer Communio-Theologie, aber auch das einer Volk-

Gottes- oder Leib-Christi-Ekklesiologie dem kommunikatorisch-partizipatorischen Grundgedanken der Selbstmitteilung Gottes entspricht. Wir denken, dass die Haltung und das Modell der Themenzentrierten Interaktion Anhaltspunkte zur Ausarbeitung einer entsprechenden Communio- und Kommunikationsstruktur geben können. Wenigstens im Sinne eines Aufmerksamkeitsmodells liegen hier wichtige Anregungen bereit. Einige davon werden im Folgenden genannt:

2. Die Haltung und das Kommunikationsmodell der TZI als Lenkung der Aufmerksamkeit

Das Modell der TZI lebt vom Ideal, Selbsterfahrung, Gruppendynamik und Arbeiten an einer „gemeinsamen Sache" zu integrieren. Für eine Communio-Ekklesiologie und eine entsprechende Kommunikationsstruktur sind genau diese drei Momente wichtig: (1) Die Einzelnen als Subjekte, unvertretbar in ihrer Glaubensentscheidung und Verantwortung – (2) die Gruppe, die mehr ist als nur die Addition der einzelnen „erlösten" Subjekte; in ihr wird den einzelnen die Möglichkeit der Glaubensentscheidung zugespielt, ermöglicht oder auch verhindert; die Realisierung des Glaubens zielt dann gerade auf Gemeinschaftsbildung, ja Gemeinschaft miteinander gehört nicht auch noch als eine Folge zum Glauben, sondern ist dessen realsymbolische Gestalt – schließlich gehört (3) die Konzentration auf das „Thema" dazu, in unserem Fall das Glauben als Antwort auf die Selbstmitteilung Gottes.

Nicht übersehen werden darf, dass diese drei Punkte des TZI-Dreiecks vom Globe umschlossen sind. Es ist gewiss eine Grenze des Communio-Konzepts, dass es eine starke Konzentration nach innen hat. Für die Zukunft der Communio-Theologie und auch im Blick auf entsprechende Kommunikationsstrukturen wird es wichtig sein den Blick zu öffnen, den Globe als Grenzbereich anzusehen, indem ChristInnen sich ständig bewegen. Die Welt ist nicht jenseits der Kirche, der Unglaube ist nicht jenseits des Glaubens, vielmehr partizipieren die einzelnen Subjekte in dem Wir und in der Ausrichtung auf den Glauben als Antwort auf die Selbstmitteilung Gottes an dieser ambivalenten Situation des Globe. Die schützende Wand des Theaterdiskurses darf nicht zur isolierenden Ringmauer werden!

Weitere Postulate und Regeln der TZI können im Blick auf ihre Bedeutung für die Communio und ihre Kommunikation entfaltet werden, was im 6. und 7. Kapitel weiter auszuführen ist. An dieser Stelle seien eigens erwähnt: (1) Die Aufmerksamkeit für alles Lebendige als Sensibilität für das Glaubensleben der einzelnen und für ihre Glaubenskompetenz. So gehen wir aus Kursen, in denen wir den Menschen zutrauen, als Subjekte aus Glauben über Glauben zu reden, selber im Glauben bereichert nach Hause. Und dies geschieht in einem weitaus höheren Maße, als dies in einer Einbahnkommunikation des Theaterdiskurses oder des Pyramidendiskurses, also im herkömmlichen Setting des Lehrens und Lernens möglich wäre.

(2) Auch das Achten auf die Balance zwischen Tradition und Fortschritt scheint uns eine wichtige Kommunikationsregel und Lenkung der Aufmerksamkeit in der Communio-Kirche zu sein. Dazu gehört ebenfalls die Ermunterung im Blick auf die einzelnen, authentisch-selektiv zu sein, d. h. sich soweit einzubringen, wie sie das im Moment für sich und gegenüber den anderen verantworten können.

(3) Die eigene chairperson zu sein, das ist eine Regel, die auf den Begriff bringt, was mit der aktiven Teilhabe aller Glaubenden am Glaubensleben der Kirche gemeint ist.

(4) Schließlich hat auch das Postulat, dass Störungen sich Vorrang nehmen, seine Bedeutung für die kirchliche Kommunikationssituation. Damit ist ja keineswegs gemeint, dass „Störenfriede" jederzeit die Communio und ihre Kommunikation torpedieren können. Damit ist vielmehr gemeint, dass das Evangelium sich nur inkulturieren kann, nur verwurzelt wird in den Herzen der Menschen, wenn die Hindernisse, die Steine auf dem Acker, die Dornen und Disteln berücksichtigt und nach Möglichkeit beseitigt werden. Als eine etwas grob formulierte, aber durchaus unsere Aufmerksamkeit orientierende Regel könnten wir formulieren: Es kommt nicht in erster Linie darauf an, dass alles gesagt wird, was zu sagen ist, sondern dass das Entscheidende so gesagt wird, dass es auch ankommt. Dies entspricht ja der Sinnrichtung der Offenbarung als Selbstmitteilung Gottes an den Menschen zu ihrem Heil, als Einladung in die Gemeinschaft des Dreieinigen Gottes.

III. Worauf es ankommt: Das geschenkte WIR

Als wir von der Balance zwischen Glaubenssubjekt, Gruppe/Gemeinde und Tradition im kirchlich-gesellschaftlichen „Globe" handelten, waren wir bereits auf den Geschenkcharakter des Wir der Gruppe/Gemeinde aufmerksam geworden. In diesem Kapitel haben wir die Kommunikationsstrukturen der Communio der Glaubenden noch einmal ausdrücklich in den Blick genommen, indem wir uns von den Modellen der Kommunikologie V. Flussers inspirieren ließen. Abschließend soll erneut der Geschenkcharakter des kommunikativen Wir hervorgehoben werden. Dabei geht es keineswegs um einen frommen oder auch beschwörenden Abschluss. Die Rede vom geschenkten Wir will keineswegs die Vielfalt innerhalb einer Gruppe verwischen noch die Individualität und Eigenverantwortung der Subjekte nivellieren. Darüber ist in den vorangegangenen Kapiteln ausführlich gehandelt worden. Es gibt aber, wie wir aus der gesellschaftlichen wie kirchlichen Erfahrung der letzen Jahrzehnte wissen, Situationen, in denen ohne Differenzierungen vom Wir geredet werden darf, weil genau darauf der Akzent liegt. Wir erinnern an den Ausruf „Wir sind das Volk" bzw. an die Bewegung „Wir sind Kirche". Es stimmt, es gibt eine Empfindlichkeit gegenüber der Vereinnahmung durch ein Wir. Das begegnet uns immer wieder in der Arbeit mit Gruppen. Wir nehmen dies ernst, gegebenenfalls indem wir von uns her die Bedingungen herstellen, dass das Aggressionspotential in einer Gruppe freigesetzt werden kann. Das ist gerade in kirchlichen Gruppen nicht selbstverständlich, weil Streit, Dissens immer noch mit dem Etikett des Nicht-Sein-Sollenden behaftet sind. Dabei zeigt die Erfahrung Tag für Tag, dass nur die Freisetzung und Bearbeitung wirklich dem einzelnen wie der Gruppe dient. Dass es uns hier nicht um einen Einheitsbrei des Wir geht, wurde oben schon bei den Klarstellungen im Blick auf den Communio-Begriff hervorgehoben.

Worum es uns jetzt geht, ist eine Erfahrung, die wir in der Arbeit mit Gruppen immer wieder machen dürfen und die wir zugleich im Blick auf das „Kommunikationssystem Kirche" für fundamental halten. Es geht uns um den Geschenkcharakter des Wir! Gewiss, das Wir der Gruppe kommt nicht zufällig zustande, es ist kein überraschendes Geschenk, das einzelnen zuteil wird. Und dennoch: Auch wenn sich Menschen zu einem Kurs anmelden, um eine Woche lang in einer Gruppe zu arbeiten, gibt es da etwas im Gruppenprozess, das sie weder voraussehen noch planen noch herstellen können. Dass sich die andere mir öffnet, dass wir uns wechselseitig öffnen können, dass wir miteinander leiden und uns freuen, uns einander bereichern, das erleben wir in der Gruppenarbeit immer wieder als Geschenk. Der Gottesdienst am letzten Abend einer Woche ist auch in dieser Hinsicht keine aufgesetzte Danksagung, sondern richtig platziert. Und die Verabschiedung am letzten Vormittag mit ihren Umarmungen (und gelegentlich auch mit ihren Tränen) haben wir nie als aufgesetzt erlebt. Dass Gruppen dann auch auseinander gehen und dass sich das Vorhaben, sich über den Gruppenprozess hinaus weiter zu treffen, so gut wie nie realisieren lässt, hat auch etwas Gesundes. Es zeigt die Selbstständigkeit der Individuen und Subjekte und stellt das erfahrene Wir keineswegs in Frage. Im Blick auf die Kirche kommt uns immer wieder in den Sinn, dass diejenigen, die frustriert, enttäuscht und hoffnungslos sind, die Chance zu solchen Gruppenerfahrungen haben sollten. Wenn manche unserer Bischöfe, Priester und hauptamtlichen „Laien" solche Erfahrungen machen dürften, wüssten sie, wovon sie getragen werden. Nicht dass alles Gold ist, was an der Basis glänzt! Aber es gibt so viel Glaubensbereitschaft, Glaubensmut und Einsatzfreude, so viel authentisch geprägtes Glaubensleben, dass dies nur als Bereicherung und als aufbauend erfahren werden kann. In diesem Sinne lebt die Communio-Kirche tatsächlich von unten, hier ist sie lebendig und nicht erst, wenn Informationen und Aufträge, die von oben gegeben werden, unten zu Gehör bzw. zur Ausführung kommen. Es gibt viel weniger Misstrauen gegenüber Autoritäten in diesem Wir, als manche anzunehmen bereit sind. Im Gegenteil: Autoritäten, die wirkliche Autoritäten im Sinne der Förderung der Wahrheit und des Lebens sind, würden auf Händen getragen, wenn sie sich auf solche Prozesse einließen.

Was wir in den Gruppen erfahren haben und als Anregung an hauptamtliche Autoritäten weiter geben möchten, hat selbstverständlich eine grundsätzliche Bedeutung für die Ekklesiologie. Wir hatten bereits gesagt, dass Kirche nicht die Addition von einzelnen je für sich erlösten Subjekten darstellt. Kirche ist aber auch nicht das Wir, das wir Menschen herstellen. Gewiss können wir vieles „machen", und dies ist auch notwendig! Aber was wir in den Gruppen erfahren, das macht doch auch einen Kern der Glaubenserfahrung in der Kirche aus: Dass wir es als Geschenk erleben, wenn Gott so viele Menschen in ihrer Verschiedenheit in die Nachfolge Jesus ruft und durch seinen Geist belebt. Gerade weil wir es nicht selber machen und herstellen und gerade weil wir es nicht kontrollieren können, befreit es und bereichert es uns. Wir werden uns einander geschenkt, und damit ist auch der Freiheitscharakter dieses Wir prinzipiell gegeben.

Im Blick auf die ökumenische Bewegung wird immer wieder einmal hervorgehoben, dass wir die Einheit nicht machen könnten, sondern dass sie uns geschenkt wird. Das ist richtig, ja wir könnten sagen: Das ist so richtig, dass es in seiner Akzentuierung falsch werden kann. Falsch wird diese Aussage nämlich dann, wenn sie uns mit dem Status quo versöhnen oder über ihn hinwegtrösten will. Gewiss wird die Einheit der Kirchen uns geschenkt. Gewiss wird das Wir der Kirche uns geschenkt. Aber dieses Geschenk hat nichts mit einer gerade für die katholische Kirche typischen Beschwörung des Wir, des untereinander Brüder- und Schwesterseins zu tun. Nein, das Geschenk des Wir verlangt Offenheit, Aufmerksamkeit und Sensibilität, verlangt Interesse am anderen, verlangt das, was in der TZI die selektive Authentizität, das Chairpersonprinzip und das Störungspostulat anzielen, um noch einmal einige Stichpunkte zu nennen. Es mag paradox klingen, wenn wir formulieren: Nur wer sich auf die Gruppe einlässt, erfährt die Gruppe als geschenktes Wir. Aber durch diese paradoxe Formulierung wird der Geschenkcharakter des Wir keineswegs aufgehoben. Denn genau in dem Sich-Einlassen wird erfahren, was wir nicht selbst machen können.

Ein nochmaliger Blick auf die beiden Jünger, die von Jerusalem nach Emmaus gehen, kann uns dies verdeutlichen. Sie kennen einander, sie sind miteinander auf dem Weg, sie disputieren miteinander, sie lesen gemeinsam in der Schrift und meditieren, sie laden Fremde ein. Aber dies ist schon etwas, was in ihrer Zweisamkeit einbricht, das Erscheinen des Fremden. Und dieser ist es auch noch, der ihnen all das aufschließt, was ihnen in ihrer Zweierbeziehung verschlossen war. Und können wir nicht sagen, dass ihnen dann beim Mahl die Augen aufgehen, die brennenden Herzen erfahren, dass ihnen hier eine neue Gemeinsamkeit des Wir geschenkt wird? Und die Emmaus-Geschichte kann uns lehren, dass wir bei diesem Geschenk des Wir nicht stehen bleiben. Vielmehr verlangt das Wir hinauszugehen, zu den Ihr, zu den Anderen, um auch sie in die Gemeinschaft einzuladen. Genau das tun die Emmaus-Jünger! Und genau dies steht im Prolog des ersten Johannesbriefes, wo wir die Aufforderung an die Ihr lesen, Gemeinschaft mit dem Wir zu haben, damit sich so Gemeinschaft mit dem Dreieinigen Gott einstellt. Auch im Hymnus des Epheserbriefes (Eph 1,3–14) ist diese Struktur wiederzufinden: Regierendes Subjekt ist Gott selbst, der in seinem Sohn Jesus Christus und durch den heiligen Geist handelt. Durchgehendes Subjekt ist Gott, der Vater unseres Herrn Jesus Christus. Da, wo das Wir der gläubigen Gemeinde zum grammatikalischen Subjekt wird, ist es in der Bedeutungshinsicht nach wie vor ein passives, d. h. ein empfangendes Subjekt. Schließlich wird noch ein drittes Subjekt in diesem Hymnus erkennbar, das Ihr der anderen Glaubenden. So heißt es in Eph 1,13:

„Durch Ihn habt auch ihr das Wort der Wahrheit gehört, das Evangelium von eurer Rettung; durch Ihn habt ihr das Siegel des verheißenen Heiligen Geist empfangen, als ihr den Glauben annahmt. Der Geist ist der erste Anteil des Erbe, das wir erhalten sollen, der Erlösung, durch die wir Gottes Eigentum werden zum Lob seiner Herrlichkeit."

Als geschenktes Wir ist die Kirche, die Communio fidelium, das, was das Zweite Vatikanische Konzil zu Beginn der Kirchenkonstitution Sakrament nennt, nämlich Zeichen und Werkzeug für die innigste Vereinigung mit Gott wie für die Einheit der ganzen Menschheit.

6. Kapitel: Kommunizieren in der Haltung der TZI als Praxis theologischer Aufmerksamkeit

Was wir im 5. Kapitel aus systematisch-theologischer Sicht betrachtet haben, nehmen wir nun in der Perspektive der TZI in den Blick. So wie dort diese Perspektive ebenfalls präsent war, so gewiß geschieht im Folgenden Theologie: Wir wollen zu einer Praxis theologischer Aufmerksamkeit und Anteilnahme anstiften.

Ein Charakteristikum Kommunikativer Theologie besteht darin, dass sie nicht (nur) am Schreibtisch und in Bibliotheken entsteht. Als „Theologie im Prozess" kommt Kommunikative Theologie zu ihrem Wissen aus dem „Nach-Denken" von und aus der Anteilnahme an Kommunikationprozessen. Kommunikationsprozesse, speziell solche, die wir als „Glaubenskommunikation" bezeichnet haben, halten wir nicht nur für didaktisch, sondern für theologisch bedeutsam. In der Kommunikation zwischen Menschen zeigt sich jenes Sinn- und Orientierungswissen, das der christlichen Botschaft innewohnt. Wenn „das Kommunizieren" zum Gegenstand theologischer Aufmerksamkeit und Anteilnahme wird, dann weitet sich das Theologieverständnis zumindest in einer doppelten Hinsicht aus:

- Inhalt und „Form" der Kommunikation als Gegenstand theologischer Erkenntnis gehören untrennbar zusammen; keines kann ohne das andere gedacht werden. Die partizipierende Anteilnahme am Kommunikationsgeschehen und die (interpretative) Aufmerksamkeit darauf, ermöglichen theologisches Verstehen.

- Das Feld der „Glaubenskommunikation", das als theologisch bedeutsam erkannt wird, beschränkt sich nicht auf Kommunikationsprozesse innerhalb der christlichen Kirchen/Gemeinden. Indem „der Geist weht, wo er will", und die Hoffnung auf die anbrechende Gottesherrschaft die Grenzen der Kirchen sprengt, dürfen mit Recht auch Kommunikationsprozesse außerhalb der Kirchen auf ihr implizites christliches Hoffnungspotential hin bedacht und in ihrer theologischen Bedeutung gewürdigt werden. Aus ihrer spezifischen Perspektive gewinnt die Kommunikative Theologie einen Anschluss an die generelle Kommunikationsforschung, in der unterschiedliche Wissensbereiche vernetzt sind.

Wie aber wird eine spezifische Aufmerksamkeit auf und eine Anteilnahme an Kommunikationsprozessen möglich, die theologische Bedeutung hat? Hat das theologische Verstehen von Kommunikation, wie es in diesem Buch vorgestellt wird, „Methode"?

Die spezifische „Methode" der Kommunikativen Theologie im Sinne der (wissenschaftlichen) Aufmerksamkeitslenkung und Anteilnahme wurde einerseits im christlichen Gottes- und Kirchenverständnis begründet (4. und 5. Kapitel) und andererseits – bereits ab dem 1. Kapitel – mit dem Ansatz der Themenzentrierten Interaktion von R.C. Cohn in Verbindung gebracht.

Die theologische Hermeneutik der Kommunikation erwies sich insofern als perspektivisch, als der Kommunikation des „kommunikativen" Gottes mit den Menschen in der Geschichte ein normativer Stellenwert zukommt. Das aus der Glaubenstradition heraus gewonnene Kommunikationsverstehen verändert den „Blick" auf heutige Kommunikationserfahrungen und -prozesse kritisch und schärft ihn. Heutige Kommunikationserfahrungen sind weder der Kommunikationsgestalt der Glaubensüberlieferung gleichzusetzen, noch sind sie davon so radikal unterschieden, dass beide nichts miteinander zu tun hätten. Um menschliche Kommunikation „theologisch" betrachten zu können, bedurfte es eines „hermeneutischen Instrumentariums", das die inkarnatorische „Versöhnung" zwischen „Gott und Welt" ebenso transparent macht, wie deren bleibende „Differenz". Eine solche Hermeneutik konnte nicht rein spekulativ, abgehoben von den konkreten Kommunikationsprozessen, entwickelt werden. Im Bewusstsein, dass ein „unvermischtes" und gleichzeitig „ungetrenntes" Verhältnis zwischen göttlicher und menschlicher Kommunikation besteht (7. Kapitel), bezieht sich der hier vorgestellte Ansatz auf das Kommunikationsmodell der Themenzentrierten Interaktion R.C. Cohns, das die relevanten theologisch und kommunikativ bedeutsamen Ebenen miteinander in Beziehung setzt. Kommunikationsprozesse, die in der Haltung und nach der Methode der Themenzentrierten Interaktion geleitet wurden und werden – insbesondere der Universitätslehrgang „Kommunikative Theologie" an der Theologischen Fakultät Innsbruck – gelten als spezielles Forschungs- und Erfahrungsfeld für unseren Ansatz. Es sind Prozesse, in denen zentrale anthropologische und theologische Anliegen und Themen aufgegriffen werden. Dabei wird die Themenzentrierte Interaktion nach R.C. Cohn weder als eine Heilslehre für gelingende Kommunikation gesehen noch als einen Trick, der den „kommunikativen" Himmel auf die Erde zaubern könnte. Sie ist nicht mehr und nicht weniger als eine bestimmte wertorientierte Haltung und ein methodisches Arbeitsinstrument, die kontextuelle Aufmerksamkeit zu schärfen und Kommunikationsprozesse lebendig und persönlich bedeutsam zu gestalten. Bei aller Unterscheidung zwischen der biblischen wie kirchlichen Kommunikationsgestalt und themenzentriert-interaktionellen Prozessen, ist doch deren Kongruenz erstaunlich. Sie mag von den frühen GefährtInnen R. Cohns in Europa, unter denen TheologInnen und Priester waren, intuitiv erfasst worden sein. Inzwischen ist die Arbeit mit und die wissenschaftliche Reflexion von TZI weit verbreitet. Sie umfasst u. a. folgende Bereiche:

- Psychotherapie und Supervision[81]
- Schule[82]
- Arbeit in unterschiedlichen Gruppen[83] und Bildungsbereichen
- Wirtschaft[84]
- christliche Kirchen[85]
- Theologie[86]

Als TZI-Lehrbeauftragter der „zweiten Generation" und als TZI-Praktizierender aus „Lust und Intuition" stehen wir vor der Herausforderung, dass es schon viele vor uns „unternommen haben", darüber zu berichten, was sich in Gruppen, Gemeinden, Schulen, Universitäten, Betrieben, Verbänden usw. ereignet, erfüllt und nicht erfüllt hat (vgl. Lk 1, 1), wenn sie sich auf den Versuch eingelassen haben, in der Haltung und nach der Methode der TZI zu kommunizieren sowie Lern- und Arbeitsprozesse entsprechend zu struk-

---

[81] Vgl. u.a. COHN, RUTH C. / FARAU, ALFRED, Gelebte Geschichte der Psychotherapie. Zwei Perspektiven, Stuttgart 1984, 3. Aufl. in der Reihe „Konzepte der Humanwissenschaften", Stuttgart 2001; BELZ, HELGA / REICHERT, HELMUT / RUBNER, ANGELIKA, U. A., Themenzentrierte Supervision, Mainz 1998.

[82] Vgl. u. a. COHN, RUTH C., Zur Humanisierung der Schulen: Vom Rivalitätsprinzip zum Kooperationsmodell mit Hilfe der Themenzentrierten Interaktion (TZI) (1973), in. dies., Von der Psychoanalyse zur themenzentrierten Interaktion. Von der Behandlung einzelner zu einer Pädagogik für alle, Stuttgart [5]1981, 152–175; COHN, RUTH C. / TERFURTH, CHRISTINA (HG.), Lebendiges Lehren und Lernen. TZI macht Schule, Stuttgart 1993.

[83] Vgl. u. a. BELZ, HELGA (HG.), Auf dem Weg zur arbeitsfähigen Gruppe. Kooperationskonzept von Helga Belz – Prozeßberichte von Helga Belz – Prozeßberichte aus TZI-Gruppen, Mainz [2]1992.

[84] HANNEN, HEIKE, Bestandsaufnahme von wissenschaftlichen Arbeiten und Forschungsprojekten über die Themenzentrierte Interaktion (TZI) in der Wirtschaft, 2001 (Quelle: http: //www.tzi-wirtschaft.net/)

[85] Vgl. u.a. HONSEL, BERNHARD, Der rote Punkt. Eine Gemeinde unterwegs, Düsseldorf 1983; KROEGER, MATTHIAS, Themenzentrierte Seelsorge. Über die Kombination Klientenzentrierter und Themenzentrierter Arbeit nach Carl R. Rogers und Ruth C. Cohn in Theologie und schulischer Gruppenarbeit, Stuttgart [4]1989; SCHARER, MATTHIAS, TZI in der kirchlichen Praxis, in: LÖHMER, CORNELIA / STANDHARDT RÜDIGER, TZI: pädagogisch-therapeutische Gruppenarbeit nach Ruth C. Cohn, Stuttgart 1992, 312–325.

[86] Vgl. u.a. BIESINGER, ALBERT, Lebendiges Lernen in der Katechese. Hoffnungsversuche in Schule und Gemeinde. Antrittsvorlesung an der Universität Salzburg, in: CPB 97 (1984) 6–9, 85–95, 223–226; FUNKE, DIETER, Verkündigung zwischen Tradition und Interaktion. Praktisch-theologische Studien zur Themenzentrierten Interaktion (TZI) nach Ruth C. Cohn, Frankfurt/M. 1984; SCHARER, MATTHIAS, Thema-Symbol-Gestalt. Religionsdidaktische Begründung eines korrelativen Religionsbuchkonzeptes auf dem Hintergrund themen-(R. C. Cohn)/symbolzentrierter Interaktion unter Einbezug gestaltpädagogischer Elemente, Graz 1987; LUDWIG, KARL JOSEF (HG.), Im Ursprung ist Beziehung. Theologisches Lernen als themenzentrierte Interaktion, Mainz 1997.
Im Bereich von Kirchen und Theologie gibt es eine eigene Fachgruppe „Theologie und TZI". Ein Forschungsprogramm, ein Universitätslehrgang und ein Internet Forum zur Kommunikativen Theologie wurden an der Theologischen Fakultät Innsbruck eingerichtet.

turieren. Vor allem hat die Begründerin der Themenzentrierten Interaktion Ruth C. Cohn selbst ihren Ansatz mehrfach beschrieben. Ihre unmittelbaren FreundInnen und „SchülerInnen" haben TZI weiterentwickelt, in unterschiedlichen Feldern rezipiert und wissenschaftlich reflektiert. Wir können also auf Primärquellen und eine reiche Rezeptionsgeschichte zurückgreifen „und allem von Grund auf sorgfältig nachgehen".

Doch sind wir damit zufrieden? Eine Kommunikative Theologie, welche TZI als – communio-adäquates – Kommunikationsmodell rezipiert, versteht sich als „lebendige Theologie" insofern, als das „Gott-Denken" eng mit jenen Kommunikationsprozessen verbunden ist, welche in Gruppen, die in der Haltung und nach der Methode der TZI initiiert werden, „laufen". Wir haben also konkrete Frauen und Männer, vor allem TheologInnen vor Augen, die wir seit mehr als zehn Jahren in TZI-Seminaren in ihrer existentiellen Auseinandersetzung mit zentralen theologischen Themen in einer TZI entsprechenden Weise begleiten. Wenn sie neu in unsere Kurse kommen und eine lebendigere und existentiell betreffendere Weise ernsthafter theologischer Auseinandersetzung kennen lernen, als sie es in der Regel von ihrem Studium her gewohnt sind, dann taucht nach kurzer Zeit, ausgesprochen oder unausgesprochen, die Frage auf: „Welche Rolle spielt TZI in diesen theologischen Prozessen?" Diese Frage hat zumindest zwei Perspektiven:

• Es geht um die Klärung dessen, was TZI ist bzw. sein kann und welche spezielle Aufmerksamkeit auf die „kommunikative Welt" in theologischen Prozessen durch ihr Menschenbild, ihre Haltung und ihre Praxis angestoßen wird.

• Weiters geht es darum, welche Möglichkeiten und Grenzen das „Arbeitsinstrument" von TZI für kirchen- und gesellschaftsrelevante theologische Prozesse hat.

Die erste Perspektive ist Gegenstand dieses Kapitels, die zweite wird im 7. Kapitel behandelt.

I. Was sich TheologInnen in TZI-Kursen fragen und welche Interessen die LeserInnen leiten könnten

In der Regel vermeiden wir es, am Beginn von theologisch orientierten TZI-Kursen und -Langzeitgruppen allzu viel über TZI zu sagen. Der Grund dafür liegt nicht in der Informationsverweigerung gegenüber den TeilnehmerInnen; wir wollen auch nicht die „Katze im Sack" verkaufen und die TeilnehmerInnen so lange uninformiert halten, bis die „große Überraschung" gelingt und sie den nach TZI geleiteten Gruppenprozess positiv erleben. Genau das Gegenteil ist der Fall: TZI baut auf eine mög-

126

lichst hohe Transparenz aller Planungen, Vorgänge und Prozesse gegenüber den TeilnehmerInnen. Doch die Erfahrung lehrt uns, dass das Erleben eines zumindest mehrtätigen Prozesses, der in der Haltung und nach der Methode der TZI geleitet wird, die Fragen zum Ansatz konkretisiert und die Auseinandersetzung darüber ergiebiger macht:

- *Wie ernst werde ich als TeilnehmerIn mit meinen Erfahrungen, Konflikten, Verweigerungen, Ansprüchen in dieser Gruppe tatsächlich genommen?*
- *Wie viel gebe ich von mir preis, wie viel behalte ich für mich? Wozu werde ich möglicherweise durch die Gruppe verführt?*
- *Welchen Stellenwert hat die Gruppe? Ist sie ein Instrument für eine effektivere Arbeit? Ist TZI auch ohne Gruppe möglich?*
- *Wann kommt es endlich „zur Sache"? Kommt „die Theologie" gegenüber den Erfahrungen der Einzelnen und dem Prozess in der Gruppe zu kurz?*
- *Welche Rolle spielt das Thema in den Prozessen? Wie kommt es zustande?*
- *Wie viel habt ihr, die Leitung, vorgeplant, wie viel entwickelt ihr aus dem Prozess heraus?*
- *Was ist eure Rolle als LeiterInnen? Warum seid ihr zu zweit oder dritt im Leitungsteam? Wie steht es mit eurer Kooperation?*
- *Warum wurde ein bestimmter Gruppenprozess so und nicht anders strukturiert?*
- *Wer ist diese Ruth Cohn, die manchmal zitiert wird?*

Fragen über Fragen begleiten die Anfänge in theologisch orientierten TZI-Gruppen. Auch Sie als LeserIn dieses Kapitels gehen mit einem bestimmten Interesse an den Text heran.

- *Vielleicht suchen Sie eine Erstinformation zu TZI bzw. zur Kommunikativen Theologie.*
- *Oder Sie haben bereits Vorerfahrungen aus einschlägigen Gruppen und Kommunikationsprozessen und wollen nun „nach-lesen".*
- *Vielleicht sind Sie grundsätzlich an einer prozessorientierten Theologie interessiert und wollen wissen, welche Rolle darin TZI spielen kann.*
- *Oder Sie haben schlechte Erfahrungen mit prozessorientiertem theologischem Arbeiten gemacht und wollen die Hintergründe genauer verstehen.*
- *Möglicherweise suchen Sie Anleitungen für die Praxis, wie Sie und andere in der Haltung und nach der Methode der TZI arbeiten können.*

Die folgende Einführung in TZI verfolgt das Interesse, im Rahmen des Konzeptes einer „Kommunikativen Theologie" soviel an Information zur Themenzentrierten Interaktion nach R. C. Cohn bereit zu stellen, dass deren Bedeutsamkeit für den theologischen Ansatz und eine communio-gerechte

„Kommunikologie" nachvollziehbar wird. Doch die „TZI-Theorie" ist kein abstraktes Gedankengebäude, sondern die geschichtliche Gestalt von reflektierten Erfahrungen, die konkrete Menschen in interaktionellen Prozessen, die auf zentrale Themen des Menschseins zentriert sind, gemacht haben und machen. Dabei spielen die Erfahrungen der Begründerin von TZI eine besondere Rolle. Gleichzeitig evoziert die TZI-Theorie speziell bei TheologInnen die Auseinandersetzung mit bestimmten Fragen, die mit dem Ansatz verbunden sind. Beidem wird in diesem Kapitel Rechnung getragen. Um einen Zugang zu TZI zu schaffen, ist aber zunächst ein Blick auf ihre Entstehungsgeschichte und ihr Konzept unverzichtbar. Ich werde also in gebotener Kürze ...

II. ... allem von Anfang an sorgfältig nachgehen ...

Bei der Beschäftigung mit TZI rückt jene Frau ins Blickfeld, welcher der Ansatz seine Entstehung und erste Verbreitung verdankt: Ruth C(harlotte) Cohn; geboren im August 1912 als zweites Kind einer gutbürgerlichen, wohlhabenden deutsch-jüdischen Familie in Berlin. Ihr Vater war der Bankkaufmann Arthur Hirschfeld, in Ruths Erleben ein ernster, liebevoller, aber auch überlegener Mann, der Herr im Hause war. Ihre Mutter Elisabeth Hirschfeld, geb. Heiden-Heimer erlebte sie demgegenüber mit sonnigem Gemüt und mit einem Hang zum Illusionären. Ihre Mutter war Pianistin. Sie zu kränken war für Ruth „Sünde"[87].

S. Hagleitner stellt in einer einfühlsamen Beschreibung dieser Frau ein spätes Gedicht von Ruth Cohn als Interpretationshilfe ihres Lebens an den Anfang der Personbeschreibung[88]:

Sterntalerkind
Sterntalerkind stand still.
Es strich mit den Händen über sein Haar
Und über den Leib, wo kein Hemd mehr war.
Jetzt lief es nicht weiter. Jetzt hatte es Zeit.
Es sah nach oben; ein funkelndes Kleid
Senkt sich ihm sorgsam um Schulter und Blick –
Aus fallenden Tüchern mit goldnem Gestick.[89]

---

[87] Vgl. ZUNDEL, EDITH, Ruth Cohn. Themenzentrierte Interaktion, in: ZUNDEL, EDITH/ ZUNDEL ROLF, Leitfiguren der Psychotherapie. Leben und Werk, München 1987, 67–82.
[88] Vgl. HAGLEITNER, SILVIA, Mit Lust an der Welt in Sorge um sie. Feministisch-politische Bildungsarbeit nach Paulo Freire und Ruth C. Cohn, Mainz 1996, 115.
[89] COHN, RUTH C., zu wissen dass wir zählen. Gedichte und Poems. Mit Scherenschnitten von Annemarie Maag-Büttner, Bern 1990.

Die 1979 mit der Ehrendoktorwürde der Universität Hamburg ausgezeichnete und 1992 zu ihrem 80. Geburtstag von Richard von Weizsäcker mit dem Großen Verdienstkreuz für ihre psychologisch-pädagogische Arbeit gewürdigte Begründerin der Themenzentrierten Interaktion ist bis ins Alter auch ihrem als Kind gehegten Wunsch treu geblieben, Lyrikerin zu werden; sie schreibt Gedichte. Gedichte, welche an ihre eigene Lebensgeschichte erinnern:

• An das heimatlos gewordene Sterntalerkind, mit dem ihre SchülerInnen die „simplen und stimmigen Erkenntnisse" zusammenbringen, welche TZI für sie glaubwürdig machen.

„Wenn diese Frau nicht so viel gelitten hätte an der Emigration, an der Armut, an den Sorgen mit ihren Kindern, am Unrecht und anderem, dann wären ihr und uns diese simplen und stimmigen Erkenntnisse nicht gekommen."[90]

• An das Kind, das stillsteht, sich beschenken lässt, wahrnimmt, was ist, und diese innere Aufmerksamkeit an Menschen weiter gibt.

„Ich kann nur dann ganz ich selbst sein, wenn mir in jedem Augenblick klarer wird, was mit mir los ist, was in mir brodelt, und sich zusammenbraut, was mich ablenkt, lähmt, blockiert und was mich hochbringt und mich beherzt macht. In ihrem Appell: ‚Komm zu dir selbst, finde heraus was du wirklich willst, vertritt dich selbst!', ist R. Cohn unerbittlich."

• An das funkelnde Kleid, das birgt und den eigenen Blick und den anderer Menschen wandelt.

„Ich könnte das Ergebnis meiner Begegnung mit R. Cohn in einem kurzen lapidaren Satz ausdrücken: Ich bin lebendiger geworden: Ich zwinge mich klarer zu denken und wage tiefer zu fühlen. Ich bin jünger und älter geworden: Jünger, indem ich mich weniger hinter einmal erarbeiteten Positionen verschanze, älter, indem mir deutlicher ist, welche Werte ich vertreten will und muss."

1. Wie wird der Markt gerecht?

Die geschilderten persönlich bedeutsamen Lernprozesse werden viele Menschen bestätigen, die mit R. Cohn zusammengearbeitet oder TZI in Kursen oder in der Ausbildung kennen gelernt haben. Doch TZI beschränkt sich nicht, wie andere Gruppenverfahren, auf die persönliche und auf die kommunikative Ebene: Sie hat einen politisch-gesellschaftlichen Anspruch, der ihr durch die Lebensgeschichte von R. Cohn bleibend eingestiftet ist.

---

[90] Dieses und die folgenden kursiv gedruckten Zitate in diesem Kapitel sind Auszüge aus Aussagen von TZI-Lehrenden und von R. Cohn anlässlich der Verleihung des Ehrendoktors an R. C. Cohn – transkribiert aus einer Sendung des ORF.

Meine (M.S.) letzte persönliche Begegnung mit R. Cohn fand auf einer mehrtägigen Graduiertentagung statt, zu der sich die TZI-Lehrenden aus den verschiedenen Ländern jährlich einmal treffen. Es ging um die Frage der „Marktchancen" von TZI auf dem boomenden Psycho-, Organisationsentwicklungs- und Bildungsmarkt. In einer hitzigen Debatte forderten KollegInnen, dass TZI besser vermarktet werden müsste; sie stellten auch entsprechende Konzepte dafür vor. Ruth hörte der Auseinandersetzung längere Zeit schweigend zu. Sie wurde merklich unruhiger. Plötzlich meldete sie sich zu Wort und sagte: „Mir ist es nie um die Frage gegangen, wie TZI marktgerecht wird, meine Frage war immer: Wie wird der Markt gerecht?" In dieser intuitiven Wende eines Themas auf das Wesentliche hin, der die TZI-Lehrbeauftragten in der weiteren Debatte auch folgten, liegt eine typische Fähigkeit von Ruth und ein Kernpunkt im Verständnis ihres Ansatzes. R. Cohn geht es nicht um ein Regel- oder Methodensystem zum Gruppenleiten. Ihre Absicht ist auch keine Didaktik mit dem Ziel, möglichst geschickt trockene, sperrige Inhalte an die Frau oder an den Mann zu bringen. In diese Richtungen wurde TZI oft missbraucht oder in der Literatur falsch dargestellt. Die intuitive Transformation des marktgerechten „In-Themas", „Wie machen wir TZI marktgerecht?" zu einem die Erfolgslogik unterbrechenden Wertethema: „Wie wird der Markt gerecht?" zeigt exemplarisch, wie in einer bestimmten Art und Weise der Thematisierung, von der im 7. Kapitel noch ausführlicher die Rede sein wird, persönliches Engagement, Überzeugung und methodisch-kommunikatives Geschick ineinander greifen. Es spiegelt, wie R. Cohn die therapeutische Sichtweise von Verdrängungstendenzen beim einzelnen Menschen längst zugunsten gesellschaftlicher Verdrängungen, vor allem des verdrängten Leides ausgebeuteter Menschen und der zerstörten Natur ausgeweitet hat[91]. Je älter sie wird, umso ernster werden ihre Mahnungen und umso eindeutiger tritt sie gegen den Ausverkauf der Menschlichkeit und des Lebens ein. Auf dem Hintergrund ihrer Emigration sagt sie in einem aufgezeichneten Interview:

> „… Ich fühle mich heute, in dieser Zeit, so, wie ich mich 1932 in Deutschland fühlte, mit dem absoluten Bewusstsein: Wer nicht blind ist, sieht, was auf uns zukommt; und wenn wir jetzt nichts dagegen tun, wird es bald zu spät sein … Aber ich war kürzlich in Amerika, und dort traf ich – noch stärker als in Europa – auf die Haltung: Es ist

---

[91] Vgl. SCHARER, MATTHIAS, Wie wird Kirchliche Bildung marktgerecht oder: Welche Bildung macht den Markt gerecht? Communiotheologische Überlegungen zum kirchlichen Bildungsgeschehen, in: HILBERATH, BERND JOCHEN (HG.), Communio – Ideal oder Zerrbild von Kommunikation (QD 176), Freiburg i. Br. 1999, 235–242.

[92] COHN, RUTH C., Es geht ums Anteilnehmen. Perspektiven der Persönlichkeitsentfaltung in der Gesellschaft der Jahrtausendwende, Freiburg i. Br. ²1993, 165.

alles gar nicht so schlimm. Oder: Es wird schon irgendwie ein Wunder passieren. Oder: Man kann ja doch nichts machen; die Mächtigen sind zu mächtig. Und ich kann nur wiederholen: Wenn jetzt nichts Entscheidendes geschieht, dann ist es zu spät."[92] Wie sieht der Kampf gegen den Ausverkauf der Menschlichkeit und des Lebens aus der Perspektive dieser Frau aus? Die Antwort darauf gibt sie öfters mit der alten griechischen Legende von den zwei Fröschen, die in einen Milchtopf fallen: Der eine schreit vor Entsetzen, streckt alle viere von sich und ertrinkt, der andere strampelt so lange, bis die Milch zu Butter wird. Völlig erschöpft, aber lebendig, kann er sich auf einem Haufen Butter sitzend, befreien: „Ich bin der Frosch, der strampelt. Der Rest ist weder Ihre noch meine Sache; das übersteigt unsere Macht. Natürlich braucht es eine Massenbewegung; aber ich kann sie nicht allein erzeugen. Ich kann sie fördern helfen; ich kann tun, was in meinen Mitteln steht. Ich bin weder allmächtig noch ohnmächtig; ich bin partiell mächtig."[93]

Dass in TZI-Gruppen alles zum Thema werden kann, heißt nicht, dass es gleichgültig ist, welche Themen ins Spiel kommen. Die Thematisierung und die Interaktion bzw. Kommunikation von Themen gründen auf einem Menschenbild und auf einer ethischen Haltung, die dem jüdisch-christlichen Menschenverständnis nahe stehen und die nicht einfach austauschbar sind. Auf die Frage nach einem ihr besonders wichtigen Vermächtnis antwortet R. Cohn:

„Ich habe versucht, die jüdisch-christliche Botschaft von Versöhnung und Liebe als humanistische Wertvorstellung in meiner Weise für unser Jahrhundert auszudrücken, und wünsche mir, dass TZI und anderes, was weiterführt, sie ins 21. Jahrhundert hineintragen wird."[94]

Ohne die konkreten Lebenserfahrungen der Gründerin ist der untrennbare Zusammenhang von Haltung und Methode in TZI kaum verstehbar, wenngleich R. Cohn ihr Anliegen „von Anfang an" grundgelegt sieht:

„... ich glaube, ich bin in das, was ich heute vertrete, deshalb hineingewachsen, weil es von Anfang an mein Anliegen gewesen ist, nämlich Einfluss zu haben auf das Besserwerden in mir selbst und in der Berufsausübung (Patienten, Studenten), dass die Grausamkeit abnimmt, dass das Gut-miteinander-Auskommen zunimmt, dass das, was man heute Selbstverwirklichung nennt, die kreative Note, die Eigenart im Menschen, gefördert wird."[95]

---

[93] COHN, Anteilnehmen, 171.

[94] HERMANN, HELGA, Ruth C. Cohn – Ein Porträt, in: LÖHMER, CORNELIA / STANDHART, RÜDIGER (HG.), TZI – Pädagogisch-therapeutische Gruppenarbeit nach Ruth C. Cohn, Stuttgart ²1993, 19–36, hier: 33.

[95] OSSWALD, ELMAR, Vom Sinn des Lebens und Lernens in der heutigen Zeit. Ein Interview mit Ruth C. Cohn, in: schweizer schule. Zeitschrift für Christliche Bildung und Erziehung 8 (1983) 389–393, hier: 390.

2. Die frühen Erfahrungen

Wie verlief R. Cohns Leben bis sie TZI ‚entdeckte'? Lassen wir sie immer wieder auch selbst erzählen:

„Ich bin in Berlin geboren 1912; einer Zeit, in der alles sehr friedlich aussah. Ich komme aus einer bürgerlichen, jüdischen Familie. Und meine Kindheit verlief sehr – wie soll ich sagen – so wie eben bürgerliche Familien verlaufen. Meine Eltern waren gut und nett; zuerst waren wir in mittelmäßigen Verhältnissen, dann ging es meinen Eltern finanziell recht gut. Ich bin durch die Schule, durch das Abitur gegangen. Mein eigentlicher, persönlicher Wunsch, mein Glaube war, dass ich als Lyrikerin geboren bin. Ich habe Gedichte geschrieben, seit ich sieben Jahre alt war. Und das war es, was für mich Beruf sein würde. Ich wurde damit konfrontiert, dass man davon nicht leben kann; mein Vater war der Ansicht, auch wenn ein Mädchen heiraten würde, so sollte es auch einen Beruf haben können, von dem es sich ernähren könnte, wenn es notwendig sein sollte. Das lag daran, dass er zwei Schwestern ernähren musste, weil sein Vater früh gestorben war. Dass eine Frau einen Beruf hat, war für mich somit von Anfang an keine Schwierigkeit; aber einen Beruf, mit dem man auch noch Geld verdienen konnte, das war schwieriger, wenn man eigentlich Gedichte schreiben will. Als ich dann halbwegs erwachsen war, rieten mir die Erwachsenen auf meine Frage, was man denn sonst noch machen könnte, wenn man eigentlich Lyrik schreiben will, Journalistin zu werden. Und was studiert man als Journalistin? Nationalökonomie, das ist gefragt, das ist gewünscht, das ist gesucht. Und so habe ich also in Heidelberg erst ein Semester Nationalökonomie studiert und wusste sofort, das ist nicht mein Fach. Dort lernte ich dann Gundolf kennen, das war der große Schriftsteller, der über Goethe geschrieben hat, und Goethe war mein Idol. Gundolf starb innerhalb dieses Semesters, wo ich ihn hörte. Dann ging ich nach Berlin zurück für das zweite Semester und hatte meinen ersten Freund. Die Mutter dieses Freundes war Analytikerin, und das war das erste Mal, dass ich das Wort Psychoanalyse hörte. Das kann man sich heute nicht mehr so vorstellen, aber zu der Zeit war Analyse ein Fremdwort. Es gefiel mir ungemein gut, was sie mir so erzählte, und so kam ich eines Tages nach Hause und sagte meiner Mutter: ‚Ich weiß zwar nicht, ob ich Fred heiraten werde, aber ich werde Analytikerin.' Da war ich 19 Jahre alt. Und dabei blieb es auch. Als ich wusste, dass ich Analytikerin werden würde, war es auch zur gleichen Zeit, dass sehr viel wichtigere Dinge passierten. Es war 1932 – dieser Freund war politisch engagiert und er war jüdisch.

Ich war politisch nicht aktiv, aber ich war auch jüdisch, und die Nazi-geschichten fielen schwer auf mein Herz und auch auf meine Lebens-fragen. Ich bin nicht besonders persönlich angegriffen worden, aber um mich herum fing es an, in den Häusern Hausdurchsuchungen zu geben, in der Universität Schlachten von Nazis mit jüdischen Studen-ten. Mädchen hat man damals noch in Ruhe gelassen. Und so war es klar, dass ich in Berlin nicht weiter studieren konnte, und ging mit der Absicht, Psychoanalyse zu studieren nach Zürich; ich ging als Studen-tin, was bedeutete, dass ich in der Schweiz nicht als Flüchtling auf-genommen wurde, sondern als Studentin. Das bedeutete, dass ich nie aufhören durfte zu studieren, weil ich sonst wieder zurückgeschickt worden wäre, respektive ausgewiesen – und wohin? Sodass ich sehr viele Jahre studierte, um nicht ausgewiesen zu werden."

3. Von der (therapeutischen) Distanz zur Begegnung

Die entscheidende Züricher Erfahrung war R. Cohns Lehranalyse:
„Zwischen 1933 und 1939 lag ich sechsmal in der Woche – wie es damals üblich war – je eine Fünfzig-Minuten-Stunde lang auf der Couch. Der Analytiker hinter mir hörte mir geduldig zu. Er war jung und sehr attraktiv. Das wusste ich nur, weil ich ihn beim Eintreten und Weggehen an der Tür sah, wenn er mir die Hand gab."[96]
In der Ironie des letzten Satzes dieser Aussage liegt bereits R. Cohns Kritik an der klassischen Psychoanalyse, die ihren lebenslangen Suchprozess nach alternativen therapeutischen Möglichkeiten und Verfahren eröffnen sollte. Betroffen denkt sie daran, dass in der Zeit der Analyse der Analytiker zum Mittelpunkt ihres Lebens wurde:
„Meine Gedanken und meine Gefühle drehten sich um seine Person, seine Fragen, seine Aussagen, sein Verhalten. Ich glaubte, dass er ein besonderes Wissen habe, dass er mich richtig führte und dass es nur an mir liegen würde, wenn meine Analyse nicht gut ausgehen sollte."[97]
Die „positive" therapeutische Übertragungsneurose, welcher R. Cohn in den Jahren ihrer Analyse erlag, wurde durch das dogmatistisch aufrecht-erhaltene psychoanalytische Setting begünstigt. Es erinnert an moralisch-religiöse Regressionsphänomene, obwohl gerade solche Gegenstand der Psychoanalyse sind: „Ich war im wesentlichen ein braves Kind gewesen und war nun eine ebenso ‚brave' Patientin"[98].

---

[96] COHN/FARAU, Gelebte Geschichte, 214.
[97] COHN/FARAU, Gelebte Geschichte, 214.
[98] COHN/FARAU, Gelebte Geschichte, 214.

Die Lösung aus therapeutischer Übertragungsabhängigkeit geschah durch Ereignisse von Außen. Ihr Analytiker hatte ihr geraten, im Lauf der Analyse keine lebenswichtigen Entscheidungen zu fällen. Dennoch musste sie ihren Freund heiraten, weil es die einzige Möglichkeit war, um dessen Eltern vor dem sicheren Tod in den deutschen Gaskammern zu retten. Und Ruths Analytiker wurde als Arzt zum Militär eingezogen. Nachdem die Analyse durch die politischen Bedingungen beendet wurde, „geschah ein ‚analytisches' Wunder"[99]:

> „Persönliche Briefe kamen von meinem Analytiker, der zuvor orthodox ‚abstinent' gewesen war, das heißt, nie etwas von sich erzählt und fast nie eigene Gefühle zum Ausdruck gebracht hatte. Er schrieb Briefe über seine Erlebnisse als Arzt und Grenzsoldat, über seine Einstellung zu dieser Aufgabe und den Problemen der Zeit.
> Ein zweites Wunder geschah, als mein erstes Kind geboren wurde. Sein Urlaub fiel in diese Zeit, und er besuchte mich mit einem großen Fliederstrauß am Wochenbett. (Ich war zu Hause geblieben.) Er war sichtlich bewegt und sagte mir, warum die Geburt eines Kindes ihn persönlich so anrührte – jetzt, in dieser Zeit und in dieser Situation."[100]

Die Überwindung der therapeutischen Distanz durch „normale" Kommunikation klingt wie eine Urerfahrung, welche R. Cohn nie mehr verlassen wird. Für die Entwicklung ihres Ansatzes ist sie von entscheidender Bedeutung. Gleichzeitig hat ihr die langjährige Auseinandersetzung mit der klassischen Psychoanalyse zu wichtigen Lernerfahrungen verholfen:

- Es gibt über dichterische Intuition, Philosophie und religiösen Glauben hinaus auch methodische Verfahren zur „Erforschung" innerer Wirklichkeiten; diese Verfahren stehen den sogenannten empirischen Methoden um nichts an Gültigkeit nach, ja sie stellen für innere Phänomene den einzigen wissenschaftlichen Wirklichkeitszugang dar: „Freuds Kombination der Theorie vom Unbewussten und seiner dynamischen Zusammenhänge und der Technik des freien Assoziierens machten inneres Erleben zum wissenschaftlichen Gegenstand, das heißt zum Forschungsobjekt. … Die Tatsache, dass innere Vorgänge nur von innen überprüft werden können, vergrößert die subjektive Verantwortung für deren Wahrheitsgehalt und verringert nicht ihren Realitätscharakter"[101].
- Als spezifisches Verfahren der Psychoanalyse gilt die Analyse von Übertragungen. Dabei wird die an sich lebenswichtige Funktion des Übertragens von früheren Erfahrungen auf spätere, welche unsere Erkenntniswege

---

[99] COHN/FARAU, Gelebte Geschichte, 216.
[100] COHN/FARAU, Gelebte Geschichte, 216.
[101] COHN/FARAU, Gelebte Geschichte, 217.

und Intuitionen „abkürzt", auf realitätsfremde, „illusionäre" Früher-fahrungen angewandt, welche zu pathogenen Einstellungen führen. Die Übertragungsanalyse lehrt das „Umgehen mit den universellen Übertra-gungsphänomenen, im Bereich menschlicher Beziehungen"[102]; gleichzeitig lernt R. Cohn „das Konzept der Übertragungsneurose als Werkzeug in Frage zu stellen"[103].

• Das analytische Prinzip, dass der Widerstand vor dem Inhalt zu bearbei-ten ist, hat im Weiteren zum spezifischen Konzept der Störungsbehand-lung in TZI-Gruppen geführt, von dem später noch die Rede sein wird.

4. „Zu wenig geben ist Diebstahl, zuviel geben ist Mord"

R. Cohns Ansatz ist ohne ihr besonderes Naheverhältnis zu Kindern und zur Pädagogik kaum zu verstehen. Das ist zunächst durch ihre beiden eigenen Kinder bedingt, die sie nach der Trennung von ihrem ersten Ehemann als Alleinerzieherin durchbringen musste.

„Niemand hat mir über menschliche Beziehungen und Pädagogik mehr beigebracht als meine Kinder. Vom Tag ihrer Geburt, bei Heidi bis zu ihrer Heirat, bei Peter bis zu seinem Eintritt ins College, waren sie für mich zugleich geliebte Beziehungen und zugleich die wichtigste Aufgabe meines Lebens."[104]

Trotz dieser Nähe verfällt R. Cohn auch im Nachhinein in keine Nostalgie über ihre Kinder und ihre Erziehung. Ganz im Gegenteil: Sie schreibt von den Zweifeln, die sie bei den ganz alltäglichen Erziehungsentscheidungen hatte. Vor allem stand ihr über Jahre das innere Bild im Wege, alles richtig machen zu sollen und eine ideale Mutter sein zu wollen. Ihr pädagogischer Maßstab war mehr auf die Zukunft der Kinder ausgerichtet als auf die Gegenwart.

„Erst langsam lernte ich von und mit meinen Kindern auch den Augen-blick als solchen zu ehren; zu vertrauen, dass die Richtlinien meines Handelns immer im Werden, im Prozess des Lebens bleiben müssen ebenso wie die heranwachsenden Kinder. ... Eltern und Kinder sind gegenseitig Lehrende und Lernende. Wenn Konfliktlösungen in Offenheit, Demut und Liebe gesucht werden, sind Fehler auf beiden Seiten kein Unglück. Innere und äußere Realitätssicht und Werte, nicht Gewalt, dienen als Hilfsmittel im Dialog."[105]

---

[102] MATZDORF, PAUL / COHN, RUTH C., Themenzentrierte Interaktion, in: CORSINI, RAYMOND I., Handbuch der Psychotherapie (deutsche Ausgabe hg. v. Gerd Weninger), Weinheim 1983, Sp. 1277.
[103] COHN / FARAU, Gelebte Geschichte, 218.
[104] COHN / FARAU, Gelebte Geschichte, 331.
[105] COHN / FARAU, Gelebte Geschichte, 332.

Auch die politischen und gesellschaftlichen Bedingungen, mit denen R. Cohn in ihrer weiteren Lebensgeschichte konfrontiert wurde, rückten Kinder in das Blickfeld ihres Interesses. Bereits während ihrer Lehranalyse in Zürich arbeitete sie in einem städtischen Kindergarten, um ergänzend zu ihren analytischen Erfahrungen Kinder direkt beobachten zu können. Ihre intensivste Zeit mit Kindern war aber nach ihrer Auswanderung nach Amerika. Lassen wir sie wieder selbst erzählen:

„Meine Mutter wanderte 1938 aus nach Amerika, und dadurch konnten wir – ich hatte inzwischen geheiratet, auch einen deutsch-jüdischen Flüchtling in der Schweiz – in Amerika einwandern als deutsche Quote. Und da kam ich dann nach Amerika, schon als Analytikerin, aber nicht mit dem Wissen der Sprache und der Dinge, die man um ein Volk wissen muss, wenn man dort arbeitet; ich erfuhr auch, dass ich als Nichtmedizinerin nicht zur Psychoanalytischen Gesellschaft gehören konnte. Aber wenn ich vielleicht mit Kindern arbeiten würde, könnte das als Pädagogik gelten, und da ich mich immer für Kinder und Schule interessiert habe, habe ich das getan, ohne Kindertherapeutin werden zu wollen.
Ich bin in ein progressives Lehrerseminar gegangen – progressive education hieß das drüben – und habe dort mehr gelernt als irgendwo sonst, über Menschen, über Kinder und über Amerika."

Die „Bankstreet School" war ein Lehrerseminar mit eigenen Vorschulen, Kindergärten und Primarschulen, die nach einer ‚Progressive-Education' arbeiteten. Rückschauend war Bankstreet für R. Cohn „die Quelle Lebendigen-Lernens gewesen"[106]. In großer Aufmerksamkeit und Anteilnahme partizipiert sie am Lernen der Kinder, an deren unmittelbarem Erleben:

„… den Spuren des Interesses des Kindes folgen, vom Gitterbett zum Fußboden, vom Fußboden zur Schwelle, von der Schwelle zu einem anderen Fußboden, dorthin, wo die Füße der Mutter stehen und darüber ihre Knie; und dann der Tisch und der gefährliche Herd; von der Küche zur Wohnungstür, zur Straße – mit ihrem Lärm von vielen Autos, Omnibussen, Bauarbeiten – zu Spielplätzen, Eisenbahnen, Subways, zum Flughafen. Stationen des Weges von *einem* Hier-und-Jetzt zum nächsten, zum nächsten, zum nächsten. … Denn im Hier-und-Jetzt des Erlebens liegt der Ausgangspunkt jeden Lernens, das nicht aufgepfropft wird, sondern lebendig mit Leib, Seele, Intellekt und Geist erfasst werden kann."[107]

[106] COHN / FARAU, Gelebte Geschichte, 327.
[107] COHN / FARAU, Gelebte Geschichte, 327.

Als problematisch beurteilt R. Cohn im Erziehungssystem der Bankstreet School die einseitig technische Ausrichtung der Schule, das Nichtzulassen der eigenen Gefühle bei den ErzieherInnen und eine Herrschaft der Kinder über die LehrerInnen. Sie plädiert für eine „Balance" zwischen „dem Zuviel-Geben und dem Zuwenig-Geben", denn: „zuwenig geben ist Diebstahl; zuviel geben ist Mord"[108].

5. „Die Couch ist zu klein": Therapie und Pädagogik für die Gesellschaft

Für R. Cohn war es ein langer Weg, bis sie von der Einzeltherapie bzw. Einzelarbeit mit Menschen zur Arbeit in und mit Gruppen fand und eine Art „Breitentherapie" im Unterschied zu einer „Tiefentherapie" entwickelte; ein heilendes Verfahren also, das zeitweilige Verstörtheiten bearbeitet, aber vor allem im präventiven Sinn „Hilfe zur Selbsthilfe" ermöglicht. R. Cohns Anliegen wurde immer mehr die Anwendung ihres Ansatzes „auf weite Kreise der Bevölkerung", ja „auf die Gesellschaft"[109]. Über die Erfahrung des Flüchtling-Seins hatte die Frau aus gutbürgerlichen Verhältnissen die gesellschaftliche Not hautnah erlebt: „Da bin ich also wirklich vom Individuellen zur Gesellschaft gegangen, durch die Sachlage"[110]. Schon in ihrem ersten grundlegenden Werk „Von der Psychoanalyse zur Themenzentrierten Interaktion" schreibt sie:

„Die Couch war zu klein. Die neue Welt der Erkenntnis psychodynamischer Gesetzlichkeiten könnte wohl zu einer Bewusstseins-erweiternden humanisierenden Pädagogik führen – aber wie? 30 Jahre lang habe ich im geschichtlichen Prozess persönlicher und geistiger Interaktion an einem systematischen Versuch gearbeitet, der pädagogisch-therapeutische Elemente in den Unterricht und in andere Kommunikationsgruppen einbeziehen könnte."[111]

Mit der Übersiedlung nach Amerika 1941 war also für R. Cohn die Begegnung mit den damals neuen Therapieformen möglich. Als Mitglied der American Academy of Psychotherapie (AAP) lernte sie die wichtigsten TherapeutInnen und psychotherapeutischen Ansätze kennen. Zunächst beeinflusste die Methode des bewussten Körpererlebens aus der Elsa-Gindler-Schule für körperliche Umerziehung ihre Arbeit[112]. Sie benutzte das Bewusstmachen von

---

[108] COHN, RUTH C., Zu wenig geben ist Diebstahl, zuviel geben ist Mord, in: betrifft: erziehung 14 (1981) 23–27.

[109] MATZDORF/COHN, Themenzentrierte Interaktion, Sp. 1272.

[110] COHN, RUTH C., Es geht ums Anteilnehmen, 86.

[111] COHN, RUTH C., Von der Psychoanalyse zur themenzentrierten Interaktion. Von der Behandlung einzelner zu einer Pädagogik für alle, Stuttgart 1975, [11]1992, 7.

[112] Vgl. COHN, Von der Psychoanalyse, 11; COHN / FARAU, Gelebte Geschichte, 564.

Körperempfindungen ergänzend zu ihrem Ansatz; später wandte sie es als „psychosomatische analytische Technik"[113] an. Für die TZI-Gruppenarbeit steht allerdings nicht die therapeutische Anwendung des bewussten Körpererlebens im Vordergrund[114]: Für TZI charakteristisch ist die Einbeziehung des Körpergewahrseins unter der Perspektive, „dass die Sensibilisierung der Sinne eines Menschen für das Gewahrsein seiner selbst ihn auf den Weg bringen, sein Leben tiefer zu erleben und seine wechselseitige Abhängigkeit, die ihn mit anderen Menschen verbindet, zu verstehen".[115]

Für die Integration von analytischen und körpertherapeutischen Verfahren war die holistische Sicht der leib-seelischen Einheit des Menschen entscheidend. Für R. Cohn ist die holistische Sicht verbunden mit der untrennbar zum Menschsein gehörenden Interdependenz und der Verankerung des Menschen in einem universellen Ganzen (siehe TZI-Axiome).

Neben der Psychoanalyse, den Körpertherapien, und dem holistischen Prinzip hatten die verschiedenen Gruppentherapien entscheidenden Einfluss auf Ruth Cohns Konzept. In den USA waren es vor allem vier Richtungen, die in weiten Kreisen Anwendung fanden:
• die psychoanalytische Gruppentherapie,
• die Erlebnistherapie in Gruppen,
• die Gestalttherapie in Gruppen,
• die Encountergruppen.[116]

1965/66 absolvierte R. Cohn eine Zusatzausbildung in Gestalttherapie bei F. Perls. Wie sehr sie in kritischer Auseinandersetzung mit den therapeutischen Richtungen und deren Autonomiedogma ihren eigenen Weg suchte und mit der Autonomie die Interdependenz des Menschen wie auch seine gesellschaftliche Verantwortung einforderte, zeigt ihre Alternative, die sie zum sogenannten „Gestaltgebet" entwickelte. F. Perls und mit ihm viele TherapeutInnen des dritten Weges der Psychotherapie, also der Humanistischen Psychologie, hatten behauptet:

„Ich tu, was ich tu; und du tust, was du tust.

Ich bin nicht auf dieser Welt, um nach deinen Erwartungen zu leben.

Und du bist nicht auf dieser Welt, um nach den meinen zu leben.

Du bist du, und ich bin ich.

Und wenn wir uns zufällig finden, – wunderbar.

Wenn nicht, kann man auch nichts machen."[117]

[113] MATZDORF/COHN, Themenzentrierte Interaktion, Sp. 1278.
[114] Vgl. HAHN, KARIN/SCHRAUT-BIRMELIN, MARIANNE/SCHÜTZ, KLAUS-VOLKER/WAGNER, CHRISTEL (HG.), Beachte die Körpersignale. Körpererfahrungen in der Gruppenarbeit, Mainz 1991.
[115] MATZDORF/COHN, Themenzentrierte Interaktion, Sp. 1278.
[116] Vgl. MATZDORF/COHN, Themenzentrierte Interaktion, Sp. 1279.
[117] PERLS, FREDERICK S., Gestalt-Therapie in Aktion, Stuttgart ⁸1996, 13.

Diese von F. Perls mitgeprägte Philosophie des „I am I and you are you" und des „self supports"[118] nahm R. Cohn zwar auf, führte sie aber in eine neue Richtung weiter:

„Ich will tun, was ich tu. Ich bin ich.
Du willst tun, was du tust. Du bist du.
Die Welt ist unsere Aufgabe. Sie entspricht nicht unseren Erwartungen.
Jedoch, wenn wir uns für sie einsetzen, wird sie schön sein.
Wenn nicht, wird sie nicht sein."[119]

Im sogenannten „ersten Axiom"[120] von TZI kommt R. Cohns differenziertes Autonomieverständnis zum Ausdruck, das ohne umfassende Bezogenheit des Menschen nicht zu denken ist.

6. TZI wird „geboren"

Lassen wir dazu R. Cohn wieder selbst erzählen:

„Ich bin mit den Kindern in das Lebendige Lernen hineingestolpert, ohne dass ich in dem Moment darüber nachgedachte hatte. Ich habe in psychotherapeutischen Instituten unterrichtet, und mein Unterricht war offenbar beeinflusst durch die Gruppentherapie, die ich machte, und es kam sehr bald dazu, dass die Studenten besonders gern zu mir kamen, immer wieder sagten, das sei ihre beste Lernerfahrung, die sie gemacht hätten und ich wusste zunächst nicht warum. Und dann fing ich an zu studieren, was mach ich eigentlich. Und da stellte ich fest: Was ich machte, war: erstens hörte ich gut zu, anstelle Vorträge zu halten. Zweitens beachtete ich die Einzelnen ... wie sie in ein Thema einstiegen, wie sie lernten und wie sie voneinander lernten, sodass also da eine Interaktion zwischen den verschiedenen Teilnehmern stattfand, die in Universitäten und Schulen nicht stattfindet. Dass also das Kooperationsprinzip, dass Menschen miteinander und voneinander statt gegeneinander lernen, sehr deutlich wurde. Ich hab gesucht, wie ich das mache, dass die Studenten und ich selber auch so ganz besonders lebendig in diesen Vorlesungen und Seminaren waren, also in keiner Vorlesung mehr waren, sondern dass wir miteinander sprachen. Und ich dachte sehr darüber nach, es ist sehr schwer, sowas herauszufinden, was sind die Kriterien, was sind eigentlich die Ansätze, warum es so lebendig wird. Ich habe sehr lange darüber nachgedacht."

---

[118] COHN/FARAU, Gelebte Geschichte, 320.
[119] COHN, RUTH C., Die Selbsterfahrungsbewegung: Autismus oder Autonomie?, in: Gruppendynamik 5 (1974) 160–171, hier : 164.
[120] Die TZI-Axiome werden wir im III. Abschnitt ausführlich darstellen.

Die „Geburtsstunde" für TZI war ein von R. Cohn geleiteter Gruppen-über-tragungsworkshop (1955), in dem die Fähigkeit praktizierender Psychoa-nalytikerInnen zum Aufdecken und Auflösen von Gruppenübertragungen erweitert werden sollte. In einem langen Klärungsprozess um die Frage, wie der entdeckte Ansatz lehrbar sei, spielte ein Traum eine bedeutende Rolle: R. Cohn sah das Bild einer gleichseitigen Pyramide mit 4 Eckpunkten, die sie als Grundlage jedes Gruppengeschehens deutet.

„Es sieht jetzt furchtbar einfach aus, nämlich so einfach, dass ich sagen kann in zwei, drei Sätzen: Ich achte darauf, dass jede Person, der Lehrer und die Schüler gleicherweise wichtig sind, dass sie sich selber als wichtig sehen, ihren eigenen Einstieg in eine Sache als wichtig betrachten, ihre Aussagen mit anderen als wichtig betrachten. Ich achte darauf, dass das Thema nicht verloren geht unter der Wich-tigkeit der eigenen Person und der Wichtigkeit ihrer Beziehungen. Und daraus kann man eine kurze Formel machen und sagen: ICH, Person, WIR, die Gruppe, und ES, die Sache, die Aufgabe oder das Thema, sind genau gleich wichtig. Und das klingt maßlos einfach und ist sehr schwer durchzuhalten. Aber dieses ist, was die Lebendigkeit einer Gruppe ausmacht, wobei da noch dazuzufügen ist, dass es keine Gruppe im luftleeren Raum gibt, sondern nur Gruppen in einem Umfeld. Und dieses Umfeld kann so nah gesehen werden wie dieser Raum und dieser Zeitpunkt oder so weit wie das Universum, wir sind immer in einem Umfeld. Also symbolisch dargestellt, kann man sich das vorstellen als ein Dreieck, das drei gleiche Seiten hat, gleich lang, die Winkel sind gleich, und eine Kugel in einer Unendlichkeit um uns herum. Und diese Idee – also jede Gruppe ist im Grund ein Dreieck, jede Gruppe besteht aus ICH und WIR und ES , aber die spezifische Methode, die wir nennen: Themenzentrierte Interaktion, also wir haben eine Interaktion, ein Zwischenspiel zwischen Menschen um ein Thema herum, dass also Themenzentrierte Interaktion, kurz TZI, die Besonderheit hat, diese drei Punkte als gleich wichtig zu sehen. Sie sehen ja, in Vorlesungen ist es der Vortragende, der eine, der wichtig ist, und die Sache. Und die Zuhörer sitzen in der Reihe und sehen sich meistens nicht an und wollen, sollen sich ja gar nicht ansehen, und in den Klassenzimmern ist es ähnlich. Oder aber in der Klasse kennen sich die Kinder zwar, aber sie sind durch unser System beinahe auf-gefordert, nicht miteinander sondern gegeneinander zu arbeiten, denn nur wer der Beste ist, der Zweitbeste, Drittbeste hat eine Chance im Leben – so sieht das aus. Und diesem entgegenzuwirken – jetzt komme ich wieder auf die Therapie zurück – ich möchte sagen, es wäre heute Bevölkerungstherapie zu sagen, wir sind alle gleich wichtig, wir sind

alle Menschen. Und wir sind alle in Gruppen, in Familien, in Dörfern, in Gemeinden, in Schulen, in Pfarrhäusern; wo auch immer wir sind, gleich wichtige Menschen mit verschiedenen Funktionen und verschiedenen Aufgaben." Wie kommt es von der Einzel- und Gruppentherapie zur Verbreitung jenes Ansatzes, der von Normann Libermann, einem frühen Gefährten R. Cohns schließlich als „living learning", „Lebendiges Lernen" auch in Europa bekannt wird? Mit der Unterstützung von ihm, Frances Buchanan und einigen anderen gründete R. C. Cohn 1966 das „Workshop Institute for Living-Learning" (WILL) in New York. WILL ist bis heute der internationale Trägerverein und der Garant für die authentische TZI-Ausbildung und -Anwendung. 1968 kam R. Cohn zum Internationalen Kongress für Gruppenpsychotherapie nach Wien, um über die neuen Therapieformen in Amerika zu berichten. Erst nach dieser Anfangsphase begann sie TZI vor allem unter TherapeutInnen, LehrerInnen, SeelsorgerInnen und SozialarbeiterInnen zu verbreiten. 1972 wurde von deutschen und schweizerischen Kollegen WILL-Europa gegründet. Gleichzeitig wurde ein erstes Ausbildungscurriculum für TZI-GruppenleiterInnen entwickelt. 1973 schloss R. Cohn ihre Praxis in Amerika und siedelte sich 1974 nahe der Ecole d'Humanité, einer Alternativschule in Goldern am Hasliberg im Berner Oberland an, wo sie zeitweise bis heute noch lebt. In der „großen Aussicht mit kleiner Wohnung" wie sie ihre Vierzig-Quadratmeter-Wohnung in einem einfachen Bauernhaus nennt, gingen bis vor wenigen Jahren viele ihrer SchülerInnen, FreundInnen und Bekannte aus und ein. Ihre Gastfreundschaft, ihre Meisterschaft im Dialog, ihre ansteckende Offenheit, aber auch ihre politische Engagiertheit durfte ich (M. S.) bei einem Besuch mit Linzer Theologiestudierenden in ihrer Wohnung am Hasliberg kennenlernen. Innerhalb einiger Minuten hatte die betagte Frau die jungen Studierenden in einen intensiven Diskurs über ihr Kirchen- und Gesellschaftsverhältnis verwickelt. Mit ihren offenen Haaren saß die damals fast achtzigjährige Ruth auf ihrem „Hüpfball" und schien mir plötzlich die jüngste und doch wieder die reifste unter uns allen zu sein. Gegenwärtig lebt R. Cohn die meiste Zeit des Jahres bei Helga Hermann in Deutschland.

Um dem näher zu kommen, worum es beim Kommunizieren in der Haltung und nach der Methode der Themenzentrierten Interaktion nach R. C. Cohn geht, bedurfte es einer biografiegeleiteten Nachforschung. Sie hat vor allem den unentschränkbaren Zusammenhang des Ansatzes mit dem Leben der Gründerin sowie mit den gesellschaftlichen und psychotherapeutischen Entwicklungen gezeigt.

Nachfragen
- *Was aus R. Cohns Lebensgeschichte war mir bereits bekannt, was war mir neu?*
- *Worin fasziniert mich diese Frau? Was aus ihrem Leben erstaunt mich? Was lässt mich kalt?*
- *Welche Zusammenhänge sehe ich zwischen R. Cohns Lebensgeschichte und der Themenzentrierten Interaktion?*

III. Mit themenzentriert-interaktioneller Aufmerksamkeit kommunizieren

Nach dieser lebensgeschichtlichen Verortung von TZI geht es nun darum, diesen kommunikativen Ansatz systematisch zu reflektieren und ihn mit konkreten Herausforderungen in der prozessorientierten, theologischen Arbeit einer Kommunikativen Theologie zu konfrontieren. Dabei dient die TZI-Systematik als heuristischer und hermeneutischer Raster für Themen, die in einer anthropologisch gewendeten Theologie nicht ohne Schaden unter den Tisch fallen, weil die christliche Gott-Rede immer eine Rede vom Menschen in Beziehung ist. Die Leitfragen dieses Abschnittes sind also:
- Worin bestehen die theoretischen Grundannahmen und die methodischen Überlegungen für das Kommunizieren in der Haltung und nach der Methode der Themenzentrierten Interaktion?
- Was kennzeichnet die wertorientierte Haltung, ohne die nach den Aussagen von R. Cohn TZI so „wirksam" sein kann, „wie ein im Heuschober angezündetes Zündholz"[121]?
- Welche Anliegen und Themen kommen zum Vorschein, wenn die anthropologisch-ethischen Grundannahmen von TZI in theologiegenerierenden Gruppen wirksam werden?

1. Die anthropologisch-ethischen Grundlagen von TZI
„entschleunigen"

R. Cohns Ansatz enthält keine systematisch ausgearbeitete Anthropologie. Dennoch kann man mit Quitmann in R. Cohns Anthropologie das Heideggersche Daseinsverständnis in dem Sinne finden, dass ich bin, „weil ich existiere und weil ich lebe und sterbe"[122]. In kritischer Auseinandersetzung

---

[121] COHN/FARAU, Gelebte Geschichte, 356.
[122] QUITMANN, HELMUT, Humanistische Psychologie. Zentrale Konzepte und philosophischer Hintergrund, Göttingen 1985, 197.

mit der Körpervergessenheit der Psychoanalyse – eine allgemeine Charak-
teristik abendländischer Kultur – und mit dem Leistungszwang wird R.
Cohns diesbezügliches Menschenverständnis erkennbar:
„Eine Lebenseinstellung, die das Dasein und nicht das Produzieren
betont, ist den Geistern fremd, die darauf getrimmt sind, etwas zu
erreichen, zu leisten und zu konkurrieren."[123]

R. Cohn wird nicht müde, die untrennbare „Zusammengehörigkeit von
humaner und geistiger Wertbezogenheit und ihrem spezifischen methodischen Ansatz" zu behaupten und jedem Versuch entgegenzutreten, TZI auf
eine Technologie zur Leitung von Gruppenprozessen zu reduzieren[124]. Am
deutlichsten drückt sich die Wertbezogenheit von TZI in den „Axiomen"
aus, die „unableitbare Voraussetzungen" des TZI-Ansatzes darstellen und
„Glaubenselemente"[125] enthalten.

• Als existentielle, wertgebundene Aussagen bieten sie eine orientierende
  Basis für humanes Handeln; dies in der Absicht, die innere und äußere
  Wirklichkeit im Sinne dieser Wertorientierung konstruktiv zu verän-
  dern.

• Als Ausgangspunkt der Reflexion über den Menschen, seine Erfahrungen
  und seine Umwelt machen sie Menschen ihre erweiterten Möglichkeiten
  bewusst.

• Erst in ihrer Verknüpfung wird die Anschauung über den Menschen und
  seine Möglichkeiten deutlich. Die Axiome sind nicht isoliert voneinander
  zu denken; sie stehen in einem interdependenten Zusammenhang.

R. Cohn hat die Axiome immer wieder erweitert; die ausführlichste Darstellung ist die gemeinsam mit P. Matzdorf verfasste[126].

Was bewirken die Axiome, in denen sich die TZI-Haltung ausdrückt, in konkreten Gruppenprozessen? Gegen Ende einer TZI-Woche legen wir manchmal das „TZI-System" mit den Axiomen und Postulaten und dem Dreieck in
der Kugel großflächig auf dem Boden auf und lesen nochmals langsam die
Themen der Woche vor. Die TeilnehmerInnen stellen sich jeweils zu jenen
Elementen, die für sie bei der Arbeit am jeweiligen Thema am wichtigsten
waren. Dabei zeigt sich, dass nach einer ersten Phase der Ich-Zentrierung,
in der jede/r Einzelne ihr/sein Anliegen innerlich in den Mittelpunkt stellt

---

[123] COHN/FARAU, Gelebte Geschichte, 16f.
[124] COHN, RUTH C., Über den ganzheitlichen Ansatz der themenzentrierten Interaktion. Eine
Antwort an Dr. med. Peter Petersen, in: Integrative Therapie 5 (1979) 252–258, hier: 253.
[125] COHN, RUTH C., Zur Grundlage des themenzentrieten interaktionellen Systems: Axiome,
Postulate, Hilfsregeln, in: Gruppendynamik 3 (1974) 150–159, hier: 150.
[126] MATZDORF/COHN, Themenzentrierte Interaktion, Sp. 1272–1314; MATZDORF, PAUL/
COHN, RUTH C., Das Konzept der Themenzentrierten Interaktion, in: LÖHMER, CORNE-
LIA/STANDHARDT, RÜDIGER (HG.), TZI. Pädagogisch-therapeutische Gruppenarbeit nach
Ruth C. Cohn, Stuttgart 1992, 39–92.

und erwartet, dass sie/er möglichst schnell zu einem greifbaren Ergebnis kommt, einzelne Aspekte der TZI-Haltung wichtiger werden.

Die anthropologisch-ethische Grundlegung von Kommunikationsprozessen durch die TZI-Haltung „entschleunigt" Prozesse. Nicht die möglichst schnelle, konflikt- und störungsfreie und effektive Zielerreichung kennzeichnen Kommunikationsprozesse nach TZI, sondern die Achtsamkeit auf jene Werte, die für jede/n Einzelne/n, für die Gruppe und für die humanisierende Veränderung des jeweils konkreten kirchlichen bzw. gesellschaftlichen Kontextes bedeutsam sind. Umwege und Irrwege bei Einzelnen wie in der Gruppe sind keine Tragödie und keine verlorene Zeit und Energie; sie werden als wiederum thematisierte Lernchancen an- und ernst genommen.

Ein solcher entschleunigender, haltungs- und wertebezogener Kommunikationsansatz muss sich heute mehr denn je dem gesellschaftlichen, kirchlichen und wissenschaftlichen Effektivitätsparadigma stellen. Die Erwartung, schnell zu Wissen zu kommen und/oder eine Methode des effektiven Kommunizierens kennen und handhaben zu lernen, dominiert die Anfangserwartung auch in theologierelevanten Gruppen. Das empirische Evaluationsparadigma, nachdem alles gemessen wird, was „produziert" wird, sitzt auch GeisteswissenschaftlerInnen und Kirchenmenschen inzwischen tief in den Knochen. Diese Effizienzerwartung – manchmal legt sie sich geradezu traumatisch über den Beginn einer Gruppe – begegnet in theologisch orientierten TZI-Gruppen zumindest in einer zweifachen Weise:

• Es muss „in der Sache" schnell weitergehen.
• Die „TZI-Methode" muss möglichst effektiv in kurzer Zeit erlernbar sein.

Das Ernstnehmen jeder/jedes Einzelnen, ihrer/seiner Gewordenheit und Zukunftsfähigkeit, und der Prozesse in der Gruppe, einschließlich der Widerstände und Störungen, entzieht sich weitgehend den quantitativen Messungen. Gleichzeitig eröffnet es eine neue Aufmerksamkeit auf das, worum es bei theologischen Themen wirklich geht: Nicht um ein dem Menschen in seinen Beziehungen außen bleibendes Wissen, das man sich theoretisch aneignen kann, sondern um eine den ganzen Menschen umfassende Gewissheit, welche die Existenz des Menschen prägt und sich prozesshaft beim Einzelnen und in der Gruppe Schritt für Schritt erschließt. In Analogie zu E. Fromm kann man sagen, dass der theologischen Erkenntnis nicht der Charakter des „Habenwissens", sondern der des „Seinswissens" eigen ist. Theologie gestaltet sich als ein lebenslanger Suchprozess nach der „das Leben gewiss machenden Wahrheit"[127]. Dieser Suchprozess kann nur kommunikativ, durch LeiterInnen und TeilnehmerInnen gemeinsam, erfolgen.

---

[127] Vgl. NIPKOW, KARL ERNST, Grundfragen der Religionspädagogik, Bd. 3: Gemeinsam leben und glauben lernen, Gütersloh 1982.

Bedenkt man, wie effizienzzentriert kommunikative Ansätze auf „das was wirkt" hin ausgebeutet und von ihrem mehr oder minder vorhandenen anthropologisch-ethischen Hintergrund abgetrennt werden (2. Kapitel), dann kann der Rekurs auf die TZI-Axiomatik nur als Umweg und „Bremse" erlebt werden. „Je mehr du zu tun hast, umso langsamer geh!", dieser Ausspruch, den R. Cohn angesichts ständiger Beschleunigung den TZI- GruppenleiterInnen mitgibt, ermutigt auch in der Praxis, die TZI-Haltung nicht von ihren methodischen Konsequenzen zu trennen; ja im Gegenteil, die TZI-Haltung als die eigentliche Methode einzuüben.

Wie eine solche haltungsorientierte, entschleunigende Gruppenarbeit bei TheologInnen das ganze Leben umgreifen kann, zeigen einige Ausschnitte aus qualitativen Interviews, die im Rahmen einer Diplomarbeit mit TeilnehmerInnen des Universitätslehrganges für Kommunikative Theologie gemacht wurden, der an der Theologischen Fakultät Innsbruck durchgeführt wird[128].

K: Also das erste, was mir einfällt, es ist ganz anders gelaufen. Es gab keinen einzigen Vortrag. Es gab einmal einen kurzen Input, hat der N. N. das genannt. So über die Methoden der TZI und in Kombination mit Theologie, wie das aussehen kann. Das war spannend und interessant, aber die eigentliche Kommunikative Theologie, um die es hier geht, die sind wir selber, sag ich einmal. Das heißt, wir sind dabei, ah, prozessorientiert die Themen zu entwickeln, die Erkenntnisse zu erlangen, um die es da geht. Und das ist ah wirklich sehr spannend, und ich hab diese Woche schon ein paarmal an unser Gespräch am Anfang gedacht. Und da ist mir so eingefallen, ich hab unter anderem gesagt, ich will Spannendes erfahren und neue Erkenntnisse und so. Also es geht in diese Richtung. Ich bin sehr, sehr froh, dass ich da bin. Es ist auch sehr meditativ, es ist überaus berührend, was da geschieht.
Es ist, und das ist nicht übertrieben, ein Stück weit lebensverändernd. Ich bin also wirklich auch in meiner Persönlichkeit, in meinen Glaubens – und Lebensfragen, in meinen theologischen Konstrukten, die ich mit mir herumtrage, angefragt. Und das jeden Tag.
Und das manchmal bis hinein in sehr grundlegende Dinge.
Und das ist, das macht man sonst nicht so leicht. Das ist wirklich sehr spannend.

I: Sie haben gesagt, es ist ganz anders gelaufen, es sind kaum Vorträge gehalten worden, so wie sie sich das vorgestellt haben, es war

---

[128] Nähere Informationen zum Universitätslehrgang Kommunikative Theologie finden sich unter: http://praktheol.uibk.ac.at/komtheo/lehrgang/

berührend. Wie würden Sie das jetzt beschrieben, diesen ersten Teil, wie er bisher gelaufen ist.

K: Ja, also, wenn man sich eine Vorlesung an der Uni vorstellt, ah, Hörsaal mit 150 Leuten. Vorn, der Professor kommt herein, spaziert vorne auf und ab, wie es sehr viele tun, oder stellt sich vorne an sein Pult, wie es sehr viele tun, und erzählt eine Stunde lang, man sitzt hinten und schreibt mit und geht mit guten oder weniger guten Erkenntnissen nach Hause.
Das Gegenteil von dem findet hier statt.
Wir sitzen also im Sesselkreis von Anfang an. Wir haben diesen Sessel-kreis nur verlassen, um in Gruppen zu arbeiten, das heißt, um wieder im Kreis zu sitzen. Auch natürlich, Einzelarbeiten hat es auch gegeben.
Also man hatte Aufgaben mit Fragen, wo ich mich persönlich zunächst damit beschäftige, die ich dann in der Gruppe reflektiere.
Aber wir haben diesen Sesselkreis, ich betone das noch einmal, nie ver-lassen. Also es gab nie eine andere Sitzordnung. Mit einer Ausnahme, fällt mir gerade ein. Gestern Nachmittag hatten wir die Präsentation der EDV-Geschichte, der Home-Page der Uni, wo wir auch virtuell einiges lernen können. Da sind wir hintereinander gesessen, wie das auf die Wand projiziert worden ist, also aus rein technischen Gründen.
Ansonsten war alles sehr kommunikativ, und alles ist im Miteinander und durch das Miteinander geprägt worden.
Ah, eigentlich, wenn ich jetzt im Nachhinein das sehe, fast zwingend notwendig.
Wenn es darum geht Biografie und Theologie zu verbinden, so kann es ja niemanden geben, der mir diese Verbindung herstellt.
Der einzige Mensch auf der Welt, der meine Verbindung von Biogra-fie zur Theologie herstellen kann, das bin ich. Natürlich angeleitet in einer Gruppe, ah, ein wenig, ja, geleitet, gesteuert wäre mir zu stark, geleitet, motiviert, begleitet durch andere Menschen, die auf dem glei-chen Weg sind.
Und das Tolle dabei ist oder eine weitere Stärke dieses, dieser Art zu lernen ist, dass die Leiterin, und der Leiter, der N. N. und die N. N., das werden nachher auch noch andere sein, auch immer mittun. Das heißt, es gibt keinen einzigen Prozess, wo sie nicht dabei sind.
Also wenn Kleingruppen gebildet werden, ist es selbstverständlich, dass die N. N. und der N. N. auch in einer Kleingruppe mitarbeiten.
...
K: Und sich voll auch einbringen, in ihren Fragen, mit der gleichen Grundlage wie wir alle.

146

I: Also keine klassische Differenz: Lehrer – Schüler ...

K: Überhaupt nicht. Nein. Das gibt es überhaupt nicht. Es ist also eine komplett neue Art des Lernens und des Lehrens. Die ist auch gestern vom Leitungsteam noch einmal für uns alle reflektiert worden. Auch in Bezug auf Prüfungen, wie das ablaufen soll, auf die Master-Thesis und auf die anderen Dinge, die noch notwendig sein werden, auf das Auslandsprojekt, das es ja geben wird. Also das ist ein wirklich gut überlegtes Konzept.

Es ist mehr, wenn man Dinge, es gibt natürlich sehr gut Vortragende, sehr gute Referenten und Referentinnen, und da bin ich auch einer, der weit fährt, um einen guten Referenten zu hören, aber, ich mein das ist eh eine alte Erkenntnis aus der Lernpsychologie, aber es ist ein Stück mehr, wenn man das selber erlebt hat. Und hier haben wir die Chance, ah, die Dinge selber zu erleben.

Natürlich muss ich mir auch überlegen, ah, hier sind lauter Leute, die schon eine gewisse Ausbildung mitbringen, Berufserfahrung mitbringen, und. Aber die Richtung, in der ich bei meiner eigenen beruflichen Tätigkeit etwas verändern werde, die ist mir jetzt schon klar.

I: Also da haben Sie hier Impulse bekommen, das zu machen?

K: Ja.

I: Ah, mich würd jetzt bezugnehmend auf das Thema „Theologie und Biografie", das ja das Motto für diese Woche war, ah, interessieren, ob sich für Sie in dieser Hinsicht auch etwas getan hat?

K: Es ging, um es auf den Punkt zu bringen, um Umbrüche und Brüche im Leben. Und es ging darum, zuerst einmal die Biografie zu reflektieren, Geschichten zu erzählen, aus der Biografie heraus. Und das bringt einfach das Leben noch einmal neu in Schwingung, sag ich mal. Das hat mich also schon einmal ergriffen. Und das hat sich dann, ah, vertieft, gesteigert wäre das falsche Wort, vertieft hat sich das. Ah, wo wir dann immer stärker uns den Kopf und auch unser Herz, würd ich sagen einmal, ausgeschüttet haben einander. Kopf zerbrochen, Herz ausgeschüttet.

Ah, wie passt denn unsere Theologie zu unserer Biografie, in welcher Beziehung stehen sie zueinander? Also wir haben uns unsere Biografie angeschaut, unsere Theologie, und umgekehrt. Und das sehr Interessante dabei ist, wie sehr es Ähnlichkeiten gibt. In den dunklen wie auch in den hellen Momenten des Lebens.

Obwohl ja das immer wieder die Gruppen, ich mein: wir waren bunt gemischt, und man hat, ist fast immer, bis auf eine Ausnahme, da waren wir zweimal die gleichen vier, ah immer mit neuen Leuten, was sehr, muss ich schon sagen, auch sehr herausfordernd ist. Man hätte

*ja manchmal so ein inneres Bedürfnis, na ja, mit denen kann ich gut
jetzt, das hab ich schon erlebt, jetzt würd ich gerne weiter.*

*Aber das ist eben hier anders geplant, und das hat auch seine Stärke,
denk ich mir.*

*Und man hört immer andere Geschichten und von anderen, und man
lernt auch die Dinge immer anders, von der anderen Seite aus zu
sehen.*

*I: Also, Ihr habt dann die Gruppen gewechselt, Sie waren dann in einer
neuen Gruppe, wieder neue Gesichter, wieder neue Geschichten.*

*K: Ich würde mich jetzt schwer tun, mit wem aus der großen Gruppe
ich noch nicht in einer Kleingruppe gewesen bin.*

*Ah, das macht das sehr herausfordernd, z. T. auch natürlich sehr
anstrengend.*

*Also ich bin am Abend schon sehr müde. Das ist also sicher anstren-
gender und herausfordernder, ah, als sich hinsetzen und zuhören und
mitschreiben.*

*B: Ich habe 'Kommunikative Theologie' noch nie so reflektiert, auch
vorher nicht, ich habe aber gespürt, und das ist wahrscheinlich auch
meine Art zu leben, ich habe im ersten Gespräch erzählt, wie ich Theologie erlebt habe im Kloster und dann auf der Fakultät. Und für mich
passiert Kommunikative Theologie im Kloster. Wo wir uns miteinander
in die Haare gekommen sind. Wo wir miteinander auch gebetet haben.
Wo wir dann auch die Messe gefeiert haben. Irgendwie hat mich das
durch das Leben begleitet. Einfach das Erlebnis damals, aber die Art
miteinander umzugehen, miteinander auch in religiöse Fragen einzusteigen. Bis hin religiöse Überzeugungen auszudrücken. Überhaupt
Überzeugungen auszudrücken, das habe ich damals sehr stark erlebt.
Und das ist mir geblieben. Und ich glaube heute noch, das Wort 'Kommunikative Theologie' ist ja erst später aufgekommen, dass das damals
passiert ist, zumindest ansatzweise. Ich glaube dass sehr viel passiert
ist. Ich schätze mich persönlich so ein, dass, ich spüre, was Kommunikative Theologie ist. Ich kann es nur nicht im Einzelnen benennen. Also
in den einzelnen Phasen, wie sich das dann entfaltet."[129]*

---

[129] Die Interviews wurden im Rahmen einer qualitativen Untersuchung des Universitätslehrganges durchgeführt: DÜRLINGER, JOHANNES, „Wie das dann stimmig wird..." – Theologie
und Biografie. Ein Beitrag zur Evaluierung der ersten Kurswoche des Innsbrucker Universitätslehrganges „Kommunikative Theologie", unveröff. Dipl. Arbeit: Innsbruck 2002.

Nachfragen
- *Wie erlebe ich das Verhältnis von Effizienz und „Tiefgang" in meiner Arbeit, im Studium, in Gruppen?*
- *Welche Erwartungen/Erfahrungen, die in den Interviews der TeilnehmerInnen des Universitätslehrganges Kommunikative Theologie zum Ausdruck kommen, kann ich mir gut vorstellen, welche überhaupt nicht?*
- *Wobei würde mir ein „entschleunigendes" (Gruppen-)Konzept helfen, wobei würde es mich behindern?*

2. Die TZI-Axiome

Nach den einführenden Überlegungen zur TZI-Axiomatik fragen wir nach den einzelnen Axiomen und ihrer Bedeutung in der theologischen Gruppenarbeit.

a) Selbststand und Bezogenheit des Menschen greifen dialektisch ineinander

Das erste, das „existentiell-anthropologische TZI-Axiom" enthält explizite Aussagen zum Wesen des Menschen: Wie autonom ist er und was bedeutet seine Autonomie? Wie bezogen auf andere und auf anderes ist er und was bedeutet seine Bezogenheit? Im existentiell-anthropologischen Axiom wird eine in doppelter Weise ganzheitliche Sicht des Menschen deutlich: „… sowohl der einzelne Mensch für sich als auch als Bestandteil der Umwelt bilden ein Ganzes"[130]. Der Mensch kann also nicht sinnvoll nach sich fragen, ohne zugleich alle und alles einzubeziehen. Diese ganzheitliche Autonomie des Menschen bezieht sich auf Fühlen, Denken und Handeln. R. Cohn warnt vor einem falschen Autonomieverständnis, das allein die Eigenständigkeit des Menschen in den Mittelpunkt stellt. Damit grenzt sie sich zu therapeutischen Richtungen ab, die sich gemeinsam mit TZI auf die Humanistische Psychologie berufen, die aber die Autonomie überbetonen. Der Mensch ist zwar biologisch und geistig eigenständig; er ist eine lebendige Einheit. Aber ebenso gilt, dass er in wechselseitiger Abhängigkeit mit Mitmenschen und mit allen Gegebenheiten, also mit der „Welt" steht[131]. Eigenständigkeit

---

[130] QUITMANN, HELMUT, Humanistische Psychologie, 197.
[131] Wolfgang Palaver verdanke ich (M.S.) den Hinweis auf eine gewisse Parallele zu R. C. Cohns Interdependenzverständnis im Roman „Brüder Karamasoff" in den Worten des Staretz Sossima: „Jener Jüngling, der mein Bruder war, bat die Vöglein um Verzeihung: das mag auf den ersten Blick sinnlos erscheinen, ist aber doch richtig, denn alles ist wie ein Ozean, alles fließt und berührt sich, an einer Stelle rührst du es an, und am anderen Ende der Welt wird es gespürt und hallt es wider. Mag es unvernünftig sein, die Vöglein um Ver-

und Anteilhaftigkeit sind dialektisch verschränkt: „Ich bin um so autonomer, je mehr ich die Welt bewusst in mich einlasse"[132]. Wachsendes Selbstbewusstsein hat wachsendes Weltbewusstsein zur Folge und umgekehrt.

Mit der dialektischen Verschränkung von Autonomie und Interdependenz zusammenhängend berührt das erste Axiom in der ursprünglichen Form auch die Frage nach dem Verhältnis von Vergangenheit, Gegenwart und Zukunft. In Ansätzen der Humanistischen Psychologie wie der Gestalttherapie wird fast ausschließlich das „Hier-und-Jetzt" betont: Was ich im Moment „ganzheitlich", also mit „Hirn, Herz und Hand" erlebe, ist von Bedeutung, anderes nicht. Demgegenüber betont R. Cohn den Zusammenhang von Geschehnissen in Vergangenheit, Gegenwart und Zukunft:

„Mein Hier-und-Jetzt ist nur eine meiner menschlichen Dimensionen. Ich habe auch andere. – Die Hier-und-Jetzt-Welt ohne Bewusstwerden ihrer ihr innewohnenden Zukunft ist seicht."[133]

Auf diesem Hintergrund formuliert R. Cohn das „existentiell-anthropologische" Axiom:

„Der Mensch ist eine psychobiologische Einheit und ein Teil des Universums. Er ist darum gleicherweise autonom und interdependent. Die Autonomie des einzelnen ist umso größer, je mehr er sich seiner Interdependenz mit allen und allem bewusst wird."[134]

Ergänzend zum ersten Axiom gilt: Menschliche Erfahrungen, Verhalten und Kommunikation unterliegen interaktionellen und universellen Gesetzen. Geschehnisse sind keine isolierten Begebenheiten, sondern bedingen einander in Vergangenheit, Gegenwart und Zukunft.

Die Spannung zwischen der Eigenständigkeit des Menschen, also seiner Autonomie und seiner Anteilhaftigkeit, scheint für TheologInnen gelöst zu sein: Der freie Mensch verwirklicht seine Freiheit in liebender Beziehung. Seine bedingte Freiheit ist keine Spielwiese zum Ausagieren autonomistischer Machtträume und seine Bezogenheit ist kein Kerker, in dem man sich mit Haut und Haar für andere aufopfern muss. So klar diese Theorie über den Menschen in einer christlichen Anthropologie sein mag, so schwierig

---

zeihung zu bitten, aber auch den Vöglein wäre es doch leichter, auch dem Kinde wie jedem Tier in deiner Nähe, wenn du selbst schöner wärest, als du jetzt bist, und wäre es auch nur um ein Tröpfchen mehr. Alles ist wie ein Weltmeer, sage ich euch. Dann würdest du auch zu den Vöglein beten, gequält von allumfassender Liebe, wie in einer Begeisterung, und würdest darum bitten, daß sie dir deine Sünde verzeihen. Diese Begeisterung aber sei dir teuer, halte sie heilig" (DOSTOJEWSKI, FJODOR M., Die Brüder Karamasoff. Aus dem Russischen übertragen von E. K. Rahsin. Mit einem Nachwort von I. Rakusa. München 1996, 523f.). Diesem Hinweis sollte in der weiteren Forschung zu den TZI-Axiomen nachgegangen werden.

[132] COHN/FARAU, Gelebte Geschichte, 357.
[133] COHN, Die Selbsterfahrungsbewegung, 167.
[134] COHN/FARAU, Gelebte Geschichte, 356.

ist es in der theologischen und kirchlichen Praxis, die Dialektik von Autonomie und Anteilhaftigkeit konkret zu leben. Die Herausforderung dieser Dialektik zeigt sich in verschiedenen Gesichtern, die in TZI-Gruppen mit TheologInnen immer wieder auftauchen:

- Als Auseinandersetzung zwischen den sich als welt- und menschenbezogen verstehenden „befreienden" Theologien gegenüber den sich als gottbezogen verstehenden „frommen" Theologien.
- Als Kampf zwischen den autonomiebedachten, sich emanzipierenden TheologInnen und SeelsorgerInnen und „opferbereiten" kirchlichen MitarbeiterInnen.
- Als Akzentuierung der Selbstliebe gegenüber der Nächsten- und Gottesliebe.
- Als Verkündigung des aus Rollenzwängen befreienden, zur Eigenständigkeit führenden Evangeliums gegenüber einem Evangelium, das die Einpassung in ein kirchliches Normen- und Wertesystem forciert.

Wenn TheologInnen in TZI-Gruppen kommen, werden sie in existentielle thematische Auseinandersetzungen mit ihrem Selbstverständnis und mit ihren Rollen verwickelt, denen ein Menschenbild zu Grunde liegt, welches die Dialektik von Autonomie und Interdependenz zu verschränken versucht. Die tötende „Alternative" zwischen „gottgewolltem" sich Hingeben und „autonomieverliebter" Abgrenzung und Verweigerung der Hingabe an andere und anderes bricht auf. In welche Dimensionen gerade diese Thematik führen kann, wird später (5. Abschnitt) ausgeführt.

b) Option für das Leben

Im zweiten, dem sogenannten „ethischen" Axiom trifft R. Cohn eine wertende Entscheidung für den Sinn und Wert menschlichen Lebens und Handelns. Sie formuliert:

> „Ehrfurcht gebührt allem Lebendigen und seinem Wachstum. Respekt vor dem Wachstum bedingt bewertende Entscheidung. Das Humane ist wertvoll; Inhumanes ist wertbedrohend."[135]

Die eindeutige Option für den Wert des Lebens schließt die Ehrfurcht vor der Natur ein. Das Humane kann man am liebenden, erkennenden und danach handelnden Verhalten, das Inhumane am absondernd „Sündigen" und Achtlosen erkennen[136]. Es erhebt sich die Frage, woher für R. Cohn die Unterscheidung von „Gut und Böse", die im ethischen Axiom im Hinblick auf das Leben und das Menschliche getroffen wird, kommt.

---

[135] COHN/FARAU, Gelebte Geschichte, 357.
[136] MATZDORF/COHN, Das Konzept, 62.

151

„Ich glaube nicht, dass Auserwählten ein *absolutes* Gut und Böse offenbart wird. Doch ich glaube, dass uns ein ‚unabdingbares‘ Gut und Böse führt, dessen Richtung nicht statisch und unbeweglich gebunden, sondern inneren und äußeren Gegebenheiten zugeordnet ist. Tat und Täter können nur in ihren Gesamtzusammenhängen ethisch verstanden werden. Ethische Werte sind unabdingbar, *und* sie sind prozessabhängig. Wer sich als perspektivisch, also begrenzt erkenntnisfähigen Menschen ansieht, weiß, dass Gut und Böse von verschiedenen Perspektiven her verschieden aussehen. Ich kann nur *meine* Wahrheit sagen und nicht *deine*. Doch ich glaube, dass es gar keine verschiedenen Aspekte des Ethos geben könnte, wenn sie sich nicht auf die Realität eines unabdingbaren Zentrums beziehen würden. … Ich glaube, dass alle Interpretationen von Gut und Böse sich auf ein interpretiertes, unabdingbares Zentrum beziehen; obwohl die Interpretationen selbst irreführend sein können.“[137]

R. Cohn vertritt die Hypothese eines „angeborenen“, „organismischen Wertesinnes“, den zu entfalten eine Überlebensfrage der Menschheit sei und der dem Menschen als autonom-interdependentes Wesen entspreche. Nur wenn der angeborene Wertesinn gerettet, ausgebaut und zur Entfaltung gebracht wird, kann die zunehmende Rationalisierung und Zerstückelung der Welt aufgehalten und die atomare Zerstörung abgewendet werden.

„Ich halte es für möglich, dass eine Werte-Sinn-Entwicklung nicht nur mit evolutionärer Langsamkeit, sondern mit einem transformativen Quantensprung geschehen kann. Wenn die jüdisch-christliche und die humanistische Ethik Werte der Güte und Menschlichkeit lehren und dennoch durch Jahrtausende lächelnde Pessimisten bedauern, die menschliche Natur, die das Recht des Stärkeren vertritt, lasse sich nicht ändern, dann möchte ich dagegenstellen: Die Tatsache, dass etwas bis heute so gewesen ist, bedeutet nicht, dass es immer so bleiben muss. … Tiere mögen Ahnen unserer ethischen Potenz sein; sie mögen Ethik ‚ahnen‘. … Doch zwischen ihnen und uns besteht ein qualitativer Unterschied, der uns Freiheit und Verantwortung, Musik und Ethos anbietet und uns der Aufgabe überlässt, Gemeinschaft zu bilden oder uns zu zerstören.“[138]

Theologisch wird im Zusammenhang mit dem zweiten Axiom die Frage des menschlichen Gewissens relevant. In der grundlegenden Aussage des 2. Vatikanums zum Gewissen heißt es:

„Im Innern seines Gewissens entdeckt der Mensch ein Gesetz, das er sich nicht selbst gibt, sondern dem er gehorchen muss und dessen

---

[137] COHN / FARAU, Gelebte Geschichte, 467.
[138] COHN / FARAU, Gelebte Geschichte, 469f.

Stimme ihn immer zur Liebe und zum Tun des Guten und zur Unterlassung des Bösen anruft und, wo nötig, in den Ohren des Herzens tönt: Tu dies, meide jenes. Denn der Mensch hat ein Gesetz, das von Gott seinem Herzen eingeschrieben ist, dem zu gehorchen eben seine Würde ist und gemäß dem er gerichtet werden wird. Das Gewissen ist die verborgenste Mitte und das Heiligtum im Menschen, wo er allein ist mit Gott, dessen Stimme in diesem seinem Innersten zu hören ist. Im Gewissen erkennt man in wunderbarer Weise jenes Gesetz, das in der Liebe zu Gott und dem Nächsten seine Erfüllung hat. Durch die Treue zum Gewissen sind die Christen mit den übrigen Menschen verbunden im Suchen nach der Wahrheit und zur wahrheitsgemäßen Lösung all der vielen moralischen Probleme, die im Leben der Einzelnen wie im gesellschaftlichen Zusammenleben entstehen. Je mehr also das rechte Gewissen sich durchsetzt, desto mehr lassen die Personen und Gruppen von der blinden Willkür ab und suchen sich nach den objektiven Normen der Sittlichkeit zu richten. Nicht selten jedoch geschieht es, dass das Gewissen aus unüberwindlicher Unkenntnis irrt, ohne dass es dadurch seine Würde verliert. Das kann man aber nicht sagen, wenn der Mensch sich zuwenig darum müht, nach dem Wahren und Guten zu suchen, und das Gewissen durch Gewöhnung an die Sünde allmählich fast blind wird."[139]

Zwischen R. Cohns Option für das Leben und das Humane, ihrer Ansicht zur Unterscheidung von Gut und Böse sowie ihrem „organismischen" Werte-Sinn-Verständnis und der christlichen Auffassung vom Gewissen gibt es Unterschiede und Berührungspunkte. Der gravierendste Unterschied besteht wohl in der Gottbezogenheit der christlichen Gewissensauffassung. Gerade in ihr wird das Kommunikationsverständnis gegenüber einer ausschließlich humanen Bezogenheit radikal transformiert. Im Gewissen als der verborgensten Mitte und dem Heiligtum des Menschen „spricht" Gott zu jedem Menschen, ob dieser sich dessen bewusst ist oder nicht. Weder der Konsens in einem herrschaftsfreien Wertediskurs noch die natürliche Veranlagung des Menschen, das Richtige zu tun, sind mit der kommunikativen „Qualität" der Auseinandersetzung des Menschen mit „seinem" Gott vergleichbar. Von den biblischen Berufungserzählungen über das Ringen von Menschen nach wahrhaftem Tun bis zur Umkehraufforderung Jesu angesichts des kommenden Reiches Gottes (vgl. Mk 1,15), zieht sich eine eindrucksvolle Kommunikationstradition, welche die Konflikthaftigkeit, in der das Leben von Menschen angesichts der „Anrede" durch Gott steht, eindrucksvoll zum Ausdruck bringen.

[139] GS 16.

Gleichzeitig verbindet die „Treue zum Gewissen" die ChristInnen mit den übrigen Menschen „im Suchen nach der Wahrheit und zur wahrheitsgemäßen Lösung all der vielen moralischen Probleme, die im Leben der Einzelnen wie im gesellschaftlichen Zusammenleben entstehen". Die in der Theologie des Zweiten Vatikanums eröffnete Verbindung zwischen allen Menschen durch die Autorität des Gewissens schafft eine Kongruenz zum Wertebewusstsein von TZI. In weltanschaulich und religiös „gemischten" Gruppen sind Themen, welche das Wertebewusstsein, seine Begründung und die Fragen des Gewissens berühren, besonders brisant. Für Menschen, die ihr Gewissensurteil in der gott-menschlichen Kommunikation begründen, kann es herausfordernd sein, mit welcher Redlichkeit sogenannte „HumanistInnen" ethisch handeln. Nicht zuletzt R. Cohn persönlich kann als Leitbild für eine lebenslange, authentische Suche nach den wahren Werten des Menschseins und einem damit verbundenen tiefen Engagement für den Menschen und die Welt gelten.

c) Unter bedingter Freiheit verantwortlich handeln

Das dritte, das „pragmatisch-politische Axiom" fordert die Pragmatik, also den Realismus gegenüber dem Traum von einer unbedingten Freiheit des Menschen ein. Es verbindet das Innen und Außen und es bezieht die drei Axiome aufeinander:

„Freie Entscheidung geschieht innerhalb bedingender innerer und äußerer Grenzen, Erweiterung dieser Grenzen ist möglich. Unser Maß an Freiheit ist, wenn wir gesund, intelligent, materiell gesichert und geistig gereift sind, größer, als wenn wir krank, beschränkt oder arm sind und unter Gewalt und mangelnder Reife leiden. Bewusstsein unserer universellen Interdependenz ist die Grundlage humaner Verantwortung."[140]

Das Paradox einer nicht unbedingten Freiheit, sondern einer Freiheit in Bedingtheit prägt die Wirklichkeit menschlicher Existenz. In jeder Situation sind innere und äußere Grenzen wirksam. Entscheidend ist, dass die Grenzen veränderbar sind. Hier kommt die Geschichtlichkeit menschlicher Existenz und menschlichen Handelns nochmals deutlich zu Bewusstsein. Human verantwortlich handelt der Mensch also gerade dann, wenn er um die universale Bedingtheit der Freiheit weiß, aber den Freiheitsspielraum innerhalb des „Globes" nützt.

---

[140] COHN, Von der Psychoanalyse, 120.

Nachfragen
- *Mit welchen Werthaltungen (Axiomen) der TZI kann ich mich identifizieren, welche würde ich modifizieren bzw. relativieren, welche lehne ich ab?*
- *Wie sehe ich den Zusammenhang zwischen den TZI-Axiomen und christlichen Glaubenseinsichten: Was schlägt sich, was verträgt sich?*
- *Welche Bedeutung sehe ich in einer wertebezogenen Kommunikationshaltung? Wo erlebe ich innerhalb und außerhalb der christlichen Kirchen das Gegenteil?*

3. Unverzichtbare „Spielregeln" der TZI-Haltung: Die Postulate

Aus den anthropologisch-ethischen Implikationen der TZI-Axiome ergeben sich zwei unverzichtbare „Spielregeln", die als „existentielle Daseinspostulate"[141] der TZI bekannt geworden sind. Sie sind sozusagen die „Nahtstelle" zwischen den Axiomen, also den existentiell-anthropologischen, ethisch-sozialen und pragmatisch-politischen Grundlagen und der „Methodik" von TZI, die auf ein lebendiges, ganzheitliches Lernen abzielen. Die Postulate wären missverstanden, wenn sie als „Aufforderung aus der Position des ‚Schon-Wissenden' an andere in der Position des ‚Noch-nicht'"[142] verstanden würden. Sie sind „die Aufforderung des Gleichen unter Gleichen"[143].

a) „Be your own chairperson"

Wie lässt sich die innere und äußere Aufmerksamkeit der TZI-Haltung konkret leben? Wie lässt sie sich beim Kommunizieren in und beim Leiten von Gruppen realisieren?
- Als Aufmerksamkeit auf körperliche Empfindungen, auf wechselnde Gefühle, auf Grundstimmungen, Intuitionen, Phantasien, Wertungen usw. ebenso wie
- als Aufmerksamkeit auf die einzelnen Anderen, auf den Prozess in der Gruppe und auf das, was in der Welt im Moment geschieht.

Wie kann ein Mensch angesichts der unterschiedlichen Gegebenheiten handlungsfähig bleiben und nicht zwischen den verschiedenen Wahrnehmungen, Gefühlen und Gedanken „zerrieben" werden? Zunächst geht es darum, nicht äußerlich etwas „zu machen", sondern sich selbst wahrzunehmen und zu akzeptieren, wie man ist. Gleichzeitig fordert das Chairperson-Postulat dazu auf, „in der Bewusstheit seiner selbst und der Situation

---

[141] QUITMANN, Humanistische Psychologie, 184.
[142] MATZDORF/COHN, Themenzentrierte Interaktion, Sp. 1272.
[143] MATZDORF/COHN, Themenzentrierte Interaktion, Sp. 1272.

Entscheidungen zu treffen und die Verantwortung zu übernehmen"[144]. R. Cohn formuliert:

„Sei dein/e eigene/r Chairman/Chairwoman, sei die Chairperson deiner selbst.

Dies bedeutet:
– Sei dir deiner inneren Gegebenheiten und deiner Umwelt bewusst.
– Nimm jede Situation als Angebot für deine Entscheidung. Nimm und gib, wie du es verantwortlich für dich selbst und andere willst."[145]

R. Cohn weist darauf hin, dass im früheren amerikanischen Sprachgebrauch der Begriff „Chairman" eindeutig war und die Verantwortung für die Gruppenleitung bedeutete, ohne sich selbst als neutral auszuschließen. Wenn der inzwischen antiquierte Begriff durch „Chairperson" ersetzt wird, dann hat das nicht den selben Klang; er ist auch kaum ins Deutsche zu übersetzen. Am ehesten könnte das Chairperson-Postulat noch heißen: „,Sei deine eigene Leitperson' oder ,Bestimme dich selbst'"[146].

In Analogie zum alten Chairman-Begriff übt jemand seine Chairperson aus, indem sie/er sich zur/zum „Vorsitzenden" ihrer/seiner „inneren Gruppe" macht und eine bewusste und realistische Entscheidung trifft. Angesichts der (post-)modernen Herausforderung vielfältigster Lebensmöglichkeiten, die durch die Medien kommuniziert werden, ist das Chairperson-Postulat eine geeignete Möglichkeit, „Identität in Pluralität" (1. Kapitel) zu leben. Die Vielfalt und Widersprüchlichkeit von Lebensentwürfen wird weder abgeblockt noch verdrängt. Sie wird ernst genommen und zugelassen. Gleichzeitig wird der Mensch aber nicht zum Spielball der Pluralität. Er ist zur je konkreten Entscheidung herausgefordert. Wie die Balance zwischen Vielfalt und Eindeutigkeit gefunden werden kann, wird in einer älteren Formulierung des Postulates deutlich:

„Du bist dein eigener Chairman, deine eigene Leitperson. Höre auf deine inneren Stimmen – deine verschiedenen Bedürfnisse, Wünsche, Motivationen, Ideen; brauche all deine Sinne – höre, sehe, rieche, nimm wahr. Gebrauche deinen Geist, dein Wissen, deine Urteilskraft, deine Verantwortlichkeit, deine Denkfähigkeit. Wäge Entscheidungen sorgfältig ab. Niemand kann dir deine Entscheidungen abnehmen. Du bist die wichtigste Person in deiner Welt, so wie ich in meiner. Wir müssen uns untereinander klar aussprechen können und einander sorgfältig zuhören, denn dies ist die einzige Brücke von Insel zu Insel."[147]

Weil im Chairperson-Postulat nicht nur das Ich, sondern auch das Du und das Wir gesehen werden, erweitert A. Schultze, eine frühe Mitarbeiterin R.

[144] MATZDORF/COHN, Das Konzept, 62.
[145] COHN/FARAU, Gelebte Geschichte, 358.
[146] COHN/FARAU, Gelebte Geschichte, 358.
[147] COHN, Von der Psychoanalyse, 164.

Cohns, das Postulat um den Satz: „… ich leite mich und lasse/schaffe Gelegenheit, dass die anderen sich auch selbst leiten können"[148].

Nach Matzdorf/Cohn drückt sich im Chairperson-Postulat die zentrale therapeutische und politische Intervention von TZI aus. Sie ermöglicht menschliche Individualität und Solidarität[149]. Bei aller Anerkennung der Verschiedenheit von Menschen ermutigt das Postulat zu Gemeinsamkeit auf der Basis echten Dialoges. Damit werden im TZI-Konzept sowohl Individualismus als auch Kollektivismus ausgeschlossen.

Das Chairperson-Postulat „reguliert" auch das Schwanken des Menschen zwischen Überheblichkeit und Resignation. Es ermutigt, nicht der Versuchung nachzugeben, sich in narzisstischer Selbstbespiegelung zum eigenen Gott zu machen und dem modernen Gotteskomplex zu erliegen. Gleichzeitig schützt es vor der lähmenden Ohnmacht, die viele Menschen angesichts der undurchschaubaren wirtschaftlichen und medialen Zusammenhänge ergreift. In einer realistischen Weise macht es die unterschiedlichen Handlungsspielräume des Menschen in der jeweils konkreten Situation bewusst: „Ich bin nicht allmächtig; ich bin nicht ohnmächtig; ich bin partiell mächtig"[150].

Unsere Handlungsspielräume sind keineswegs statisch; sie verändern sich, je nach Alter und Situation. Obwohl jeder Mensch grundsätzlich für sich selbst verantwortlich ist und seine Chairperson ausübt, gibt es Situationen, in denen ich Verantwortung für andere übernehmen muss; das ist vor allem dort der Fall, wo Menschen ihre Bewusstheit verloren oder noch nicht voll erreicht haben.

„Wenn ich einem Kind von fünf Monaten sage: „Sei deine eigene Chairperson, gehe, wenn du willst, und bleibe liegen, wenn du willst!" ist das offenbar absurd. Es versteht weder die Worte, noch kann es sich entscheiden zu gehen. Die Entscheidung ist existentiell vorbestimmt. Ich muss also das Kind oder den behinderten Menschen tragen oder transportieren, wenn dieses notwendig oder wünschenswert für seine Existenz ist. Und so muss ich auch in weniger radikalen Umständen Verantwortung dort und dann übernehmen, wo ich glaube – und diesen Glauben verantwortungsvoll überprüfe –, dass die Wachstumsreifung resp. -behinderung des Kindes oder des Behinderten und meine Lebenssituation mit ihnen mir die Verantwortung übergibt, Entscheidungen für andere zu übernehmen."[151]

[148] SCHULTZE, ANNEDORE, Das gesellschafts-politische Anliegen der TZI, in: STANDHARDT, RÜDIGER / LÖHMER, CORNELIA (HG.), Zur Tat befreien. Gesellschaftspolitische Perspektiven der TZI-Gruppenarbeit, Mainz 1994, 120.

[149] Vgl. MATZDORF/COHN, Das Konzept, 67.

[150] COHN/FARAU, Gelebte Geschichte, 359.

[151] MATZDORF/COHN, Themenzentrierte Interaktion, Sp. 1293f.

b) Disturbance and passionate involvements take precedence

Es gehört zur Eigenart menschlicher Kommunikation und menschlichen Wachstums, dass sie nicht störungsfrei, d. h. ohne innere und äußere Widerstände und Involviertheiten verlaufen. Als ausgebildete Psychoanalytikerin kennt R. Cohn die Lernchancen des Menschen angesichts der Widerstände und durch die Widerstände hindurch. Insofern hat die ursprüngliche Formulierung des sogenannten „Störungs-Priorität"-Postulates nicht jenen negativen Charakter, wie im allgemeinen Sprachgebrauch, wo wir unter Störungen Geschehnisse oder Verhaltensweisen verstehen, die aufhalten, die unangebracht und lästig sind. Die Formulierung „Disturbances and passionate involvements take precedence", also „Störungen und leidenschaftliche Involviertheiten *nehmen* sich Vorrang" erinnert an die Erfahrungen des Gegegenübertragungsworkshops, in dem TZI geboren wurde. Gemeint ist die Wahrnehmung der Realität, in der Störungen „nicht nach Erlaubnis" fragen, sondern einfach da sind: „als Schmerz, als Freude, als Angst, als Zerstreutheit"[152]. Wenn sie unausgesprochen bleiben oder unterdrückt werden, entstehen „die unpersönlichen ‚störungsfreien' Klassenzimmer, Hörsäle, Fabrikräume, Konferenzzimmer"; sie „sind dann angefüllt mit apathischen und unterwürfigen oder mit verzweifelten und rebellierenden Menschen, deren Frustration zur Zerstörung ihrer selbst oder ihrer Institution führt. Das Postulat, dass Störungen und leidenschaftliche Gefühle den Vorrang haben, bedeutet, dass wir die Wirklichkeit des Menschen anerkennen"[153]. Gerade durch die Anerkennung der Störungsrealität besteht die Möglichkeit, sie zu verändern.

Trotz der Herkunft der Störungspriorität aus dem psychoanalytischen Grundsatz, dass der Widerstand vor dem Inhalt bearbeitet werden soll, geht es im TZI-Kontext um einen erweiterten Störungsbegriff: „Störungsquellen im Sinne der TZI sind nicht nur Störungen des ‚Widerstands', der aus ungelöster intrapsychischer Angst entsteht. Störungsquellen können alle inneren emotionalen Vorgänge und äußeren Gegebenheiten sein, die der Zuwendung zum Thema querliegen"[154]. Schon früh zeigt sich in TZI ein Störungsbegriff mit politisch-gesellschaftlicher Bedeutung:

„Wir glauben, dass viele von uns der Störung unterliegen, dass wir das Menschenmögliche übersehen, weil wir uns vom Menschen-Unmöglichen lähmen lassen. Vielleicht ist das unser wichtigstes generatives Thema: ‚Was tue ich als einzelner oder als kleine Gruppe angesichts

---

[152] COHN / FARAU, Gelebte Geschichte, 359.
[153] COHN, Von der Psychoanalyse, 122.
[154] MATZDORF / COHN, Themenzentrierte Interaktion, 1294.

der unüberschaubaren Faktoren, die zu Lösungen von politischen und sozialen Problemen nötig zu sein scheinen?' Die Störung sagt also: ‚Es ist unmöglich, es ist zuviel. Wir können keine Lösung finden für all das Zerstörerische, Sinnlose, Ungerechte, das vor sich geht.' *Ist möglicherweise die Fragestellung selbst die Ursache solcher Störung?* ... Wir glauben, dass wir der Störung: ‚Es ist zuviel, zu kompliziert, zu deprimierend, um etwas politisch zu tun' begegnen können mit der Politik der kleinen Schritte und dem Glauben an humane Werte."[155]

Nach Ockel/Cohn bestehen die ersten Schritte gegen die Störung des Unvermögens im Politischen im bewussten Wahrnehmen der eigenen Möglichkeiten und Kräfte, aber auch der Überlegungen, wo ich mich anderen anschließen könnte.

„Wann brauche ich Ruhe und Stille zum Denken und zum Meditieren und zum Erkennen, und *wann wird diese Ruhe und Stille zur Flucht* vor etwas, was mir eigentlich wichtiger ist? Wann brauche ich Aktivität und Solidarisierung zu einer konstruktiven Haltung, und wann ist das *Handeln Flucht vor der Bewusstheit anderer Konflikte* und vorrangiger Strebungen in mir? *Welche Prioritäten setze ich für mich als privates Ich und als politischer Wir-Anteil, so dass ich meine Möglichkeiten, Erkenntnisse und die augenblickliche psychosomatische und geistige und familiäre Situation realistisch einbeziehe?* "[156]

Das folgende Schaubild fasst die Axiome und Postulate im Überblick zusammen und verbindet sie mit dem Arbeitsprinzip der TZI

[155] OCKEL, ANITA/COHN, RUTH C., Das Konzept des Widerstands in der themenzentrierten Interaktion. Vom psychoanalytischen Konzept des Widerstandes über das TZI-Konzept der Störung zum Ansatz einer Gesellschaftstherapie, in: LÖHMER, CORNELIA/STANDHARDT, RÜDIGER (HG.), TZI. Pädagogisch-therapeutische Gruppenarbeit nach Ruth C. Cohn, Stuttgart 1992, 177–206, hier: 202.
[156] OCKEL/COHN, Das Konzept des Widerstands, 202f.

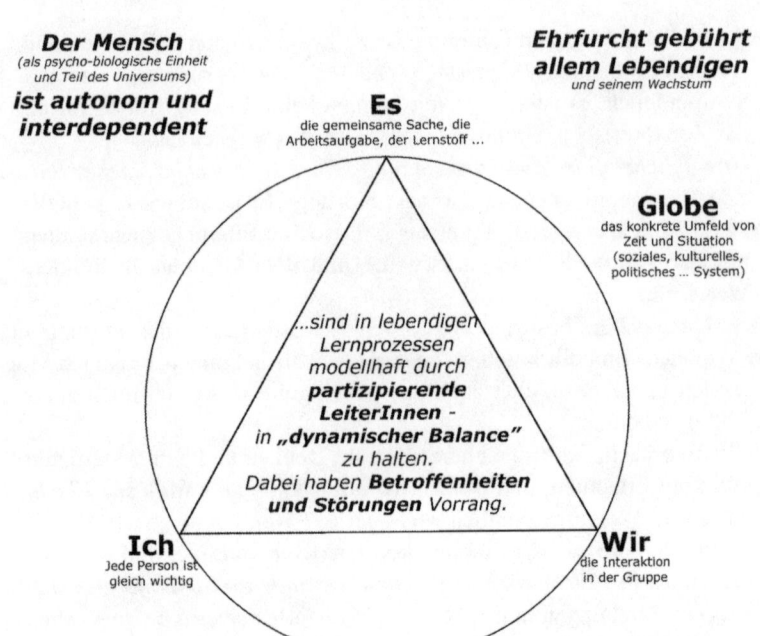

Der Mensch
(als psycho-biologische Einheit und Teil des Universums)
ist autonom und interdependent

Es
die gemeinsame Sache, die Arbeitsaufgabe, der Lernstoff ...

Ehrfurcht gebührt allem Lebendigen
und seinem Wachstum

Globe
das konkrete Umfeld von Zeit und Situation (soziales, kulturelles, politisches ... System)

...sind in lebendigen Lernprozessen modellhaft durch **partizipierende LeiterInnen** - in *„dynamischer Balance"* zu halten. Dabei haben **Betroffenheiten und Störungen** Vorrang.

Ich
Jede Person ist gleich wichtig

Wir
die Interaktion in der Gruppe

Freie Entscheidung geschieht innerhalb bedingender innerer und äußerer Grenzen. Erweiterung der Grenzen ist möglich.

Abbildung 14

Nachfragen
- *Was sagt mir das „Chairperson-Postulat" für meine alltägliche Kommunikationspraxis? Wann bin ich mir meiner Chairperson bewusst und übe sie aus, wann nicht?*
- *In welchen Situationen erlebe ich die „Gruppe" der verschiedenen „inneren Stimmen" in mir? Wie kommen ich zu authentischen Entscheidungen?*
- *Was sich für mich normalerweise „Störungen"?*
- *Was wären Störungen nach dem Störungspostulat der TZI?*
- *Wie gehe ich mit Störungen um?*
- *Was wird mir aus dem Störungspostulat der TZI für meine alltägliche Kommunikation und für mein Leiten von Gruppen/einer Gemeinde usw. bewusst?*

An zwei Beispielen soll nun gezeigt werden, wie ein theologischer Prozess in der Haltung der Themenzentrierten Interaktion zu einer neuen Aufmerksamkeit und existentiellen Auseinandersetzung der Beteiligten führen kann.

160

4. „Ja und Amen" zum eigenen Leben

Themen, die mit den TZI-Axiomen und -Postulaten zusammenhängen, berühren in der Regel das ganze Leben von Menschen. Ausgehend vom dritten Axiom, der Frage, wie ich unter bedingter Freiheit verantwortlich handeln kann und auch tatsächlich handle, kommt bei vielen Menschen der ganze Lebenslauf ins Spiel. Es taucht die Frage auf, wie ich aus dem „Material" meines faktischen Lebenslaufes „meine" Lebensgeschichte schreibe, wie ich also im Moment mein Leben interpretiere und wie ich es einmal endgültig interpretieren werde.

In sogenannten Persönlichkeitskursen, welche auf die Auseinandersetzung mit der eigenen Biografie abzielen, kann schon ein Einstiegsthema wie „Die Geschichte meines Namens – ich stelle mich euch vor" biografisches Erzählen auslösen. Dazu geben die folgenden oder ähnliche Fragen hilfreiche Impulse:

* Wie heiße ich für mich/für andere?
* Wie heiße ich, wenn ich mehrere Namen habe?
* Wer hat mir die/den Namen gegeben?
* Warum habe ich diesen/diese Namen bekommen?
* Was bedeutet mein Name? Was weiß ich darüber?
* Welche Erfahrungen habe ich im Laufe meines bisherigen Lebens mit meinem Namen gemacht?
* Welche Umformulierungen (Kosename, Rufname usw.) hat er/haben sie erfahren?
* Was mag ich an meinem Namen, was nicht?
* Wie will ich von euch in dieser Gruppe genannt werden?

Die letzte Frage weckt bei manchen Gruppenmitgliedern den Mut, eine vergessene oder eine erwünschte Variante des eigenen Namens zu erproben. Noch intensiver geht es an die eigene Interpretation des Lebens heran, wenn z. B. thematisiert wird: „Meine Geschichte ..., was lockt mich?, was hält mich zurück?, was will ich hier mit euch?" Beim nicht-therapeutischen Umgang mit der eigenen Lebensgeschichte, wie er in TZI-Gruppen geübt wird, ist das biografische Erzählen[157] besonders wichtig. Die eigenverantwortliche Form (vgl. Chairperson) zwischen Verschweigen bzw. Verdrängen und „Seelenstriptease" muss gefunden werden. Dazu hilft der sensible Wechsel in den Arbeitsformen:

* In der Einzelarbeit kann ich in Texten, in Formen und Farben, in Musik oder Tanz alles zum Ausdruck bringen, was im Moment „meins" ist.

---

[157] Vgl. u. a. SCHARER, MATTHIAS, An Lebensgeschichten Anteil nehmen – eine Chance für Verkündigung und Gemeindekatechese?, in: Diakonia 26 (1995) 24–29.

- Im Austausch in einer (möglichst selbstgewählten) kleinen Gruppe kann ich mich so weit öffnen, wie es im Moment für mich richtig ist. Für das biografische Arbeiten ist es am Beginn eines Kurses besonders wichtig, der Kleingruppenbildung genügend Zeit und Raum zu geben.
- Im Plenum der ganzen Gruppe werden beim biografischen Erzählen in den ersten Tagen einer neuen Gruppe in der Regel „Metathemen" behandelt: Wie ist es mir in der Einzelbeschäftigung ergangen? Wie kam es zur Wahl „meiner" Kleingruppe? Was war für mich dort möglich/was war nicht möglich? Wie und womit komme ich zu euch in das Gruppenplenum zurück?

In biografisch angelegten TZI-Kursen wird in der Regel bereits gegen Ende des ersten Tages die Frage virulent, wie aus so unterschiedlichen Lebensgeschichten und Interessen ein gemeinsamer Faden für eine Kurswoche gesponnen werden kann. An dieser Frage scheitern viele gutgemeinte Versuche, etwa in der theologischen Erwachsenenbildung, an der Biografie der TeilnehmerInnen zu arbeiten. Die Fäden müssen zusammengeführt werden, ohne dass eine gekünstelte Vereinheitlichung stattfindet, bei der sich Einzelne nicht mehr ernst genommen fühlen. Dazu bedarf es eines gut geplanten Zusammenspiels von LeiterInnen und TeilnehmerInnen. Das ist möglich, wenn etwa unter dem Thema „Unsere Anliegen für diesen Kurs" von der ganzen Gruppe, einschließlich der LeiterInnen, ein großes „Domino" gelegt wird, für das jede Person drei Anliegen einbringen kann, die jeweils einzeln auf ein Blatt geschrieben werden. In diesem spielerischen „Andocken" zusammengehörender und im Abgrenzen unterschiedlicher Anliegen entsteht eine erste Struktur, bei der Überschneidungen, Häufungen von Anliegen, Einzelanliegen sichtbar werden. Unter klarer Leitung kann die Gruppe Umstrukturierungen vornehmen, bis eine Art „Gruppenplan" entsteht, welcher der Planungsgruppe zur Weiterarbeit und zur Orientierung für die nächsten Tage mitgegeben wird.

Aus dem biografischen Erzählen heraus ergibt sich immer wieder die Frage nach den eigenen Rollen, die ich im Moment in unterschiedlichen Kontexten spiele. Ein Thema wie: „Meine Rollen, die ich spiele (und spielen möchte)" fordert zunächst das Bewusstmachen und die Gestaltung der eigenen Rollenvielfalt heraus. TeilnehmerInnen können etwa mit unterschiedlich großen und gewichtigen Münzen auf einem Blatt ihre Rollen legen und/oder sie für sich aufmalen oder sonst wie darstellen. Der Austausch über das Gestaltete öffnet oft erst die Augen für die Rollenvielfalt, für die Unklarheiten, Überforderungen und Konflikte, die im eigenen Rollensystem liegen. Es kann zur Klärung der Übernahme und der bewussten Verweigerung von Verantwortlichkeiten im Rahmen bedingter Freiheit beitragen, wenn Menschen in Gruppen mit ihren Rollen arbeiten. Gerade TheologInnen sind für Überforderungen anfällig, die sie letztlich ausbrennen lassen.

In die Richtung von Rollenentscheidungen kann ein Thema führen, wie: „Ich als Theologin/Theologe und meine Rollen – Was schlägt sich, was verträgt sich?" Ein solches Thema kann auch in die Richtung weitergeführt werden, dass die TeilnehmerInnen einander herausfordern, das eigene Selbstverständnis als Theologin/Theologe offen zu legen: „Mein Verständnis von Theologe/in-Sein dein Verständnis von Theologe/in-Sein: Wir fordern einander heraus". Hier ist es wichtig, dass nicht der gesellschaftliche und kirchliche Konkurrenzkampf darum, wer sich selbst am besten darstellen kann, in die Gruppe hereinkommt, obwohl dies auch nie ganz zu vermeiden ist. Die Form eines „offenen Marktes", auf dem die TeilnehmerInnen und LeiterInnen ihr Selbstverständnis über Aufschriften, Bekleidung, Körpersprache zum Ausdruck bringen und einander darüber paarweise Feed-back geben können, erhält das Spielerische, das für die Behandlung eines so existentiellen Themas wünschenswert ist. Und tatsächlich kommt im biografischen Arbeiten und bei Rollenklärung nicht selten die „selektive Authentizität" ins Spiel, von der später noch ausführlicher die Rede sein wird. „Zwischen Seelenstriptease und Versteckspiel – bin ich so echt wie möglich und so selektiv wie notwendig", wurde einmal in einer Gruppe das Thema formuliert, auf das sich gegen Ende einer TZI-Woche die Gruppe im Plenum eingelassen hatte. Inzwischen war so viel Vertrauen gewachsen, dass die Frage wechselseitiger Offenheit und Verschlossenheit zwischen allen TeilnehmerInnen besprochen werden konnte.

Auf dieser Basis war es auch möglich, das biografische Erzählen in ein theologisches münden zu lassen. „Gott ist durch mein Leben gegangen, ist er das? Begegnungen – Ereignisse – Erfahrungen …" wurden dargestellt, ausgetauscht und hinterfragt. „Was lässt mich ahnen, dass Gott durch mein Leben gegangen ist: Meine/Deine theologische Aufmerksamkeit". Dass ein solches Thema nicht einfach nur verbal, sondern über einen Ritus eingeführt wird, gibt dem Gnadenhaften einer solchen theologischen Arbeit Raum, also jener Dimension der Gratuität, ohne die Kommunikative Theologie nicht redlich betrieben werden kann.

Der Dialektik von Autonomie und Interdependenz, von Innen und Außen, von Mystik und Politik entsprechend kann die intensive Beschäftigung mit der eigenen Lebensgeschichte, die Klärung der Rollen und der theologischen Aufmerksamkeit nicht beim Subjektiven stehen bleiben: Es muss ein Thema folgen, das über das eigene Leben und über die Gruppe hinausweist in den „Globe" des kirchlich-gesellschaftlichen Kontextes und damit in die Verantwortlichkeit für die Welt. Das Thema „Was sollte/möchte/will ich weitergeben?" spiegelt die Alternativen des Menschen wider, in seinem Handeln einem äußerlichen oder verinnerlichten Über-Ich-haften Sollensanspruch oder einem narzisstisch-selbstverliebten, größenwahnsinnigen Möchtegern zu folgen oder in klarer Abwägung der innerlichen und äußerlichen Realität, der Stimme des eigenen Gewissens folgend, mutig sein: „Ich will" zu sprechen. Im Thema „Was will ich weitergeben?" liegt das risiko- und konfliktreiche Stehen zur eigenen Berufung, zum Weg, den ER mit mir vor hat und in den ich in bedingter Freiheit einstimme. Es ist gleichzeitig ein Weg des Schuldigwerdens und Schuldigbleibens.

Doch kann ich zu dem stehen, was ist und was war? „Erinnerte und unausgestandene Schuld- und Schamgeschichten sind die größte Herausforderung für biographische Erinnerungen", schreibt Hermann P. Siller[158]. Angesichts des Unversöhnten, das es im Leben eines jedes Menschen gibt, sind (post-)modern zwei unterschiedliche Verhaltensweisen erkennbar: Die einen stürzen sich – oft auch unter Zuhilfenahme therapeutischer Verfahren – in die Aufarbeitung dessen, was sie nicht auf sich beruhen lassen können oder wollen; andere versuchen die eigene Geschichte zu vergessen und zu verdrängen. Manchmal sind auch beide Möglichkeiten miteinander gekoppelt: Menschen benützen therapeutische Vorgänge, um nichts verändern zu müssen und alles vergessen zu können. Bei aller Sinnhaftigkeit therapeutischer Arbeit an der eigenen Lebensgeschichte, an den Verletzungen und Verwundungen bleibt die entscheidende Frage: Muss oder kann ich mich selbst wandeln, mich in meinen vielfältigen Rollen erlösen?

1. Wer sich die unterschiedlichen Rollen in seinem Leben bewusst macht und seine Geschichte vergegenwärtigt, geht immer ein Risiko ein: Kann ich mich verständlich machen? Werde ich so anerkannt, wie ich bin? Selbstpreisgabe und vorausgehendes Vertrauen müssen im Lot sein. Jeder Mensch ringt nach Zustimmung: „So bin ich, bitte gestatte mir, der oder die zu sein, der oder die ich bin." Menschen sind in der Regel sehr sensibel dafür, ob die Zustimmung zu allen ihren Rollen echt ist oder nur formal; ob sie nur in bestimmten Rollen akzeptiert oder so angenommen werden, wie sie sind. Oft signalisiert ein ehrfurchtsvolles Schweigen angesichts einer biographischen Erzählung mehr Zustimmung und Anerkennung – auch des Scheiterns – als viele oder gar übertriebene Worte.

2. Das Vergegenwärtigen der eigenen Lebensgeschichte sucht also nach unbedingter Anerkennung und Erlösung. Jeder Menschen hofft auf einen, der sein ganzes Leben in der Buntheit und Widersprüchlichkeit der unterschiedlichen Rollen – und nicht nur Fragmente davon – anerkennt und bejaht „einschließlich seiner Irrungen und Wirrungen, seiner Verletztheiten und seiner Schuld"[159]. In den meisten Situationen des Lebens müssen sich Menschen zurückhalten. Sie dürfen klugerweise nicht alles

[158] SILLER, HERMANN P., Die Fähigkeit eine Biographie zu haben, in: Diakonia 26 (1995) 6–16, hier: 6.
[159] SILLER, Die Fähigkeit eine Biographie zu haben, 16.

ausdrücken, was sie in ihrem bisherigen Leben gespielt haben und was an Wünschen, Sehnsüchten und Hoffnungen in ihnen steckt. Doch die meisten Menschen haben eine tiefe Sehnsucht nach Wandlung. Sie wird erhofft, wenn einmal alles Geglückte und Misslungene vorbehaltlos und ohne moralischen Zeigefinger zum Ausdruck kommen darf; wenn die Buntheit und Widersprüchlichkeit der Lebensrollen anerkannt wird – im Angesicht von jemandem, bei dem es immer schon gut aufgehoben ist. „Gesucht ist: mein Leben – eine Gravur in Gottes Hand (Jes 49, 16)"[160].

Nachfragen

- *Wie unterscheiden sich der Lebenslauf und die Biografie als meine immer wieder neue Interpretation meines Lebens?*
- *Wie interpretiere ich heute mein Leben/bestimmte Abschnitte meines Lebens im Unterschied zu früher?*
- *Welche Teile des geschilderten Prozesses in einer Gruppe sprechen mich an, welche nicht?*
- *Was wären meine Themen in einem solchen Kurs?*

5. Gegen die tötende Alternative: sich aufopfern/hingeben oder sich verweigern

Nicht wenige „Kirchenmenschen" sind, wenn es um die Dialektik von Autonomie und Interdependenz geht (1. Axiom), noch immer vom ‚Trauma' des Opferns und Aufopferns tangiert. Dies gilt für solche, die sich selbst zwanghaft für andere aufopfern oder das Aufopfern als christliche Tugend verkünden, ebenso wie für solche, die sich davon kämpferisch abzusetzen versuchen. Beide Seiten verweigern die Dialektik von Autonomie und Interdependenz. Warum ist das so?

Über Generationen wurde die Differenz zwischen dem, was nach kirchlichen oder anderen moralischen Maßstäben „für andere" zu tun war, und dem, was Menschen aus ihrer Freiheit heraus tun wollten, durch das „Aufopfern" ausgeglichen. Das ehelose Leben der Priester, die Beziehung zwischen Mann und Frau in der Ehe, das Verhältnis zwischen „Alt" und „Jung" in der Familie und in der Gesellschaft waren beliebte Felder, den Verzicht und die wechselseitige Abhängigkeit durch „Aufopfern" zu regulieren: Speziell Frauen opferten sich für „ihre" ehelos oder in der Ehe lebenden Männer[161];

---

[160] SILLER, Die Fähigkeit eine Biographie zu haben, 16.
[161] Vgl. SCHARER, MATTHIAS, Das „geheiligte" Fragment. Annäherungen an eine Theologie der Familie, in: BIESINGER, ALBERT / BENDEL, HERBERT (HG.), Gottesbeziehung in der Familie. Familienkatechetische Orientierungen von der Kindertaufe bis ins Jugendalter, Ostfildern 2000, 115–136.

Seelsorger opferten sich für ihre Gemeinde; Eltern, besonders Mütter, opferten sich für ihre Kinder. Sie alle erwarteten ihrerseits Dankbarkeit und Opfer von denen, für die sie sich aufgeopfert hatten. Über dieses „Tauschgeschäft" wölbte sich die Religion – auch das Christentum – wie ein „heiliges Zelt" (P. Berger) und stabilisierte ein eindrucksvolles Opfersystem, das auf der einen Seite hohe Stabilität in den Rollen und Beziehungen garantierte, das aber andererseits nicht wenigen Menschen die Freiheit und das Lebensglück raubte. Jede und jeder wusste in diesem System „was sich gehört", welche Rolle sie/er darin zu spielen hat und welches Risiko sie/er eingeht, wenn den wechselseitigen Erwartungen von einer Seite nicht entsprochen wird. Speziell Menschen in den „dienenden" Rollen durften sich keinen Ausstieg erlauben.

Die (post-)modernen Emanzipations- und Selbstverwirklichungsbewegungen, in denen vor allem Frauen eine wichtige Rolle spielen, und die feministisch-theologische Kritik am patriarchalen Gottesbild haben das „grandiose" Opfersystem zumindest teilweise zum Einsturz gebracht. Weder Frauen noch Kinder bzw. Jugendliche und junge Erwachsene lassen sich auf die ihnen in „ihrem" System zugedachten (Opfer-)Rollen festschreiben. Die Befreiung aus dem Kreislauf des Opferns und Aufopferns kann dem Wirken des Gottesgeistes dort zugeschrieben werden. Es kann nicht darum gehen, dass die „Alten" oder die (Kirchen-)männer autonom herrschen und sich andere zu opfern haben, sondern dass Gott „herrscht" und sich unter Menschen ein geschwisterliches Verhältnis auf allen Ebenen durchzusetzen beginnt. Die Befreiung aller Beteiligten aus den kirchlichen und gesellschaftlichen Opfersystemen und aus den Opferrollen ist als prophetische Inspiration entsprechend zu würdigen. Sie wird in TZI-Gruppen immer wieder existentiell durchlebt und befreiend vollzogen.

Wenn jemand im Zusammenhang mit solchen Kommunikationsprozessen in seinem kirchlichen oder gesellschaftlichen Kontext aus der erwarteten Rolle aussteigt oder diese zumindest hinterfragt, kann dahinter eine tiefe, ja prophetische Glaubenseinsicht stehen, sich und die anderen vom Gott des Lebens, der Beziehung ist, in eine neue, geschenkte Freiheit hinein verlocken zu lassen und der Autonomie Raum zu geben. Dies kann um den Preis der Harmonie in der Gruppe, der Gemeinde, der Familie usw. geschehen. Das bürgerliche Klischee einer konfliktarmen Beziehung wird mit einer konfliktreichen Existenz vertauscht; mit dem Blick in den „offenen Himmel", in die neue Zukunft von Gott her wird der „siebte Himmel" des harmonischen Glücks aufs Spiel gesetzt: Freiheit steht nicht mehr in Konkurrenz zur Hingabe, weil sie Hingabe in Freiheit ist und nicht zwanghaftes Aufopfern.

In dieser Hinsicht gibt es in der jüngeren Generation ein neues Bewusstsein von der kontinuierlichen „Arbeit" an Beziehungen, auch unter Zuhilfenahme von supervisorischen[162] und therapeutischen Erkenntnissen. TZI-Gruppen geben Raum, solche „Rollenarbeit" zu leisten und bewusste Schritte der Befreiung zu tun. Auch wurde im Rahmen von TZI ein eigenes Supervisionskonzept entwickelt. Alle diesbezüglichen Initiativen etwa im Ausbau von Beratungs- und Supervisionseinrichtungen dürfen als konkrete Zeichen des Wirkens des beziehungsstiftenden und befreienden Gottesgeistes anerkannt werden. Theologisches Kriterium für die Beurteilung solch geistvollen Handelns ist die Absichtslosigkeit und freie Zugänglichkeit solcher Dienste für alle Menschen, unabhängig von ihrer Kirchenzugehörigkeit und religiösen Einstellung. Der befreiende Gottesgeist, der Frauen, Männer und Kinder von einem asymmetrischen, abhängig haltenden Rollensystem in ein neues, geschwisterliches, also symmetrisches Rollenverständnis hinein ruft, kennt keine kirchliche Etikette. Er weht, wo er will.

Wenn Beziehungsarbeit und Rollenklärung in der Perspektive der Dialektik von Autonomie und Interdependenz als geistgewirkt bezeichnet werden, bedeutet das dann, dass jeder konfliktreiche Ausstieg aus traditionellen Rollen ein Werk des Heiligen Geistes ist? Wie wir aus dem sogenannten Pfingstereignis wissen, wo die JüngerInnen Jesu vom Geist getrieben, freimütig und ohne Angst aus ihrer Rolle als Verängstigte, Unterdrückte und Verfolgte mutig aussteigen, um in eine neue, allerdings höchst konfliktreiche Zukunft zu gehen, die ihnen schließlich Verfolgung bringt, ja das Leben kostet, sind die Phänomene des Geistes keineswegs eindeutig. Voll des Heiligen Geistes zu sein und den Ausstieg aus der gesellschaftlich erwarteten Rolle zu wagen, kann als Betrunkensein interpretiert werden. Und vom Geist des Weines beseelt zu sein, darf nicht mit dem Heiligen Geist verwechselt werden. So ist es auch mit der Beziehungsarbeit und Rollenklärung in der Dialektik von Autonomie und Interdependenz: Aus welchem Geist heraus sie geschehen, bedarf der Geistesgabe der Unterscheidung. Denn dasselbe rollenverändernde Handeln kann aus dem Geist der Liebe, der Freiheit, der tiefen Solidarität mit der Gruppe, der Gemeinde, dem Partner/der Partnerin, den Kindern motiviert sein und zum Mut führen, ihnen, ihr oder ihm um einer größeren Lebensmöglichkeit in der „Freiheit der Kinder Gottes" willen im Moment sogar weh zu tun; es kann aber auch aus dem autonomistischen Ungeist der Ich-Zentrierung, einer unbezogenen Selbstverwirklichung, einer menschlichen Enge und Solidaritätslosigkeit motiviert sein. R. Cohn hat in der bereits erwähnten Auseinandersetzung um F. Perls „Gestaltgebet" eine Option gegen eine beziehungs- und solidaritätsarme Selbstverwirklichung getroffen.

[162] Vgl. u.a. HAHN, KARIN/SCHRAUT-BIRMELIN, MARIANNE/SCHÜTZ, KLAUS-VOLKER/ WAGNER, CHRISTEL (HG.), Themenzentrierte Supervision, Mainz 1997.

Wie sehr es im Hinblick auf die existentiell vollzogene Dialektik von Autonomie und Interdependenz des Menschen der Unterscheidung aus dem Geist der (Gott-/Mensch-)Beziehung heraus bedarf, zeigt sich an der (post-)modernen Überheblichkeit mancher Emanzipationsbewegungen gegenüber den sich in Freiheit an andere und anderes hingebende Menschen. Nicht selten sind es „einfach glaubende" Menschen, die alltäglich ihre Beziehung ohne großen Aufhebens treu zu sich und den anderen leben. Die Überheblichkeit zeigt sich mitunter auch gegenüber den Kirchen, wenn sie dem „anything goes" die Alternative der Freiheit in Verantwortung gegenüberzustellen suchen. Der Angelpunkt der Überheblichkeit ist wiederum der Opfergedanke, von dem schon die Rede war. Und hier ist es das emanzipierte Bewusstsein, endlich alle Opfer befreit zu haben. Doch ist durch die Emanzipation das Opfern in kirchlichen und gesellschaftlichen Systemen endgültig aufgeklärt und beseitigt? Kann eine Kommunikative Theologie bei der Anerkennung dieser gottgewollten Befreiung stehen bleiben? Oder erzeugen nicht die Emanzipation aus den traditionellen Rollen und das „ganz normale Chaos der Liebe" (U. Beck) in den Mann-Frau-Beziehungen neue Opfer? Opfer, die nicht selten in einem engen Zusammenhang mit der Befreiung von Menschen aus ihren Opfersystemen und Opferrollen stehen?

- Menschen, die in ihrem Vertrauen auf tragende Beziehungen zu SeelsorgerInnen und TheologInnen enttäuscht werden und die Hoffnung verlieren, weil diese sich autonom „abgrenzen".
- Kinder, die unter der Trennung ihrer Eltern leiden, weil ein Elternteil oder beide aus der bisherigen Rolle ausgestiegen sind, um zur eigenen Autonomie zu finden.
- Alte Menschen, die vereinsamen, weil die Karriere ihrer Kinder keine Zeit für sie übrig lässt;
- AlleinerzieherInnen, die mit einem oder mehreren Kindern nach einer sich selbst verwirklichenden Trennung eines Partners zurückbleiben usw.

Es sollen keinesfalls die „neuen" Opfer mit den alten aufgerechnet oder in ihrer Dramatik verglichen werden. Es geht einzig darum, vor der Illusion endgültig „befreiter" nachreligiöser oder nachkirchlicher Beziehungen zu warnen und dabei die Verschleierung (post-)moderner Opfer zu übersehen. Denn auch die moderne, neoliberale, von Markt und Medien beherrschte Gesellschaft kennt ihre Opfer und „Sündenböcke", denen der Ausschluss oder die Sonderbehandlung in besonders für sie geschaffenen sozialen oder therapeutischen Einrichtungen droht. Neben den beispielhaft bereits angeführten (post-)modernen Opfern sei noch besonders auf jene hingewiesen, die das reibungslose Funktionieren des Systems stören:

- Nicht geplante oder gar unerwünschte Kinder;
- Sogenannte „Wunschkinder", welche die auf einen bestimmten Lebens-

und Erfolgsweg des Kindes fixierten Vorstellungen der Eltern irritieren und die eigene Lebensplanung durcheinanderbringen;
• Körperlich und/oder geistig behinderte Kinder, die das Wirtschafts-Erfolgssystem, das Verkehrssystem, das Bildungssystem usw. „stören".
Menschen werden in unserer Kultur in der Regel dann zu Opfern, wenn sie anders sind als die „normalen" anderen. Das kann sich auf ihre Sprache, ihre Lebensweise, ihre Kleidung, ihre sozialen Verhältnisse und vieles andere beziehen. Es gibt auch regelrecht „vergessene" Opfer in unserer Gesellschaft; damit sind jene benannt, die aus dem modernen Wirtschafts- und Kommunikationssystem herausfallen, weil sie nicht mitkönnen, weil sie keine Arbeit haben, weil sie krank oder behindert sind, oder weil sie schlechterdings den Anschluss verpasst haben. Ganz zu schweigen von der modernen Opferbilanz aus der Perspektive der wirtschaftlich und technologisch benachteiligten Länder, also aus der Sicht des Südens.
Reicht eine Anthropologie, die sich auf eine Dialektik von Autonomie und Interdependenz versteht, als Haltung, um vor jenen „verschleierten" Themen nicht zurückzuschrecken, welche die (post-)moderne Welt produziert? Sie reicht dann, wenn sie – in der Zusammenschau aller Axiome und Postulate – thematisch gefüllt, die Vergangenheit, die Gegenwart und die Zukunft in den Blick nehmend, nicht beim Hier und Jetzt des Gruppenerlebnisses stehen bleibt. An der Opferthematik lässt sich gut zeigen, wie durch die Ungleichzeitigkeit von Einstellungen in einer theologisch ausgerichteten TZI-Gruppe wechselseitige Lernchancen entstehen.
In einer solchen Gruppe kann es Menschen geben, welche eine volkstümliche Theologie des Opfers zu ihrer Lebenshaltung gemacht haben: sie orientiert sich an der Vorstellung von einem großen „Tauschgeschäft" zwischen Gott und den Menschen, in dem sich der Sohn Gottes für die sündige Menschheit am Kreuz opferte und dieser Tausch unter den Menschen fortgesetzt wird. J. Niewiadomski beschreibt in unserem gemeinsamen Eucharistiebuch dieses System im Hinblick auf das Messopfer treffend:
„Der am Kreuz sich selbst auf blutige Weise darbringende Christus, der in unzähligen Messen auf unblutige Weise Gott dargebracht wird, konnte so – gerade in der ganzen Doppeldeutigkeit des Geschehens – zum Angelpunkt eines intensiven Kommunikationsverfahrens zwischen den Menschen werden. Zwischen den Lebenden untereinander (die einander opferten und sich auch füreinander opferten), zwischen den Lebenden und den Toten und natürlich zwischen den sündigen Menschen und dem zornigen, aber eben durch Sühnopfer der Menschen zur grenzenlosen Vergebung bereiten Gott."[163]

[163] SCHARER/NIEWIADOMSKI, Faszinierendes Geheimnis, 87.

Ob der Eingängigkeit dieses theologischen Bildes und seiner Wirkungsgeschichte wird es in einer TheologInnengruppe TeilnehmerInnen geben, welche jeden Gedanken an Opfer und Hingabe wegen seiner Anfälligkeit zum Missbrauch strikt ablehnen. Sie sehen nicht ein, was auf dem Hintergrund alter Opferforderungen/-bereitschaften und neuer Opferbilanzen das Bild von der Hingabe Jesu Christi an die Menschen als zentrale theologische Metapher „bringen" soll. Sollte sie nicht – wie das in der Seelsorgepraxis wegen ihrer Missverständlichkeit weitgehend geschehen ist – aus dem theologischen Sprachgebrauch endgültig verschwinden?

Schließlich kann es eine dritte Gruppe von TeilnehmerInnen geben, die weder der volkstümlichen Opferposition noch ihrer ängstlichen Vermeidung anhängen. Sie stellen sich der Erfahrung, dass durch das Verschweigen der Rede vom Opfer die Opfer nicht einfach verschwinden. Angesichts dieser Realität kann das Bewusstsein vom „Opfer" Jesu das große „Tauschgeschäft" mit Gott oder mit dem, woran moderne Mensch ihr Herz hängen, nicht nur zementieren, sondern auch durchbrechen. Aufgrund der Hingabe Jesu muss das Opfern weder durch therapeutische noch durch religiöse Rituale endlos wiederholt werden. Seine Hingabe als die Hingabe eines Menschen, dem die Opferrolle von Menschen aufgedrängt und der von Gott aus dem Tod gerettet wurde, ohne nun die Täter zu Opfern zu machen, durchbricht die alten Opferstrukturen. Die Hingabe Jesu zerreißt den Schleier, der über die modernen familiären Opfer gelegt wird.

In der Auseinandersetzung um die unterschiedlichen Positionen kann sich der neue Blick öffnen, der vom „großen" Gott her möglich wird, der die Freiheit und die Autonomie des Menschen achtet. In der Gruppe kann der Kampf zwischen den „kleinen", entfremdenden Göttern wie das Verlangen nach schneller Harmonie, nach unbedingter Effizienz, nach Konsum und Besitz usw. und dem „großen", beziehungsstiftenden Gott des Lebens und der Freiheit existenziell erfahren werden, indem dieser Kampf thematisiert und auch dramatisiert wird. Eine solche Dramatisierung kann z. B. dadurch geschehen, dass sich die TeilnehmerInnen einer Gruppe die „kleinen" Götter", denen alltäglich geopfert wird, bewusst machen, sie darstellen und ihnen jene „Ehrfurcht" zollen, die ihnen in der Gesellschaft in der Regel zukommt. In solchen Riten vor den „kleinen Göttern", kann Wandlung geschehen. Eine Wandlung die nicht beim „Aufopfern" aller Schwierigkeiten und Krisen stehen bleibt; die sich auch nicht mehr mit einer „dünnen" Solidarität begnügt, im Sinne von: „Wir machen einander durch unsere Hingabe ‚fertig'", oder: „Wir sitzen alle im selben Boot und müssen uns daher gegen andere zusammenschließen." Die Metapher von der Hingabe Jesu an die Menschen erschließt ein „Für-Sein", das sich als konsequentes „Mit-Sein" zeigt; es ist kein hohler Aktivismus für den Anderen, sondern eine tiefe

Erfahrung der Hingabe, die zur beziehungsreichen Selbstverwirklichung wird. Solches Handeln ist im Tun und Lassen, in Actio und Contemplatio geerdet. Der zwischenmenschliche und gesellschaftliche Einsatz für andere ist spirituell in der Botschaft des Glaubens, in einer Praxis des Gebetes und der Meditation, im Feiern der Gemeinde verwurzelt. Es geht um eine in der Gottes- und Menschenliebe geradezu mystisch verwurzelte, „dichte" Solidarität, in der die anderen nicht nur als des Einsatzes Bedürftige, sondern als von Gott geschenkte „Andere" in ihrer Andersheit und bleibenden Fremdheit, in ihrer eigenen Freiheit und Verantwortlichkeit erkannt werden. Wem solches als SeelsorgerIn, Mutter oder Vater geschenkt ist, kann die Menschen in der Gemeinde, die eigenen Kinder – trotz aller und mit allen „krummen" Zeilen – in einer inneren Freiheit loslassen, weil sie/er sie nicht einfach fallen lässt, sondern in eine universale, von Gott geschenkte Verbundenheit der Menschen, vor allem der Armen und Ausgeschlossenen hingibt. Die „dichte Solidarität" findet im „geschenkten Wir" des Volkes Gottes bzw. im „Leib Christi" (vgl. 1 Kor 12, 12–27), wie sie in der Eucharistie gefeiert werden, ihren dichtesten Ausdruck. Die dialektische Verschränkung von Autonomie und Interdependenz als TZI-gerechtes Menschenbild erfährt in einer solchen Feier, die manchmal den Höhepunkt einer TZI-Woche darstellt, eine Vertiefung aus der Mitte christlichen Glaubens heraus, die den Schleier zu zerreißen vermag, den pseudoreligiöse Mächte über ihre Opfer legen: jene ökonomischen und medialen Mächte einer neoliberalen Kultur, die das Leben von (post-)modernen Menschen in einer Weise bestimmen und kontrollieren – und bis in den Intimbereich hinein beeinflussen –, wie es auf Grund fehlender Möglichkeiten und einer über alle Jahrhunderte immer wieder aufbrechenden Orientierung an den Quellen vermutlich bisher kein religiöses System zustande gebracht hat.

Nachfragen
- *Wie, wo, wann begegne ich der Opferthematik?*
- *Welche Bedeutung hat sie in meinem Leben bzw. im Leben von Menschen in meiner Umgebung/in meinem Arbeitsfeld?*
- *Wo, wie wird die Opferthematik verschleiert bzw. verdrängt?*
- *In welchen Zusammenhängen ist die Rede vom Opfer bzw. vom Opfern besonders gefährlich, in welchen kann sie befreien?*
- *Welche Zusammenhänge sehe ich zwischen dem „zum Opfer gemachten Jesus" und Solidarisierungsbemühungen von Menschen gegen das Opfern?*
- *Wie verstehe ich den „Opfercharakter" der Eucharistie?*
- *Welche Lebensimpulse im Hinblick auf die Opferthematik könnten von der Eucharistiefeier ausgehen?*

7. Kapitel: Die Glaubenstradition und die implizite „Gott-Rede" in Balance halten

Bereits im 3. Kapitel wurde deutlich, dass sich Kommunikative Theologie als eine durch und durch kontextuelle Theologie erweist, indem sie das kritische „Nach-Denken" von Kommunikation angesichts der tiefen weltanschaulichen und religiösen Auseinandersetzungen in der Wissensgesellschaft zu ihrem Gegenstand macht. Dabei löst sich die Gott-Rede nicht einfach in Anthropologie auf. Es bleibt bei einer „anthropologisch gewendeten Theologie", in der die Auseinandersetzung mit dem kommunikativen Gott der Offenbarung und seiner Kommunikation in der Geschichte (4. Kapitel), also der ausdrückliche Rückgriff auf die Tradition, genauso zum Gegenstand gehört wie die Konfrontation mit den brüchigen Kommunikationserfahrungen zwischen Menschen, in Gruppen, Gemeinden, in den Kirchen und in der Gesellschaft.

Weiters zeigte sich Kommunikative Theologie als Theologie im Prozess (1.Kapitel). Sie bleibt nicht bei der praxisfernen anthropologischen Zusammenschau von empirischen Daten stehen, sondern nimmt den jeweils konkreten „Globe" von miteinander kommunizierenden Menschen ernst. Kommunikative Theologie lässt sich von den Sinn- und Orientierungskrisen, von der Trauer und Angst, aber auch von den Freuden und Hoffnungen von Menschen berühren. Das Menschenbild und das Ethos von R. Cohn, das sich in der Haltung der Themenzentrierten Interaktion niederschlägt (6. Kapitel), ermöglicht eine Form wacher Anteilnahme am gesellschaftlich-kirchlichen Kommunikationsgeschehen: eine Anteilnahme, welche den aus distanzierenden Verfahren gewonnenen quantitativen Gesellschafts- und Kirchenanalysen die Alternative einer qualitativen Kontextwahrnehmung gegenüberstellt. Sie geht Hand in Hand mit einem kairologischen Kontextbewusstsein, das Theologie nicht nur theoretisch, sondern unmittelbar lebensrelevant werden lässt: als eine Gott-Rede, die als „gewandelter Blick" die Welt aus der Perspektive der anbrechenden Gottesherrschaft zu sehen beginnt; traditionell gesprochen kann man auch sagen: als eine Theologie, welche die Welt aus dem Glauben zu sehen hilft.

Es liegt am Wesen Kommunikativer Theologie, dass sie nicht nur aus theoretischer Reflexion entsteht, sondern dass ihre Lebensrelevanz in Gruppen und Gemeinden existentiell erfahrbar wird und in persönlich bedeutsamen Interaktions- und Kommunikationsprozessen Theologie „entsteht". Um solche Prozesse zu ermöglichen, helfen nicht nur die Haltung, sondern auch das „Arbeitsinstrument" der Themenzentrierten Interaktion entscheidend weiter. Auf diese Weise kann auch die Communio-Ekklesiologie die Chance erhalten, über die bloße Beschwörung einer Haltung hinauszukommen und Schritte zu ihrer Realisierung zu planen, durchzuführen und zu überprüfen.

I. Das Dreieck in der Kugel

Für R. Cohn sind „Individualität und Gemeinschaftlichkeit dem Werte nach als ebenbürtig zu sehen"; sie sind „untrennbar miteinander verbunden"[164]. Menschen stehen nicht isoliert in der Welt, sondern sind in einen großen Traditionszusammenhang von Wissen und Weisheit, aber auch von Unmenschlichkeit, Grausamkeit und Gleichgültigkeit eingebunden. Der weder allmächtige noch ohnmächtige Mensch ist zur Entscheidung und zur Verantwortung in seinem kommunikativen Handeln herausgefordert. Dabei ist nicht allein das Hier und Jetzt des Erlebens entscheidend, sondern auch die Geschichtlichkeit und Zukunftsfähigkeit des Menschen und der Menschheit, ja der ganzen Schöpfung. Der Mensch ist für die Menschlichkeit oder Unmenschlichkeit jener Anliegen und Themen mitverantwortlich, die kommuniziert werden. Dabei tangiert der jeweils konkrete Kontext, R. Cohn spricht vom „Globe", alle Ebenen eines lebendigen Interaktionsprozesses; kein Mensch kommuniziert also im gesellschaftlich luftleeren Raum.

Das sehr einfache „TZI-Arbeitsinstrument", das R. Cohn aus der jahrelangen Erfahrung in Gruppen buchstäblich zugefallen ist, erfordert in der Realisierung eine hohe menschliche und fachliche Kompetenz und bedarf intensiver Einübung, Reflexion und Supervision. Wir haben dieses „Arbeitsinstrument" von Beginn dieses Buches an als ein Prinzip der Aufmerksamkeitslenkung verwendet, das den theologischen „Blick" von seiner ausschließlichen Fixierung auf explizite theologische Kategorien und Symbole befreit und andere, oft nur implizit zum Ausdruck kommende aber theologisch nicht minder wichtige Perspektiven „sehen" lässt. Dieses hermeneutische Prinzip wurde von R. C. Cohn als „Arbeitsinstrument" für die Leitung von Gruppen entwickelt. Im Hinblick darauf sei nochmals an die vier Faktoren erinnert, welche jede Interaktion in einer Gruppe bestimmen:

- Das ICH als die einzelne Person. Sie ist sich ihrer selbst bewusst und wendet sich den anderen und dem Thema in einer bestimmten Gruppensituation zu.
- Das Wir als Gruppe. Es repräsentiert die Beziehung einzelner Personen zueinander und zum Thema in ihrer Interaktion.
- Das Es als Aufgabe oder – bei R. Cohn – auch als Thema. Es benennt das zu bearbeitende Anliegen.

---

[164] COHN / FARAU, Gelebte Geschichte, 351.

- Der Globe als das Umfeld. Er beeinflusst die Gruppe in ihren Beziehungen und in ihrer Arbeit im engeren und weiteren Sinn.

R. Cohn stellt die Zusammengehörigkeit der vier Faktoren durch ein gleichseitiges Dreieck in einer Kugel dar. Damit soll neben der Zusammengehörigkeit auch die Gleichwertigkeit der Faktoren ausgedrückt werden. Mit der Gleichgewichtigkeit und „Dynamischen Balance" von Ich, Wir, Es und Globe ist die Gruppenführung nach TZI charakterisiert. Wie im II. Unterabschnitt noch näher ausgeführt wird, schreiben wir das Thema – bildlich gesprochen – in die Mitte des Dreiecks[165]. Wir bevorzugen diese Variante, weil wir den Wert des Dreiecks in der Kugel nicht nur im Hinblick auf die Kommunikation in und die Leitung von Gruppen sehen. Im Sinne der im 1. Kapitel vorgestellten kairologischen Aufmerksamkeitslenkung stellt das Dreieck auch ein hermeneutisch-analytisches „Instrument" dar, mit dem die bedeutsamen Anliegen erhoben werden können[166].

---

[165] Vgl. u.a. LANGMAAK, BARBARA, Einführung in die Themenzentrierte Interaktion TZI. Leben rund ums Dreieck, Weinheim 2001.

[166] (Religions)didaktische Konkretisierungen finden sich u.a. in: SCHARER, MATTHIAS, Erlösung „lehren und lernen", in: rhs. Religionsunterricht an höheren Schulen 43 (2000) 103–107; SCHARER, MATTHIAS, Religion unterrichten lernen. Das Innsbrucker Modell, in: ISENBERG WOLFGANG (HG.), Bensberger Protokolle 101: Kompetenz für die Praxis? Innovative Modelle der Religionslehreraus- und fortbildung, Bergisch Gladbach 2000, 55–68; SCHARER, MATTHIAS, Leben/Glauben lernen – lebendig und persönlich bedeutsam, Salzburg 1988; SCHARER, MATTHIAS, „Erst gehen, wenn man gesandt wird?" Religionsunterricht im Umbruch der religiösen Landschaft und die Frage nach realistischen Lernaufgaben in dieser Situation, in: GROSS, ENGELBERT/KÖNIG, KLAUS (HG.), Religiöses Lernen der Kirchen im globalen Dialog, Münster 2000, 551–558; SCHARER, MATTHIAS, „Es kommt auf die Person an" – Persönlichkeitsbildung in der Aus- und Fortbildung von ReligionslehrerInnen, in: ÖRF 7 (1997) 72–73; SCHARER, MATTHIAS, Integration theologischer und personalkommunikativer Kompetenz als Herausforderung religionspädagogisch-katechetischer Aus, Fort- und Weiterbildungspraxis: Ein Modell, in: ÖRF 1 (1991), 19–23.

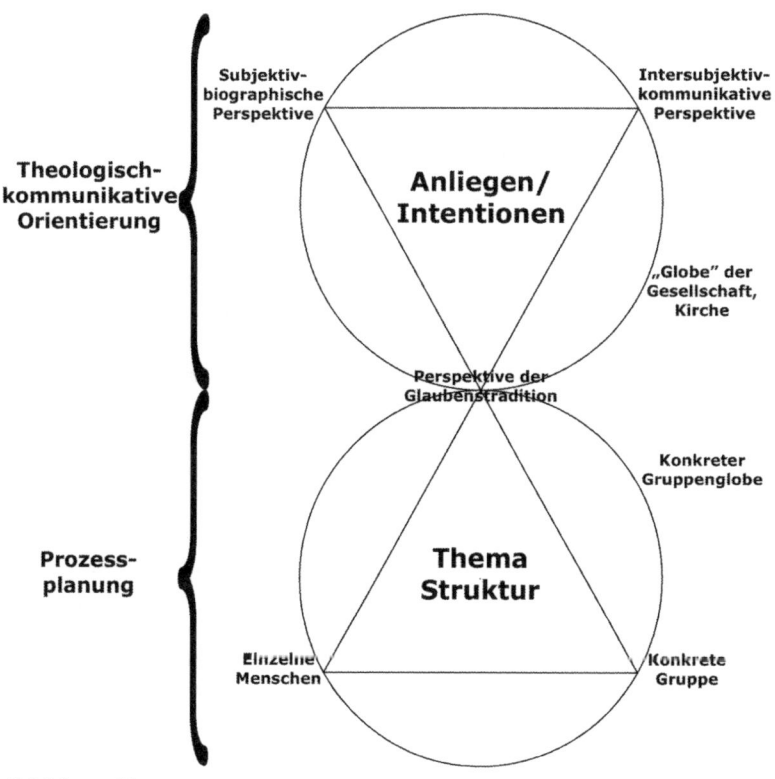

Abbildung 15

Nachfragen

- *Welches implizite oder explizite didaktische Modell leitet mich bei der Planung von Lehr-/Lern- bzw. Kommunikationsprozessen in Schule, Gemeinde, Erwachsenenbildung?*
- *Nach welchem impliziten oder expliziten Modell „evaluiere" ich solche Prozesse?*
- *Was vom „Dreieck in der Kugel" halte ich gut in Balance? Was gerät immer wieder aus der Balance und warum?*
- *Was gewinne ich bei der Planung und Evaluierung von Prozessen durch die Unterscheidung der „theologisch-didaktischen Orientierung" und der Prozessplanung?*

175

II. TZI in der Theologie und kirchlichen Praxis „anwenden"

Wie TZI in der Kommunikativen Theologie rezipiert wird, davon war bisher schon an vielen Stellen dieses Buches die Rede. Um noch deutlicher zu zeigen, dass sich unsere spezifische Rezeption von den „Anwendungen" der TZI in Theologie und Kirchen unterscheidet, bedarf es eines kurzen Einblickes in bisherige Rezeptionsmodelle.

Es gibt vielfältige Versuche, Theologie mit Hilfe von TZI zu verlebendigen bzw. in das Leben hinein zu vermitteln. In diesen Fällen besteht die „Sache" (ES) in theologischen Inhalten, Konzepten und Begriffen, die in lebendigen Lehr-/Lernprozessen Menschen auf der individuellen und auf der gruppenbezogenen Ebene unter Beachtung des jeweiligen Globes nahegebracht werden. In dieser Form reiht sich TZI in den Reigen offener und kommunikativer didaktischer Ansätze ein, welche Theologie zu erschließen versuchen[167]. Eine lebendige Erschließung theologischer Inhalte, Konzepte und Begriffe mit Hilfe der TZI mag hilfreich sein. Sie übersieht aber, dass die wesentlichen Perspektiven der Theologie nicht nur das „ES" betreffen, sondern das ganze themenzentriert-interaktionelle System einschließlich der zu Grunde liegenden Haltungen und Werte. Einen Schritt in die Richtung einer umfassenderen theologischen Rezeption geht bereits D. Funke mit seinem Versuch, TZI als „Modell thematisch-symbolischer Orientierung"[168] zu rekonstruieren. Seine Aufmerksamkeit gilt der Symbolfähigkeit von Menschen bzw. deren Symbolverlust im Alltag; dieser Alltag erstarrt ohne Symbole zur Routine. Die Symbolfähigkeit wird zur Überlebensfrage der Menschen, da Sinnkonstruktion mit Symbolkonstruktion unmittelbar verbunden ist. Die thematisch-symbolische Orientierung individueller und kol-

---

[167] Vgl. u. a. POLZIEN, SIGRUN/LEONHARD, HELMUT, Themenzentrierte Interaktion. Christliches Gemeinschaftsleben als ein Prozeß lebendigen Lernens, in: Diakonia 7 (1976) 149–157; MODESTO, HELGA, Theologie und Lebenshilfe, in: VORGRIMLER, HERBERT (HG.), Wagnis Theologie: Erfahrungen mit der Theologie Karl Rahners, Freiburg i.Br. 1979, 451–463; HONSEL, BERNHARD, Der rote Punkt. Eine Gemeinde unterwegs, Düsseldorf 1983; MAYER-SCHEU, JOSEF, Seelsorge im Krankenhaus: Entwurf einer neuen Praxis, Mainz ²1981; Frickel, Michael E., Haltung und Methode der Themenzentrierten Interaktion. Eine Anregung für das pastorale Verhalten in Gruppen, in: BRUNERS, WILHELM/SCHMITZ, JOSEF (HG.), Das Lernen des Seelsorgers, Mainz 1982, 111–119; BIESINGER, Lebendiges Lernen; SCHÜTZ, KLAUS-VOLKER, Gruppenarbeit in der Kirche. Methoden angewandter Sozialpsychologie in Seelsorge, Religionspädagogik und Erwachsenenbildung, Mainz 1989; KROEGER, Themenzentrierte Seelsorge; MODESTO, HELGA, Miteinander geschwisterlich umgehen, in: Lebendige Seelsorge 41 (1990) 359–366; RAGUSE, HARTMUT, Theologische Implikationen der TZI, in: LUDWIG, KARL JOSEF (HG.), Im Ursprung ist Beziehung. Theologisches Lernen als themenzentrierte Interaktion, Mainz 1997, 29–53; SCHARER, MATTHIAS, Themenzentrierte Interaktion in der kirchlichen Erwachsenenbildung, in: bakeb-information 2 (1994), 19–22.

[168] Funke, Verkündigung; vgl. die Rezeption in: SCHARER, Thema-Symbol-Gestalt.

lektiver Symbole und deren intersubjektive Vergewisserung, wie sie nach D. Funkes Ansatz in TZI-Gruppen ermöglicht wird, rettet aus dem Symbolverlust. Dieser religionspsychologisch und religionssoziologisch bewusste Ansatz macht auf die Chancen von TZI aufmerksam, als Gesamtsystem die religiöse Dimension im und zwischen Menschen sowohl individuell als auch kollektiv zu erschließen[169].

III. TZI – theologisch buchstabiert

Auf dem Hintergrund von D. Funkes Rezeption von TZI als Gesamtsystem führt die „Kommunikative Theologie" den Ansatz in einer spezifisch christlich-theologischen Perspektive weiter.

1. Das Dreieck in der Kugel in theologischer Sicht

Hier geht es nicht mehr nur um die Theologie als „Sache", als „Lerngegenstand" oder als Thema (ES) im herkömmlichen Sinne. Auch die subjektive und die intersubjektive Ebene in TZI-Gruppen wird in einen ausdrücklichen theologischen Zusammenhang gebracht. In einem kommunikativ-theologischen Prozess werden neben der Sachebene (ES) auch die subjektive (ICH-), die intersubjektive (WIR-) und die Kontext- (GLOBE-)Ebene in ihrem je authentischen theologischen Charakter angefragt:

- Das ICH wird vor allem durch das Verhältnis von Theologie und Biografie im Hinblick auf eine Identität im Fragment[170], die gnadentheologisch zu bestimmen ist, gekennzeichnet. Durch die modernen Pluralitätskonzepte der Identität, die auf Grund der vielfältigen kommunikativen Zusammenhänge, in denen Menschen leben, zustande kommen, kommt eine Identität aus Gratuität in den Blick (1. Kapitel). Die theologische Ebene des Ichs bzw. des Subjektes wird in der biografischen Theologie bedacht.
- Das WIR bringt das bleibend Brüchige von Gruppen und Beziehungen, letztlich die „geschenkte" – auch durch TZI nicht herstellbare – Gemeinschaft der Gemeinde/Kirche ins Spiel und wird zum „geschenkten Wir"[171]

[169] Vgl. SCHARER, MATTHIAS, Theologie, Glaubenskommunikation und Themenzentrierte Interaktion. Zum gegenwärtigen Stand der Diskussion, in: LUDWIG, KARL JOSEF (HG.), Im Ursprung ist Beziehung. Theologisches Lernen als themenzentrierte Interaktion, Mainz 1997, 121–127.

[170] Vgl. LUTHER, HENNING, Religion und Alltag. Bausteine zu einer Praktischen Theologie des Subjekts, Stuttgart 1992; GREINER, ULRIKE, Der Spur des Anderen folgen? Religionspädagogische Theoriekritik aus der Perspektive des Fremden, Thaur 2000.

[171] SCHARER, MATTHIAS, Das geschenkte Wir. Kommunikatives Lernen in der christlichen

(5. Kapitel). Theologisch gesehen kann man von einer Kommunikativen Theologie im engeren Sinn sprechen, die dem Bereich der Ekklesiologie zugehört.

- Das Bedenken der Glaubenstradition eröffnet ein unerschöpfliches Potential an Anliegen, die den Menschen vor sich, vor den anderen und vor Gott bringen. Während die biografische und die kommunikative Theologie im engeren Sinne in der Regel eine implizite Gestalt haben, die erst expliziert werden muss, bringt das sogenannte „ES" in TZI den expliziten Traditionszusammenhang mit seinem theologischen Symbol- und Kategoriensystem zum Ausdruck.
- Schließlich ist abseits des Kontextes (GLOBE) in seiner kulturellen, gesellschaftlichen und (orts-)kirchlichen Verortung keine ernstzunehmende Theologie mehr möglich. Kommunikative Theologie erweist sich als kontextuelle Theologie im Prozess des Zusammenspiels von Ich, Wir, Es und Globe.

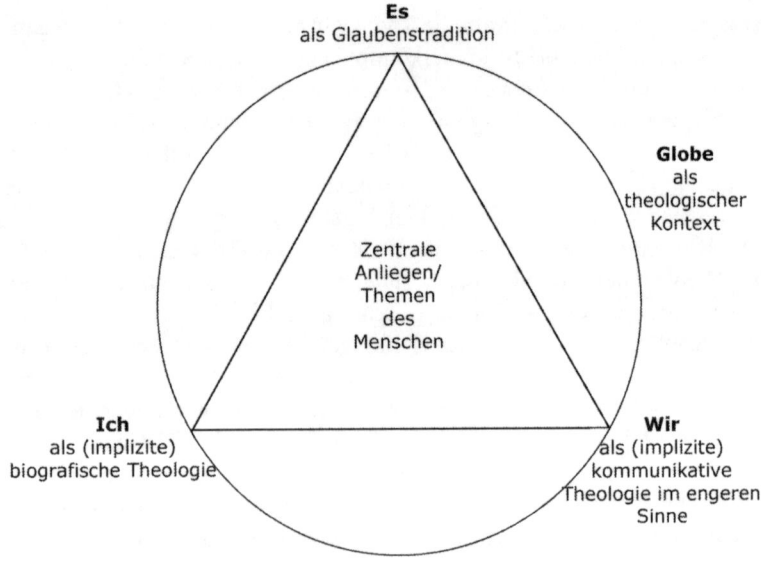

Abbildung 16

Gemeinde, in: WEBER, FRANZ (HG.), Frischer Wind aus dem Süden: Impulse aus den Basisgemeinden, Innsbruck–Wien 1998, 84–100.

2. „Ungetrennt und unvermischt" als Kriterium der Kommunikation und der Unterscheidung[172]

Eine zentrale Frage christlicher Theologie beschäftigt sich seit der Frühzeit der Kirche mit der Frage, wie das Gott-Mensch-Verhältnis zu denken ist. Diese Frage kulminiert im „Gott-Menschen" Jesus Christus. Ist er (nur) Gott oder ist er (nur) ein besonderer gotterfüllter Mensch? Das Konzil von Chalkedon (451) hat mit der theologischen Formel „ungetrennt und unvermischt" eine geniale Formel für das Gott-Mensch-Verhältnis in Jesus Christus gefunden. In ihm sind die „göttliche und die menschliche Natur" nicht so getrennt, dass sie nichts miteinander zu tun hätten oder jede für sich allein gedacht und bekannt werden könnte. Jesus Christus ist wahrer Gott und wahrer Mensch in dem Sinn, dass beides nicht unabhängig voneinander, also nicht „ungetrennt", stehen kann. Göttlichkeit und Menschlichkeit gehen in Jesus Christus aber nicht einfach symbiotisch ineinander auf; sie bleiben je das, was sie sind, und sind in diesem Sinne „unvermischt". Diese christologische Formel lässt sich in unserem Zusammenhang in zweifacher Hinsicht weiter denken:

1. Obwohl wir als ChristInnen glauben, dass das Verhältnis von Gott und Mensch in Jesus Christus unüberbietbar und endgültig kulminiert, können wir nach einer Analogie im zwischenmenschlichen Kommunikationsgeschehen einer TZI-Gruppe suchen. Worin könnte sie bestehen? Jeder Mensch ist ein Anderer, ja in einer gewissen Hinsicht ein Fremder, so sehr wir uns auch nach Nähe und Beziehung sehnen. Jeder Mensch ist und bleibt ein Geheimnis. Gleichzeitig wird uns gerade der Andere, ja der Fremde zum Du, zum Nächsten. Das ist nicht in einem moralischen Sinn zu verstehen, sondern in einem theologisch-existenziellen. „Ungetrennt" verbindet uns die Andersheit, ja Fremdheit des Anderen in der Begegnung, und dennoch bleibt der Andere als Anderer „unvermischt" mit uns selbst; die beziehungs- und damit auch konfliktreiche Grenzerfahrung zwischen Menschen, ohne die keine wirkliche Begegnung möglich ist[173], wird deutlich. Autonomie kann an den Grenzen wachsen und leben. Gleichzeitig wissen wir uns als interdependente Menschen nicht isoliert und monadisch dahinlebend, sondern „ungetrennt" mit dem Anderen.

2. Die Formel „ungetrennt und unvermischt" gilt für eine Kommunikative Theologie aber auch noch in einer anderen Weise: Wenn wir in einer Kommunikativen Theologie TZI und Theologie in dem Sinne in Beziehung

---

[172] Vgl. SCHARER, MATTHIAS, Die Rolle der TZI in einer „Kommunikativen Theologie". Konzept und Modell, in: Themenzentrierte Interaktion 15 (2001) 33–41.

[173] Vgl. SCHARER, MATTHIAS, Begegnungen Raum geben. Kommunikative Lernprozesse in Gemeinde, Schule und Erwachsenenbildung, Mainz 1995.

setzen, dass wir theologische Prozesse TZI-gemäß gestalten, dann wird die Theologie nicht einfach zur TZI, wie das auch umgekehrt nicht geschehen darf. Das biografisch geerdete, prozessorientierte und globebewusste theologische Arbeiten nach TZI bleibt Theologie; es bleibt Theologie in einer Weise, die sich von anderen Theologien dadurch unterscheidet, dass sie die Wahrheit der „Gott-Rede" nicht nur formal, sondern auch inhaltlich durch die kommunikative Qualität theologischer Prozesse mitbestimmt. Ohne die Frage nach der „Wahrheit" der Interaktion und Kommunikation ist Kommunikative Theologie nicht authentisch zu betreiben. Ein kommunikativ verödetes Szenario, wie es eine ausschließlich monologisch betriebene Gott-Rede darstellen würde, ist für die Kommunikative Theologie nicht nur ein formal-didaktisches, sondern ein Wahrheitsproblem. Damit ist nicht gesagt, dass die Interaktion und Kommunikation nach dem themenzentrierten Ansatz den Himmel auf Erden schaffen und aus sich heraus aus allen Kommunikationsdefekten erlösen würde. TZI ist kein neuer Gott, der die inhaltliche Wahrheit der Gott-Rede durch das Erleben einer theologiezentrierten Gruppe kompensiert; sie ist ein bleibend erlösungsbedürftiges Kommunikationsverfahren mit jener Offenheit, die sich der Wandlung von Gott her auf ein Leben in Fülle hin nicht prinzipiell verschließt.

Die Sichtweise theologischer Arbeit, in der die Wahrheitsfrage auch die Prozesse mit einschließt, weist viele Parallelen zu befreiungstheologischen Ansätzen in Lateinamerika auf, aus denen wir für unsere TZI-Arbeit viel gelernt haben. So unvermischt also Theologie und TZI in der Kommunikativen Theologie bleiben müssen, so sehr sind sie gleichzeitig auch ungetrennt, dass nicht auf der einen Seite die theologische Wahrheit als Inhalt und auf der anderen Seite der Prozess als Methode steht. In R. Cohns unermüdlichem Ringen um das Zusammenspiel von Haltung und Methode, das bekanntlich sogar zu einer Namensänderung von „Themenzentrierter interaktioneller Methode (TIM)" zu TZI geführt hat, können wir eine Ahnung in Richtung des unvermischtungetrennten Verhältnisses von Theologie und TZI erblicken, das in der Kommunikativen Theologie in umfassenderer Weise zum Bewusstsein kommt.

3. ICH als bleibend fragmentierte, plurale Identität im Horizont einer Identität durch Gratuität

Dass das Leben des Menschen in seiner individuellen Geschichtlichkeit ein theologischer Ort ist, kann durch die ganze Theologiegeschichte hindurch verfolgt werden und ist in den letzten Jahrzehnten neu in den Vordergrund getreten[174]. Dabei muss im Bewusstsein bleiben, dass der Glaube der Kir-

---

[174] Vgl. u. a. DORMEYER, DETLEV/MÖLLE, HERBERT/RUSTER, THOMAS (HG.), Lebenswege und

chen, den die Theologien reflektieren, mehr ist als die Summe der biografisch geprägten Theologien. Die Kirchen tradieren die Wahrheit Gottes nicht nur in den einzelnen Subjekten, sondern als ganze Gemeinschaften in ihrem Leben und in ihrer Lehre durch die Geschichte hindurch und entfalten sie. Dabei hat der Glaubenssinn des ganzen Volkes Gottes, von dem das Zweite Vatikanische Konzil eindrucksvoll spricht, für die Tradierung gläubigen Lebens, der die Theologie zu dienen hat, eine grundsätzliche Bedeutung. Wo und wie das Zusammenwirken von Gottes lebendigem Geist und den einzelnen Menschen sich ereignet, bleibt im Letzten Geheimnis. Je mehr sich glaubende Menschen der biografischen Zusammenhänge, „ihrer" Wahrheit mit Licht und Schatten, mit Möglichkeiten und Grenzen bewusst werden, je transparenter ihnen also der Zusammenhang von Theologie und Biografie auf ihr ganzes Leben hin wird, umso mehr wissen sie, dass sie nicht die ganze Wahrheit besitzen und ergänzungsbedürftig sind. Auch für den Glauben und seine Wahrheit gilt: Der Mensch ist autonom und interdependent, eigenständig und gleichzeitig bezogen auf das Ganze.

In einem themenzentrierten Interaktionsprozess geht es aus der Sicht der Theologie nicht nur darum, dass der Gegenstand der Theologie persönlich bezogen wird. Jede und jeder einzelne ist insofern gleich wichtig, als ihre/seine Geschichte mit Gott und den Menschen ein Ort göttlicher Offenbarung ist und von daher ohne die Aufmerksamkeit auf die einzelnen Menschen mit ihren Lebens-/Glaubensgeschichten eine theologische Rede von Gott kaum möglich ist. Besonders deutlich wird diese theologische Einsicht in den Texten der Lateinamerikanischen Bischofskonferenz von Puebla (1979), wenn sie von der „Option für die Armen" spricht:

„Die Armen verdienen ein vorrangiges Augenmerk, ungeachtet ihrer moralischen oder persönlichen Befindlichkeit. Geschaffen nach Gottes Bild und Gleichnis, um seine Kinder zu sein, wird dieses Bild jedoch verdunkelt, ja verhöhnt. Daher übernimmt Gott es, sie zu verteidigen, und er liebt sie (1142)."

Nicht eine besondere moralische oder persönliche Qualifikation macht Menschen, wie die Lateinamerikaner sagen, zu „Interlokutores", wörtlich übersetzt zu „Buchstabierern" des Evangeliums, sondern einzig und allein ihre Würde von Gott her, die sie auch dann noch behalten, wenn sie von allen gesellschaftlichen Systemen marginalisiert, ausgeschlossen und zu Opfern gemacht werden[175]. Die biografische Verortung der Theologie zielt nicht auf

---

Religion. Biographie in Bibel, Dogmatik und Religionspädagogik (Religion und Biographie 1), Münster 2000; KLEIN, STEPHANIE, Theologie und empirische Biographieforschung, Stuttgart 1994.

[175] SCHARER, MATTHIAS, Katechese wider den Tod. Lateinamerika als Herausforderung für die Glaubensvermittlung. ThPQ 138 (1990) 135–143; DERS., Fremde Gesichter. Südlicher

eine Glaubensidentität des Menschen, die ihn – im Sinne der Aufklärungs-logik – als autonomes Subjekt unabhängig von anderen dastehen lässt. Das TZI-Bewusstsein von der mit der Autonomie untrennbar verbundenen Inter-dependenz, um die sich R. Cohn mit anderen VertreterInnen der Humanisti-schen Psychologie streitet, schützt vor Identitätsfantasien, wie sie manchen religionspädagogischen Entwürfen vom autonomen Glaubenssubjekt als Ziel der Entwicklung und Erziehung implizit innewohnen[176]. Als kritische theologische Herausforderung des interdependenten Autonomieverständ-nisses der TZI bleibt freilich jenes christliche Menschenbild bestehen, das Identität nicht nur im Übergang, sondern innerweltlich bleibend als Identität im Fragment versteht:

> „Wir sind immer zugleich auch gleichsam Ruinen unserer Vergangen-heit, Fragmente zerbrochener Hoffnungen, verronnener Lebenswün-sche, verworfener Möglichkeiten, vertaner und verspielter Chancen. Wir sind Ruinen aufgrund unseres Versagens und unserer Schuld ebenso wie aufgrund zugefügter Verletzungen und erlittener und widerfahrener Verluste und Niederlagen. Dies ist der Schmerz des Fragments."[177]

So gesehen erweitert sich sowohl das entwicklungsoptimistische Axiom: „Respekt gebührt allem Lebendigen und seinem Wachstum" als auch das Chairperson-Postulat in der TZI. Wenn ich mich nicht nur vorübergehend, sozusagen im Sinne eines notwendigen Entwicklungsabschnitts, sondern ins-gesamt als bleibend fragmentiertes Subjekt verstehe, dann kommt der Wachs-tumsbegriff an die Grenze; das Konzept der Chairperson fordert zur inneren Zustimmung mit dem Fragmentarischen in mir und bei anderen heraus:

> „Jede Begegnung mit anderen, die diesen als solchen ernst nimmt, muss zur erneuten Selbstrückfrage werden: ‚Wer bin ich?' Das Ideal der Ich-Stärke und der gefestigten Identität, die sich von der Anders-heit der begegnenden anderen nicht verunsichern und verwirren lässt, führt zur Gleichgültigkeit und Selbstabschließung gegenüber den anderen."[178]

Einspruch gegen theoretische „Brücken" zwischen modernem Leben und altem Glauben, in: ANGEL, HANS-FERDINAND, Tragfähigkeit der Religionspädagogik (Theologie im kulturellen Dialog 4), Graz 2000, 217–226; DERS., Ein realistischer Blick auf die brasilianischen Basisge-meinden und die Kirche des Volkes an der Jahrtausendwende, in: CPB 113 (2000) 227–231. In diesem Zusammenhang verweisen wir besonders auf die Abteilung für „Interkulturelle Pastoraltheologie" (Franz Weber) an der Theologischen Fakultät Innsbruck, welche die weltkirchliche Komponente in unserem Forschungsprojekt vertritt.

[176] Vgl. u. a. OSER, FRITZ, Wieviel Religion braucht der Mensch? Erziehung und Entwicklung zur religiösen Autonomie, Gütersloh 1988.

[177] LUTHER, Religion, 168.

[178] LUTHER, Religion, 169.

Eine (theologisch orientierte) Biografie als Rekonstruktion des Lebenslaufes ist dadurch gekennzeichnet, dass es Menschen durch alle erinnerten und unausgestandenen „Schuld- und Schamgeschichten"[179] hindurch möglich ist, mit sich selbst versöhnt zu werden. Andererseits gehört zur Biografie auch der Blick nach vorne: „Wie kann ich damit umgehen, dass ich eines Tages meiner Selbstmächtigkeit verlustig gehen werde?"[180] Aus diesem Zusammenhang bekommen die religiösen Grundfragen des Menschen und ihre symbolische Repräsentanz im Leben eine neue Dringlichkeit: „Wer bin ich? Wohin gehe ich? Was darf ich hoffen? In wessen Hände falle ich, wenn ich mir selber im Sterben aus der Hand gerate?"[181] Der Appell, „Ich" zu sagen wird bei angereicherter Lebenserfahrung zur Herausforderung, die Identität nicht zu spalten und das bleibend Fragmentierte umfassend zu bejahen. Nach Siller besteht darin „die Authentizität und Autorität, die einer oder einem im Alter zuwächst"[182].

4. Das WIR der TZI- Gruppe als „geschenktes" WIR

Zu den authentischen theologischen Orten, in denen sich Gott in der Geschichte von Menschen zeigt, zählt nicht nur deren Biografie, sondern ebenso deren Interaktion und Kommunikation. Im Glauben an den einen und dreieinen Gott der ChristInnen, der Beziehung ist, erschließt sich jede Kommunikation von Menschen als theologische Herausforderung. Diese bleibt nicht in der Abstraktheit eines theologischen Gedankenspiels: sie wird lebendig in der Kirche; aus katholischer Sicht sowohl in der Orts- wie auch in der Weltkirche[183]. Wenn die WIR-Ebene aus einer ekklesiologischen Perspektive betrachtet wird (5. Kapitel), dann werden sowohl die Kommunikativität wie auch die Alterität bis hin zur Fremdheit zur besonderen Herausforderung in themenzentrierten-interaktionellen Prozessen. Christliche Gemeinde ist speziell auch als feiernde Gemeinschaft nicht die charismatisch begeisterte, homogene Gruppe, in der sich alle ständig umarmen. Die Gruppe/Gemeinde ist als „geschenktes" und nicht „gemachtes" WIR Gabe des Geistes Gottes, trotz und mit aller Fremdheit.

In den vielfältigen Rollen und Beziehungen, in den oft schmerzvollen Wandlungen, wie sie in TZI-Gruppen erfahren werden können, liegt nicht eine interaktionelle Methode, sondern die prozesshaft erfahrbare Wahrheit des einen und dreieinen Gottes, der in sich selbst Beziehung ist, im

---

[179] SILLER, Biographie, 6.
[180] SILLER, Biographie, 6.
[181] SILLER, Biographie, 6f.
[182] SILLER, Biographie, 7.
[183] Vgl. LG 13.

Gekreuzigten alle gruppendynamisch herstellbaren Einheits- und Harmoniefantasien radikal durchbricht und den Horizont auf eine neue, Fremdheit, Andersheit und Verschiedenheit einschließende Begegnungsqualität hin öffnet. Die Priorität von Störungen und Betroffenheiten, wie sie Ruth Cohn anmahnt, finden im gekreuzigten „Unterbrecher" eine theologische Tiefe, die durch kein didaktisches Postulat eingeholt werden kann. Der Stein, den die Bauleute verworfen haben, wird zum Eckstein, der als Sündenbock ausgestoßene Gottesknecht, der das geknickte Rohr nicht zerbricht und den glimmenden Docht nicht auslöscht, wird von Gott her zum Erlöser; auch zum Erlöser aus allzu harmonisch erlebten TZI-Welten. Theologisch orientierte TZI-Gruppen ermöglichen eine hohe Konfliktfähigkeit und eine besondere Sensibilität für die Anderen und (auch TZI-) Fremden, für die Ausschluss- und Opferstrategien, vor denen kein Gruppenprozess gefeit ist, und schließlich für das nichtherstellbare Geschenk, das eine lebendige Gruppe/Gemeinde[184] darstellt.

5. Der Globe als Kontext der Theologie

Das Gott-Denken und Von-ihm-Sprechen ereignet sich niemals im luftleeren Raum. Es ist unabdingbar in den geschichtlichen, kulturell-gesellschaftlichen und kirchlichen Kontext eingebunden. Hat man in bestimmten kirchlichen Epochen, insbesondere in der neuscholastischen Theologie, den theologisch reflektierten Glauben der Kirche wie ein fertiges Paket weiterzugeben versucht, so gehört heute die Kontextualität zum Standard jeder ernstzunehmenden Theologie. Was und wie von Gott geredet wird, ist unabdingbar der Geschichtlichkeit und Kontextualität unterworfen. Zu einer redlichen theologischen Arbeit gehört es also, die (wissenschaftliche) Rede von Gott in einer Denkweise und Sprachgestalt zu vollziehen, die kontextuell eingebunden ist und bleibt. Insofern verändert der Kontext die Theologie ständig. Gleichzeitig „wirkt" das Gott-Denken und Von-ihm-Sprechen auf den Kontext zurück. Die „Welt" als „GLOBE" ist nicht einfach vorgegeben; sie ist als „Aufgabe" wahrzunehmen.

Ein Beispiel, wie die Globebezogenheit in das Zentrum der Aufmerksamkeit rücken kann, bietet der Universitätslehrgang Kommunikative Theologie mit seinen weltkirchlichen Modulen. Ein eigener Lehrgangsabschnitt mit zwei Wochenkursen und einer Exkursion ermöglichen die Begegnung mit einer weltkirchlichen Situation in Lateinamerika, Afrika oder in einem anderen

---

[184] Vgl. SCHARER, MATTHIAS, Gruppe, in: METTE, NORBERT/RICKERS, FOLKERT (HG.), Lexikon der Religionspädagogik: Buch und CD-ROM, Bd. 1, Neukirchen–Vluyn 2001, Sp. 773–777; SCHARER, MATTHIAS, Gruppenunterricht, in: METTE/RICKERS (HG.), Lexikon der Religionspädagogik, Sp. 777–780.

Teil der Welt, jeweils in kleinen Gruppen. Diese radikale ,Globeerweiterung' verändert die Eurozentriertheit der Theologie und ist für ein theologisches Lernen unter weltkirchlichem Anspruch unverzichtbar.

Nachfragen
- *Welche neuen Perspektiven ergeben sich für mich aus der theologischen Rezeption des „Dreiecks in der Kugel"?*
- *Was verändert sich in meiner Kommunikation durch die Aufmerksamkeit auf eine „Identität im Fragment", auf eine „plurale Identität" bzw. auf eine „geschenkte Identität"?*
- *Was verändert sich durch die Aufmerksamkeit auf ein „geschenktes WIR"?*
- *Welche Sichtweise eröffnet sich durch die Aufmerksamkeit auf den Anderen, ja Fremden, schließlich durch die Aufmerksamkeit auf den „anderen/fremden Gott"?*

IV. Themen, die aufhelfen, konfrontieren und der Abwehr eine Sprache geben

In der vorausgehenden theologischen Rezeption des „Dreiecks in der Kugel" fehlte das ES. Wie wir bereits erwähnt haben, identifiziert R. Cohn das ES mit dem Thema. Das „ES" bzw. das „Thema" ist ihr so wichtig, dass sie ihren Ansatz „Themenzentrierte Interaktion" nennt. Sie trifft damit eine klare Entscheidung für die inhaltlich-thematische Ausrichtung von Kommunikationsprozessen.

1. Themen, die Beziehungen aufhelfen

Die TZI-Lehrbeauftragte B. Langmaack sieht zu Recht Inhalte bzw. Themen und Beziehungen in einem Wechselverhältnis:
> „Wenn man etwas miteinander zu tun haben will, muss man etwas miteinander tun – oder denken, träumen, entwickeln. Je höher das Interesse am gemeinsamen Thema, umso haltbarer erweist sich der Verbindungsanker ,Beziehung'.
> Sind die inhaltlichen Themen erst einmal erloschen, so können die Beziehung untereinander und ihre Störung noch eine Zeit lang thematisiert werden, bis auch das den inhaltlichen Mangel nicht mehr verdrängen kann."[185]

---

[185] LANGMAACK, Einführung, 107.

Im Hinblick auf den engen Zusammenhang von Inhalt, Thema und Beziehung können die Inhalte/Themen in theologisch orientierten Gruppen und in Kirchengemeinden aus der Interaktion der Gruppe/Gemeinde, aus der Erfahrung Einzelner, vor allem aber auch „von außen" aus dem jeweiligen kirchlichen oder gesellschaftlichen „Globe" kommen. TZI ist weder ein typisch therapeutischer Ansatz, der die innerpsychische Problematik von Menschen behandelt, noch ein typisch gruppendynamisches Konzept, das allein die Dynamik der Gruppe/Gemeinde zum zentralen Gegenstand der Kommunikation macht. Mit der Themenzentrierung bekommt die „Sache" einen hohen Stellenwert. Theologisch gesprochen heißt das: Die in der Glaubensüberlieferung verschrifteten Erfahrungen zwischen Gott und den Menschen und der Menschen untereinander gewinnen in der Kommunikation eine zentrale Bedeutung. Biblische Texte, theologische Kategorien, zentrale Symbole des kirchlichen Glaubens wie z. B. die Sakramente kommen in einer themenzentrierten Glaubenskommunikation nicht „zufällig" dort herein, wo es „angenehm" ist und die Selbsterfahrung und Dynamik der Gruppe nicht stört. Genau das Gegenteil ist der Fall: Der biografisch und kommunikativ gelebte Glaube heute wird mit der Glaubensüberlieferung in einer Weise konfrontiert, welche nicht auf die harmonisierende „Versöhnung" von „Offenbarung und Situation", „Kirche und Welt" ausgerichtet ist, sondern auf eine Hermeneutik der Differenz, die ein entsprechendes inhaltliches Konfliktpotential enthält. Gott als der „ganz Andere", der Fremde, der mit keinem unserer Wünsche, Sehnsüchte und Begierden einfach identifizierbar ist, bricht die Tendenzen in Richtung einer selbstgebastelten Religion, die alle Wünsche erfüllt, aber für die Hoffnung keinen Platz hat. Der zum Opfer – nicht zuletzt zum Opfer „gruppendynamischer Prozesse" – gemachte Jesus von Nazareth „stört" die „Wohlfühl-, und ‚Wir-sind-alle-eins"-Themen, in denen sich manche Kirchenkreise mit der „Fleckerlteppich-Religion" zu verbinden scheinen. Das „Credodrama" damals und das „Kirchendrama" heute, führen in eine konfrontative, konfliktreiche theologische Auseinandersetzung (8. Kapitel). Eine theologisch orientierte, themenzentrierte Interaktion vertraut darauf, dass sich in den Glaubenstexten eine Erfahrungstradition vermittelt, die dem Leben in Beziehung aufhilft.

2. Nach Anliegen und Themen fragen

Doch sind herausfordernde theologische Inhalte schon Themen im Sinne von TZI? Üblicherweise versteht man unter einem Thema die Kurzfassung irgendwelcher Inhalte. In der traditionellen Theologie werden theologische Inhalte wie Gott, Jesus Christus, Kirche, Schöpfung, Gnade, Sakramente o. ä. auch als „Themen" bezeichnet. Hier wird die Unterscheidung zwischen

„ES" und „Thema" wichtig, die R. Cohn in ihrem Konzept noch nicht klar genug getroffen hat. Biblische Texte, theologische Kategorien oder Glaubenssymbole – so herausfordernd sie für den heutigen Menschen auch sein mögen – stellen nur das sogenannte „Es", die Sache bzw. den Inhalt im TZI-Dreieck dar. Sie sind noch keine Themen im eigentlichen Sinne der TZI. Das Thema in der Themenzentrierten Interaktion vernetzt alle Ebenen lebendiger Kommunikation: Das „Es", das „Ich", das „Wir" und den „Globe". Mit einer Reihe anderer Lehrbeauftragter von WILL[186] plädieren wir dafür, – bildlich gesprochen – das Thema nicht in eine Ecke, sondern in die Mitte des Dreiecks in der Kugel zu schreiben. Damit wird es klar vom ‚Es' unterscheidbar. Das Thema ergibt sich also aus dem Zusammenspiel von Es, Ich, Wir und Globe.

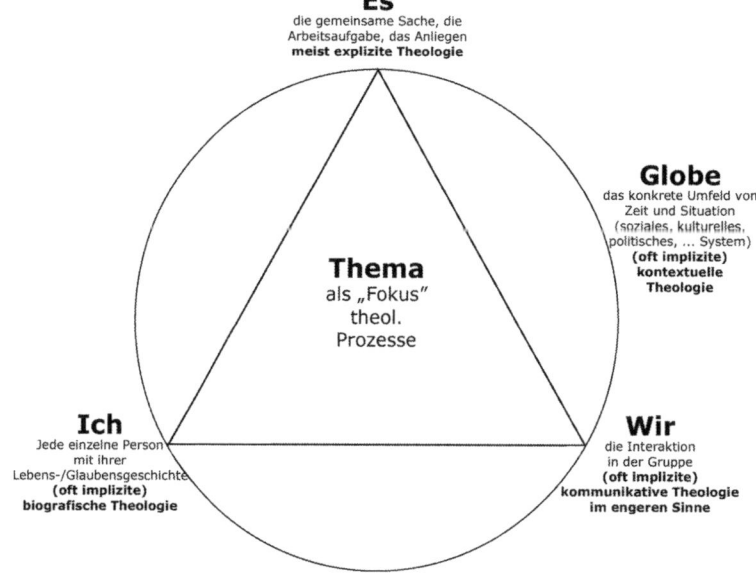

Es
die gemeinsame Sache, die
Arbeitsaufgabe, das Anliegen
meist explizite Theologie

Globe
das konkrete Umfeld von
Zeit und Situation
(soziales, kulturelles,
politisches, ... System)
(oft implizite)
kontextuelle
Theologie

Thema
als „Fokus"
theol.
Prozesse

Ich
Jede einzelne Person
mit ihrer
Lebens-/Glaubensgeschichte
(oft implizite)
biografische Theologie

Wir
die Interaktion
in der Gruppe
(oft implizite)
kommunikative Theologie
im engeren Sinne

Abbildung 17

Um Themen in kommunikativen theologischen Prozessen richtig zu setzen, empfiehlt es sich, zunächst eine grundsätzliche theologisch-kommunikative Orientierung zu schaffen. B. Langmaack unterscheidet „große" und „kleine" Themen, welche „große" und „kleine" „Anker" darstellen[187]. Im Sinne der

---

[186] Vgl. u. a. LANGMAACK, Einführung, 73.
[187] LANGMAACK, Einführung, 109–110.

existentiellen Tiefe und Weite der Themen ist es tatsächlich sinnvoll, zwischen generelleren Anliegen und sehr konkreten, situativ angemessenen Themenformulierungen zu unterscheiden. Dies gilt vor allem für die Planung von theologischen Projekten, Kursen u. ä.

Anliegen erkunden

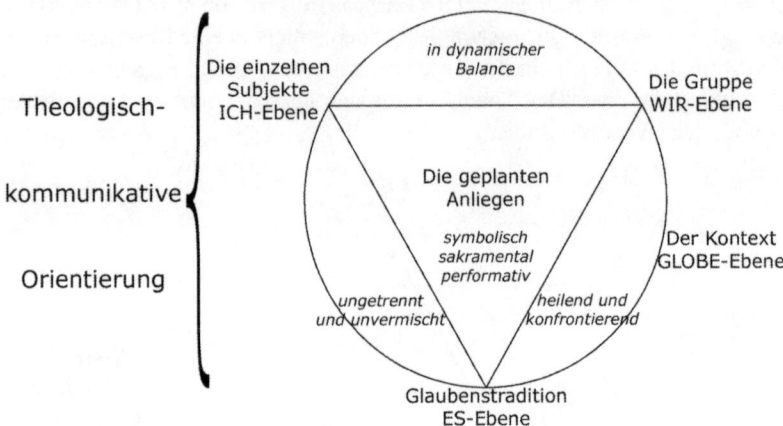

Abbildung 18

So kann das TZI-Dreieck in der Kugel nicht nur zu einer, im Blick auf die jeweilige Situation in der Regel einmaligen Themenformulierung helfen, sondern auch zur Ausrichtung der „großen Anliegen". Es ermöglicht, aus dem dynamischen Zusammenspiel von „biografischer Theologie", „kommunikativer Theologie im engeren Sinne", „Globe" und „traditioneller Theologie" die „großen Anker" für theologische Prozesse zu finden. Dabei gilt, was in den vorangehenden Kapiteln zur theologischen Struktur der Glaubenstradition in ihrer symbolisch-sakramental-performativen Gestalt gesagt wurde ebenso, wie die Überlegungen zum „ungetrennt-unvermischten" Zusammenhang von göttlicher und menschlicher Kommunikation.

Die richtigen, „großen" und „kleinen" Anliegen und Themen zu finden und zu formulieren gelingt kaum, wenn die „Ecken" des Dreiecks in der Kugel nur mechanisch aufeinander bezogen werden. Anliegen und Themen formulieren ist eine Kunst, die (auch) der Intuition und des „richtigen Gespürs" bedarf. Sie geschieht am besten in einem „kreativen Sprachspiel", das wiederum die subjektive (Ich-)Ebene, die mögliche Interaktion in der Gruppe (Wir-Ebene), das Anliegen mit seinem Sachanteil (Es-Ebene) und das jeweilige Umfeld (Globe) in Beziehung setzt. Wer nur die „Methode" des Thematisierens kann, ist wie ein Instrumentenspieler, der zwar die Technik beherrscht, aber doch nicht wirklich spielen kann.

Das „virtuelle" Spiel mit theologischen Themen lässt sich nicht von der lebendigen Beziehung zur Glaubenstradition und zu konkreten Menschen und Gruppen abkoppeln. Letztlich kommen die „richtigen" Themen aus einer lebendigen, das heißt keineswegs konfliktfreien Verankerung in der Gemeinde bzw. in der Kirche. Wie bei einem Musiker oder bei einem bildenden Künstler geht es darum, sich existentiell und kommunikativ in den Suchprozess nach dem „richtigen" Thema zu verstricken. Das heißt:

• In die jeweilige theologische Herausforderung authentisch einzusteigen und sich nicht mit einer „angelernten" Theologie zufrieden zu geben. Ein solches Hineingehen in die Theologie konfrontiert mit den eigenen Erfahrungen, Widerständen, Ausblendungen; mit der Not des Glaubens und mit der Lust daran.

• Dem Ausdruck der „biografischen Theologie" bei sich selber und bei einzelnen TeilnehmerInnen Aufmerksamkeit zu schenken; nicht in einer verobjektivierenden empirischen Weise, sondern in einer Form der Intersubjektivität, die innere und äußere Anteilnahme zulässt bzw. spüren lässt.

• Den konkreten Vorgängen in der Gruppe, vor allem den Widerständen und Störungen, Konflikten, Betroffenheiten und Beziehungen in sich Raum zu geben, also partizipierend am Gruppengeschehen Anteil zu nehmen und dabei leitungsfähig zu bleiben.

• Den engeren und weiteren Gruppen-Globe zu achten und ihn in der Themenplanung vor allem in seiner gesellschaftlichen und kirchlichen Bedeutung entsprechend zu berücksichtigen.

In einem lebendigen theologischen Prozess hilft das Thema die Aufmerksamkeit aller Teilnehmenden zu zentrieren. Dieser verbale „Fokus" kann einen Raum schaffen, in dem der vielfältige symbolische Ausdruck dessen, worum es theologisch geht, neu inszeniert werden kann (8. Kapitel: „Credodrama"). Durch die Thematisierung in theologisch orientierten TZI- Gruppen/Gemeinden kann es auch gelingen, „den ausgeblendeten, nicht sozialisierten, in Sprach- und Bewusstlosigkeit verharrenden Themen eine Sprache anzubieten"[188]. Traditionelle theologische Inhalte über Themen zu erschließen bedeutet nach M. Kroeger „mit einer Sprache zu konfrontieren, die jene Reduktion der Lebensmöglichkeiten nicht enthält, welche die Erinnerung an eine Lebensform anbietet"[189]. TZI nach R. Cohn ist so

[188] KROEGER, MATTHIAS, Themenzentrierte Seelsorge, 219.
[189] KROEGER, Themenzentrierte Seelsorge, 213.

verstanden eine Methode „übbaren offenen Sprachlernens, ... welche auch das Recht und die Stärke der Abwehr in jenen Ausblendungen thematisiert"[190]. Theologische Themen nach TZI unterscheiden sich „von Formeln und schlechter Sprache durch das Maß ihrer gestalteten Freiheit, die nicht simple dogmatische Unterwerfung verlangt, sondern kleine, schon gelebte und gestaltete, antizipierte Utopien anbietet und eine Art von Leben, zu dem sie verlockt"[191]. Solche Sprache bildet sich weiter, indem sie sich mit der eigenen zu einer dritten, gegenwärtigen ausdifferenziert, ja sich „zu einer zukünftigen" verwandeln kann. Wer sich darauf einlässt, wird „die Grammatik ihrer Lebensregeln allmählich lernen, sie übersetzen und also fortbilden"[192]. Solche „Differenzierung" und „Verschmelzung" des Horizontes führt zu einem neuen, dritten Horizont[193]: In Offenheit und Konfrontation wird lebendiges theologisches Lernen möglich. In theologischen Kommunikationsprozessen geht es um Themen, die aufhelfen, die konfrontieren und der Abwehr eine Sprache geben.

3. Themen „richtig" formulieren

Wie kann man Themen „richtig" formulieren? Welche Spielregeln gelten dafür? R. Cohn gibt dazu einige hilfreiche Hinweise:
Ein adäquat formuliertes Thema
- ist kurz und klar formuliert, so dass es dem Gedächtnis stets präsent bleibt;
- ist nicht abgedroschen und langweilt deshalb auch nicht;
- ist in Bezug auf Sprache und Wissensanforderungen auf die Teilnehmer zugeschnitten;
- ist so gefasst, dass es niemanden ausschließt und niemandes Gefühle verletzt;
- ist nicht so eng (konkret) gefasst, um nicht Raum zu lassen für freie Einfälle, Gedanken und Bilder, und
- nicht so weit (abstrakt) gefasst, dass es „alles" zulassen und nichts fokussieren würde;
- hat auch gefühlsmäßigen Aufforderungscharakter (Gruppenjargon, witzige oder lyrische Formulierung, Anklingen an aktuelle Geschehnisse u. ä.);

---

[190] KROEGER, Themenzentrierte Seelsorge, 214.
[191] KROEGER, Themenzentrierte Seelsorge, 214.
[192] KROEGER, Themenzentrierte Seelsorge, 214.
[193] Im Hinblick auf die These von der „Horizontverschmelzung" folgen wir M. Kroeger. Im Sinne einer Differenzhermeneutik führen wir Kroegers Themenverständnis aber ausdrücklich weiter. Vgl. KROEGER, Themenzentrierte Seelsorge, 215.

- eröffnet und begünstigt neue Horizonte und Lösungswege;
- ist jedoch nicht so einseitig formuliert, als dass es andere Möglichkeiten ausschlösse und dadurch manipulativ wäre;
- verstößt nicht gegen die Wertaxiomatik der Menschenrechte und die Wertaxiome der TZI;
- begünstigt den Prozess der Gruppe, insofern es, sowohl logisch als auch psycho-logisch, in die Sequenz der zu bearbeitenden Themen passt und die dynamische Balance zwischen den verschiedenen Anliegen der Teilnehmer und den Sachnotwendigkeiten in Betracht zieht;
- beachtet die verbale Ausdrucksfähigkeit und die Sprachgewohnheiten der Gruppenteilnehmer und bezieht die Möglichkeiten nonverbaler Themendarstellung ein (Bilder, Pantomime, Materialien mit Aufforderungscharakter usw.).

In Kindergruppen und manchen Behindertengruppen sind bildliches Anschauungsmaterial oder Spiele, unter Umständen auch ein Text, notwendig, in anderen Gruppen ist dies nur gelegentlich wünschenswert. In der Regel jedoch sind verbal gut formulierte Themen vorrangiges Mittel der Gruppenarbeit, die entsprechend vorbereitet sind, den Anliegen der Gruppe optimal entgegenkommen und jedem Teilnehmer einen eigenen Einstieg erlauben. Themenfindung, Themensetzung, Themenformulierung und Themeneinführung nehmen relativ viel Zeit in Anspruch, wirken sich aber für die Arbeit selbst erstaunlich effektiv aus[194].

4. Den „Leerstellen" Raum geben

An der jeweilige Themenformulierung und -einführung kann man die Theologie der Glaubenskommunikation, ja das Kirchenverständnis erkennen. Themen, welche in abstrakter, ausschließlich substantivischer Sprache den „Fokus" der Glaubenskommunikation in der Vermittlung traditioneller dogmatischer Kategorien sehen, unterscheiden sich wesentlich von solchen, welche – subjektive, intersubjektive und gesellschaftliche Aspekte des Glaubens antizipierend – die Konfrontation mit der Glaubensüberlieferung in einer neuen, lebendigen und kreativen Sprache zum Ausdruck bringen. Es geht dann nicht mehr um „Schöpfung" oder „Gnade" an sich und auch nicht darum, wie man diese Kategorien möglichst attraktiv in das Leben hinein übersetzt. Es geht um die situationsangemessene Thematisierung von Schöpfungs- und Gnadenerfahrungen mit dem ganzen Hintergrund des biblischen und kirchlichen Reichtums solcher Erfahrungen und auch deren Gegenteil. In ihr kommt der Unterschied zwischen kirchlich-inhaltlicher

---

[194] COHN/FARAU, Gelebte Geschichte, 366f.

Glaubensvermittlung, curricularen Lernprogrammen und einem auf offene Kommunikation, Begegnung und Verantwortung ausgerichteten Lernprozess konkret zum Ausdruck. Auf die künstlichen Fragen von Katechismen und Lernprogrammen gibt es nämlich nur eine definitorische oder vorprogrammierte Antwort, die am besten auswendig zu lernen ist. Ihre Sprache ist einzig auf die Glaubenszustimmung oder auf ein relativ belangloses theologisches oder philologisches „Hilfswissen" ausgerichtet. In diesem „Lernverständnis" muss das Glaubenswissen soweit als möglich entfaltet oder mundgerecht serviert werden, damit es Menschen bejahen. Diesem Denken entsprechend heißt „im Glauben überzeugt sein", zu dem Ja zu sagen, was beglaubigte Zeugen oder Autoren von Lernprogrammen als von der Kirche für wahr zu halten vorlegen. Die inhaltliche Entfaltung des Glaubensgutes geschieht durch kirchliche Autoritäten ohne Mitwirkung derer, die es unmittelbar betrifft. J. Werbick nennt das eine „Ja/Nein"-Kommunikation, welche in den Kirchen und in der Theologie bis heute ein gewisses Ansehen hat:

> „In allen Kommunikationsprozessen im Glauben bzw. auf Glauben hin kann es nur darum gehen, dass bevollmächtigte Ausleger die Fides quae solange auslegen und konkretisieren, bis sie in der Situation des Zuhörers ankommen und ihn vor die Frage stellen, ob er zum verborgenen Glaubensgut ‚ja' oder ‚nein' sagt. So favorisierte die Kirche über lange Zeit hinweg Kommunikationsabläufe, die mehr oder weniger ausschließlich auf die Ja/Nein-Entscheidung abzielen, die die Aktivität des ‚einfachen Gläubigen' auf das ‚Ja'-(oder ‚Nein'-)Sagen reduzieren und die Formulierung dessen, wozu ‚ja' oder ‚nein' zu sagen ist, allein den beamteten Auslegern vorbehielt."[195]

Solche Formen haben für die zentralen „Leerstellen" der Glaubenskommunikation keinen Sensus; nämlich für jene „Leerstellen", in die sich der Mensch als Subjekt oder die Gruppe/Gemeinde mit den je eigenen Widerständen, Spannungen, Zustimmungen hineinbuchstabieren kann. Sie haben kein Empfinden für jenes Sprachspiel, das nicht definitorisch den Suchprozess abschließt, sondern ihn öffnet und weiterführt.

Der Sinn der Thematisierung von Anliegen nach R. C. Cohn besteht gerade darin, offene Sprachspiele zu üben, die Abwehr nicht auszublenden. Die als Themen formulierten Anliegen zwingen niemanden, sie müssen weder ganz noch teilweise akzeptiert werden. „Ich kann mich zu ihnen selektiv verhalten, kann in ihrer Nähe gerne leben, ohne mich mit ihnen ganz identifizieren zu müssen; sie können allmählich, wenn ich es will, zu Begleitern und zu Spiegeln, in denen ich neue Facetten meiner selbst entdecke, werden"[196].

---

[195] Werbick, Jürgen, Glaubenlernen aus Erfahrung. Grundbegriffe einer Didaktik des Glaubens, München 1989, 222.

Viele menschlich-religiöse Anliegen werden derart verdrängt, dass sie nicht offen thematisiert werden können. In einem solchen Fall kann es sinnvoll sein, die Kehrseite eines Themas, also seinen „Schatten" bzw. den Widerstand zu benennen. Wenn das Anliegen einer Gruppe etwa darin besteht, sich über das persönliche Verhältnis zur Kirche auseinander zu setzen, wird in bestimmten Milieus und Altersstufen das Thema: „Wie erlebe ich Kirche?" kaum auf Interesse stoßen. Wenn es demgegenüber heißt: „Was mich an der Kirche stört und was ich verändern will?", ist die Chance zur Auseinandersetzung, die noch dazu einen konstruktiven Handlungsvorschlag enthält, größer. Grundsätzlich sollte kein Thema nur negativ formuliert sein oder ausschließlich auf eine kritische Analyse ohne Handlungsalternative fixieren.

5. Wozu Themen auch „gut" sind

Da das Thema der Fokus der Kommunikationsprozesse ist, an dem sich alle orientieren können, besteht durch ein klares Thema die Chance, schnell und präzise zu klären, ob und inwiefern Menschen, speziell Gruppen, noch bei der „Sache" sind, oder ob ein anderes Thema oder der Widerstand inzwischen die Kommunikation bestimmen. Methoden wie das „Blitzlicht" – jede/r TeilnehmerIn und der/die LeiterIn sagen in ein, zwei Sätzen, wo sie gerade stehen – ermöglichen eine themenbezogene Momentaufnahme der Gruppe und eine schnelle Zentrierung auf das Thema. Wird ein anderes Thema als das offiziell eingeführte so bedeutsam, dass es auch nach Meinung der LeiterInnen den weiteren Prozess bestimmen soll, dann muss im Prozess umgeplant werden. Mit der Gruppe beginnt ein Klärungs- bzw. Umplanungsprozess, der so lange fortgeführt wird, bis das neue Thema gefunden und akzeptiert ist.

Nachfragen
- *Was habe ich bisher unter einem „Thema" verstanden, was ist nach der TZI-Logik damit gemeint?*
- *Welche Möglichkeiten eröffnen sich mir durch die Aufmerksamkeit auf das Thema?*
- *Wie unterscheiden sich in meiner Praxis „Anliegen" und „Thema"?*
- *Wie formuliere ich Themen?*
- *Welche theologischen Chancen eröffnen treffende Themen?*

[196] KROEGER, Themenzentrierte Seelsorge, 214.

V. Störungen und Betroffenheiten als theologische Lernchance

Was auf der zwischenmenschlichen, kommunikativen Ebene gilt, gilt auch im Hinblick auf das Thema: „Störungen und Betroffenheiten haben Vorrang". Es klingt widersprüchlich: Wie sollen Störungen und Betroffenheiten, die in der Regel emotional hochbesetzt sind und Menschen aus dem Gleichgewicht bringen, in inhaltlich-thematischer Hinsicht zu Lernchancen werden? Sind sie nicht die eigentlichen Hindernisse für die Arbeit am Inhalt/Thema? Für sachlich ausgerichtete WissenschaftlerInnen bedeutet es die Provokation schlechthin, den Störungen und Betroffenheiten Raum zu geben.

Aber liegt nicht gerade in der Emotionalität des Widerstandes und der Betroffenheit eine Kraft, die beim traditionellen Lehren, Lernen und Forschen zuwenig beachtet wird? Wenn mich etwas so gefangen nimmt, dass ich mich am laufenden Kommunikationsprozess nur äußerlich beteiligen kann, dann liegt mein Interesse eben in der sogenannten „Störung". Das „störende" Anliegen ist mein eigentliches Thema, mit dem ich beschäftigt bin. Es steht mit dem offiziellen Thema in Konkurrenz. Wenn diese Themenkollision bestehen bleibt, ohne dass sie angesprochen werden darf, wie das insbesondere an Universitäten und Schulen üblich ist, dann führt das zu Desinteresse und Gleichgültigkeit. Wenn aber eine Atmosphäre entsteht, in der Störungen und Betroffenheiten „leben" dürfen, dann liegt die Chance zur konstruktiven Bewältigung offen.

Bisweilen genügt es, die sogenannte Störung anzusprechen, und Menschen können wieder zum Gruppenthema zurückkehren. Es gibt aber auch Situationen, in denen es zu einer offenen Entscheidung zwischen dem offiziellen Thema und den geheimen Themen einzelner in der Gruppe kommen muss. Lähmende Kommunikationssituationen zwischen Menschen sind oft in der Ungeklärtheit konkurrierender Themen begründet, die auf Grund irgendwelcher geheimer Kommunikationsregeln nicht zum Ausdruck kommen dürfen. Werden sie auf den Tisch gelegt, dann löst das in der Regel einen sehr lebendigen, wenn auch konfliktreichen Auseinandersetzungsprozess aus. Nicht selten liegt es an der Konfliktfähigkeit von LeiterInnen, die von Gruppen intuitiv wahrgenommen wird, ob und wie Entscheidungen über Konkurrenzthemen offen ausgetragen werden.

Zur Entscheidungsfindung in solchen Konfliktfällen ist es hilfreich, das „offizielle" Thema als Fokus des Kommunikationsprozesses nochmals ins Bewusstsein zu rufen und deutlich zu benennen. Je präziser das offizielle Thema und die konkurrierenden Themen formulierbar sind, umso klarer sind auch die Widerstände und Alternativen benennbar. Wenn die konkurrierenden Themen so stark sind, dass eine Fortsetzung des Themas unmöglich erscheint, muss es zu einer Umplanung im Prozess kommen.

Nicht die sture Durchführung eines geplanten Kommunikationsprozesses in Minutenpräzision, wie das in der curricularen Didaktik gelehrt wurde, bürgt für kommunikative Qualität, sondern die klare Planung bei flexibler Durchführung. Dies schließt gegebenenfalls eine Planungsänderung unter Mitbeteiligung aller in der Gruppe ein.

VI. Strukturieren als „Verleiblichung" von Theologie

Themen geben Raum für Kommunikationsprozesse. Dieser offene Raum muss strukturiert werden. Es geht um ein sinnvolles Zueinander von Arbeits-/ Sozialformen, Methoden und Medien. Deren Auswahl und Verhältnis sind durch das Thema bestimmt und nicht umgekehrt.

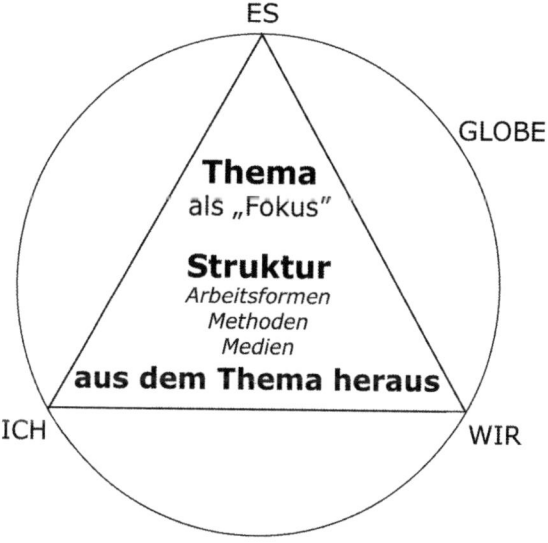

Abbildung 19

Strukturen helfen, wenn sie klar und flexibel gehandhabt werden, einen sinnvollen Gruppenprozess in Gang zu halten. Sie stärken das Vertrauen und verhindern Stagnation, Misstrauen und Chaos. D. Stollberg hat ein bewährtes Dreieck entworfen, das Prozess, Struktur und Vertrauen in einen wechselseitigen Zusammenhang bringt[197]:

---

[197] STOLLBERG, DIETRICH, Lernen weil es Freude macht. Eine Einführung in die Themenzentrierte Interaktion, München 1982.

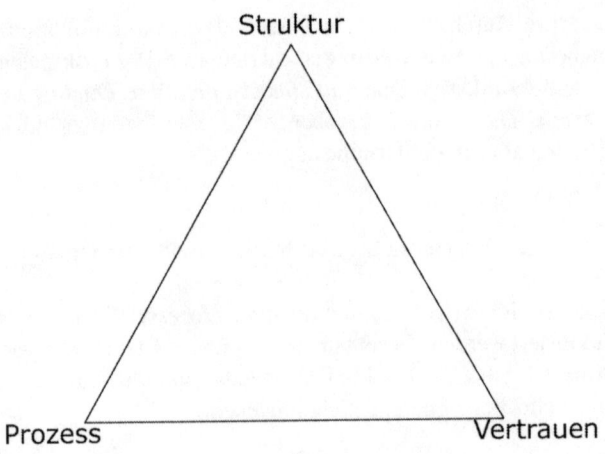

Abbildung 20

Als Faustregel kann gelten: Die jeweilige Struktur (Sozialformen, Methoden, Medien) ist mit dem gerade im Gang befindlichen Prozess und dem vorhandenen/nicht vorhandenen Vertrauen auszubalancieren. Gleichzeitig gilt, dass Strukturen Vertrauen in der Gruppe begünstigen oder behindern können. Es liegt auf der Hand, dass in der Orientierungsphase einer Gruppe, in der noch wenig Vertrauen vorhanden ist, anders strukturiert werden muss als in einem fortgeschrittenen Gruppenprozess oder beim Abschluss einer Gruppe. Ein Erlebnis eines Gruppenteilnehmers kann das verdeutlichen:

Simon war begeistert vom Vertrauen und von der Offenheit, die er beim Austausch über sein ‚Lebenspanorama' in der kleinen Gruppe erlebt hatte. Die einfachen Medien (Papier, Wachskreiden, Musik), die Methode (Lebenspanorama malen) und die Sozialformen (zunächst für sich und anschließend in der Kleingruppe arbeiten) waren für ihn stimmig. Er war sehr erstaunt, als er dieselbe Struktur in einer anderen Gruppe als Einstieg vorschlug und massiven Widerstand erntete.

Das Beispiel zeigt, dass sich Menschen, die neu in einer Gruppe zusammenkommen, nicht auf einen derart persönlichen Prozess einlassen wollen, wie ihn das Lebenspanorama voraussetzt. Der Widerstand gegen die vorgeschlagene Struktur ist also geradezu vorprogrammiert.

Viele LeiterInnen übersehen auch, dass durch zu enge Strukturen (z. B. zu häufige Einzel- und Gruppenphasen, bevor die Gesamtgruppe arbeitsfähig ist) das „Wir" der Gruppe zerschlagen wird oder nicht entstehen kann. Häufige Einzel-, Paar- und Gruppenphasen entlasten zwar die LeiterInnen von der konfliktgeladenen und störanfälligen Auseinandersetzung im Gruppenplenum, sie behindern aber auch die Arbeitsfähigkeit der Gesamtgruppe. Insbesondere bei weltanschaulich-religiösen Themen ist hohe Sensibilität für die richtige, nicht zu enge und nicht zu weite Strukturierung vonnöten.

VII. Wie Gruppenprozesse ablaufen können

Aus der Perspektive der LeiterInnen halten wir in der Regel folgenden Ablauf von Gruppenprozessen für sinnvoll (Ausnahmen bestätigen die Regel!)[198]:

1. Ich stelle mich innerlich auf die Leitung ein und treffe unmittelbare Vorbereitungen für den Gruppenprozess (Thema aufschreiben, Materialien bereitstellen, Raum lüften usw.). Dabei versuche ich eine offene Atmosphäre zu schaffen, indem ich jemanden um etwas bitte oder kurz anspreche, nebenbei etwas von mir mitteile oder etwas Aktuelles erzähle usw.

2. Nach dieser „Anwärmphase", in der auch noch nicht alle im Raum sein bzw. auf ihren Stühlen sitzen müssen, sorge ich für einen deutlichen Anfang, den alle mitmachen können. Ich führe in das Thema ein und gebe einen klaren Überblick über den geplanten Prozessverlauf, einschließlich der geplanten Arbeitsformen, Methoden und Medien. Dabei erzähle ich kurz, was mich bzw. die Planungsgruppe bewogen hat, gerade dieses Thema und diesen Prozessverlauf vorzuschlagen. Ich nenne auch die Namen der Planenden.

3. Ich ermögliche den TeilnehmerInnen individuelle Einstiege in das Thema durch Nachfragen, Ideen, Äußerung von Widerständen usw. Ich lasse sie zum Plan (den ich motivierend vertrete) Stellung nehmen und kläre mit ihnen, woran und wie wir in dieser Einheit arbeiten wollen.

4. Wenn es sinnvoll und nötig ist, stelle ich den TeilnehmerInnen Bilder, Texte, Arbeitsvorschläge u. a. zur Verfügung. Eventuell zeige ich an einem Beispiel, was und wie wir mit diesem Lernimpuls arbeiten können. Bei diesem Schritt ist größte Vorsicht angebracht. Er sollte nicht dazu führen, daß ich zum/zur VersorgerIn der TeilnehmerInnen werde und ihnen die Verantwortung für das selbstbestimmte Lernen abnehme. Die Eigeninitiativen, Ideen, Alternativen und Widerstände der TeilnehmerInnen sind also nicht nur willkommen, sondern notwendig.

5. LeiterInnen und TeilnehmerInnen arbeiten einzeln, paarweise, in Gruppen oder im Plenum am Thema. Die Arbeits-/Sozialform muss mit der Methode und den Medien korrelieren. Die Bildung von Kleingruppen ist ein gruppendynamischer Prozeß und erfordert genügend Zeit. Sie kann nonverbal (ev. Hintergrundmusik) oder durch Absprachen erfolgen.

---

[198] Dabei steht uns das Konzept von J. und M. Grell vor Augen, das wir aber erheblich verändern (GRELL, JOCHEN / MONIKA, Unterrichtsrezepte, Weinheim 1983).

6. Wurde einzeln, paarweise oder in Kleingruppen gearbeitet, ist eine ausdrückliche Rückführung in das Plenum notwendig. Ergebnisse aus der Einzel-/Paar- und Gruppenarbeit werden im Plenum weiterverarbeitet, indem z. B. das Thema nochmals von einer anderen Seite angesprochen oder erweitert wird bzw. wichtige Ergebnisse festgehalten werden.

7. Ein „Blitzlicht", bei dem jede/r TeilnehmerIn die Möglichkeit hat, kurz zum abgelaufenen Prozess Stellung zu nehmen oder weitere Erwartungen zu äußern, kann den Gruppenprozess (vorläufig) abschließen.

VIII. Selektiv authentisch den je eigenen Ausdruck suchen

Für manche LeiterInnen ist nur das gültig, was vor der ganzen Gruppe abgehandelt wird. Dieser Anspruch ist für lebendiges Lernen problematisch. Er rechnet entweder mit einem unrealistischen Maß an Diskretion und Vertrauen in der Gruppe oder er wertet die persönliche Bedeutsamkeit der Themen durch die ausschließlich offene Behandlung ab. Für lebensbedeutsames Lernen ist es unverzichtbar, dass TeilnehmerInnen und LeiterInnen immer wieder die Möglichkeit haben, allein für sich bei einem Thema, Text oder Bild zu verweilen bzw. ihren individuellen Ausdruck zu suchen, ohne dass sie fürchten müssen, dass alles in das Plenum der Gruppe eingebracht werden muss. Der selektive Umgang mit dem persönlichen Ausdruck ist von entscheidender Bedeutung, um das Vertrauen der TeilnehmerInnen zu sich und zu den anderen zu stärken.

TZI kennt den Begriff der „selektiven Authentizität". Als Regel für die Kommunikation gilt in diesem Zusammenhang: „so authentisch wie möglich und so selektiv wie notwendig". In der Kommunikation nach TZI geht es darum, ein Gespür für den in der jeweiligen Situation adäquaten Ausdruck seiner Person zu entwickeln. Das hängt mit der Wahrnehmung der „Chairperson", mit dem Hören nach innen und mit der Aufmerksamkeit nach außen zusammen. Wer in der „Balance" von Innen und Außen kommuniziert, schützt sich und die anderen sowohl vor unangebrachtem „Seelenstriptease" als auch vor distanzierender Abwehr.

Über die praktische Arbeit mit TZI gäbe es noch viel zu sagen; doch das ist nicht das primäre Thema dieses Buches und dazu gibt es auch entsprechende weiterführende Literatur, die im Literaturverzeichnis aufgeführt ist. Mit dem Lesen muss aber die konkrete Erfahrung in der Kommunikation mit Menschen – die Gottesbeziehung eingeschlossen – einher gehen. Deshalb sei als Abschluss nochmals auf ein praktisches Beispiel aus einem Kurs verwiesen.

Nachfragen

- *Wie sehe ich den Zusammenhang von Prozess – Struktur – Vertrauen in meiner Praxis?*
- *Wie gehe ich mit Arbeits-/Kommunikationsformen, Methoden und Medien um? Inwiefern entstehen sie aus den Themen? Inwiefern ist das Verhältnis von Thema – Struktur umgekehrt?*
- *Gibt es für mich gewisse strukturelle Standards und welche?*
- *Wo/Wie begegnet mir in meiner Praxis die Notwendigkeit „selektiver Authentizität"?*

8. Kapitel: Ein Thema gewinnt Gestalt – Das Credodrama am Vorabend von Nizäa und das Kirchendrama heute

Das christliche Glaubensbekenntnis ist vielen Menschen fremd. Das betrifft nicht nur sogenannte Fernstehende. Auch eine Reihe von kirchlichen MitarbeiterInnen hat ein ambivalentes Verhältnis zu diesem Glaubenstext. Es ist schwierig, selbst TheologInnen einen erfahrungsbezogenen Zugang zum Credo zu eröffnen. Einen Zugang, der sowohl das Erfahrungsspektrum des fundamentalen Textes zur Zeit seiner Entstehung ausleuchtet als auch das heutige Geschehen und Handeln innerhalb und außerhalb der Kirchen kritisch aufzuklären vermag. Dabei ist gerade das Credo, wenn es als theologisches Erfahrungspotential zugänglich wird, sehr gut geeignet, kirchliche Praxis in Gemeinde und Schule auf die Bedingungen der Möglichkeit hin, dem Wirken Gottes Raum zu geben, aufzubrechen.

In der Geschichte des Credo spiegelt sich jenes kirchliche und gesellschaftliche Konfliktpotential wider, das heute oft verdrängt oder verschleiert wird. Die lebendige Interrelation zwischen den Erfahrungen „damals" und den heutigen Erfahrungen ermöglicht eine Kriteriologie für pastorales und katechetisches Handeln, welche die Aufmerksamkeit auf die Auseinandersetzung um das Gottes- und Menschenverständnis schärft und zu einer alternativen Praxis ermutigt. Wie kann eine solche, Theologie und Praxis erschließende Begegnung von „damals und heute" angestoßen werden?

I. Eine TZI-Gruppe als Kontext für das Kirchendrama

Das Szenario für den Versuch, das Credo in einer Gruppe lebendig werden zu lassen, bildet ein Seminar nach dem Ansatz der Themenzentrierten Interaktion. Das Thema der Woche heißt: „Im Ursprung ist Beziehung. Erwachsenwerden mit/ohne Gott?" Es handelt sich um den dritten Wochenkurs einer Langzeitgruppe in der Trägerschaft des Theologisch-pastoralen Institutes Mainz (TPI).

Nachdem wir in das Seminar eingeführt und die Anliegen der TeilnehmerInnen und LeiterInnen für den Wochenkurs gesammelt haben, werden Befürchtungen und Erwartungen zur Gottesthematik thematisiert. Je mehr wir uns in das Gottesthema hineinarbeiten, umso drängender wird in der Gruppe die Frage, wie Menschen heute authentisch vom christlichen Gott sprechen können; jenem einen und dreieinen Gott, der in Jesus Christus Mensch unter Menschen geworden ist. Welche Kriterien bestimmen eine „erwachsene" Gottesbeziehung und Gott-Rede in der pluralen und ökonomisierten Gesellschaft?

Das ersttestamentliche „Bilderverbot" und der „Tanz um das goldene Kalb" werden zu herausfordernden Metaphern, um Grenzen jüdisch-christlicher Gott-Rede abzustecken. Das Thema dazu lautet: „Zwischen Bilderverbot und goldenem Kalb: Wir suchen nach Kriterien einer ‚erwachsenen' Gottesbeziehung'". Die Kriterienfrage für authentische Gott-Rede heute bewegt die Gruppe immer heftiger. In der prozessorientierten Planung, die nach jedem Halbtag durch die Leitung und mit einigen TeilnehmerInnen geschieht, kommt der Gedanke auf, das christliche Credo als mögliches Kriterium für die Gott-Rede zu thematisieren.

II. Die Konfrontation

Der Rückgriff auf das Credo der Kirche ist für die Gruppe konfrontativ, aber unvermeidlich, wenn sich die Auseinandersetzung um das Gottesverständnis nicht ausschließlich in Selbsterfahrung erschöpfen soll. Wie aber können wir uns dem Credo nähern, ohne dass es für die Gottesfrage belanglos bleibt oder als sterile Norm ausgeblendet wird? Der alte lateinische Text erinnert einige an die Kindheit, an Weihrauch und Pontifikalamt, anderen ist er wie ein fremdes Gewand, in das sie auf keinen Fall mehr zurück wollen. Abwehr und Neugier in der Gruppe halten sich beim folgenden Versuch, die Erfahrungswelt des Credo in seiner Entstehungszeit zugänglich zu machen, die Waage.

Die Aufmerksamkeit auf jene Perspektiven, die nach dem TZI-Ansatz die kommunikative Wirklichkeit von Menschen kennzeichnen, helfen uns in einem ersten Zugang auch zum Verständnis der Welt, in der das Credo entstanden ist:

• Die subjektiv-biographischen Perspektive, also die „Ich-Ebene", führt uns zum „Glaubenssinn" des Volkes Gottes. Um den Glaubenserfahrungen, die im Credo verschriftet sind, auf die Spur zu kommen, müssten wir uns in „einfache" Gläubige hineindenken und z. B. Marktfrauen auftreten lassen.

• Die intersubjektiv-kommunikative Perspektive, also die „Wir-Ebene", macht die synodale Kirchenstruktur der bischöflichen Ortskirchen bewusst. Was hat sie bewegt? In welchen Auseinandersetzungen standen sie?

• Die inhaltlich-symbolische Perspektive, also die „ES-Ebene", die im einen und dreieinen Gott selbst liegt, aber auch im „Gottdenken", also in der Theologie der Zeit zum Ausdruck kommt, finden wir in den Theologen verkörpert.

- Die kontextuelle Perspektive, also die „Globe-Ebene", die in den kirchlichen und gesellschaftlichen Verhältnissen der Zeit und in den für sie signifikanten Personen und Gruppen zum Ausdruck kommt, bringt uns auf den Gedanken, die politische Macht des Kaisers, aber auch Philosophen und Juden auftreten zu lassen.

Das erste Thema im Rahmen der halbtägigen Vorbereitung auf das Spiel lautet demnach: „Der Marktplatz von Konstantinopel am Vorabend des Konzils von Nizäa – Was ist los? Wo spiel ich mit?"

III. Die Welt des Credo – Zur kirchlichen Situation des 4. Jahrhunderts

In einer Art Fernsehshow wird der Marktplatz von Konstantinopel beschrieben. Wir beiden Leiter begleiten einander durch den Ort des Geschehens. Der Katechetiker (Sch) fordert den Dogmatiker (H) durch gezielte Fragen heraus. Mit Stühlen und Plakaten wird das Szenario des Marktplatzes mit den handelnden Personen aufgebaut. Es gibt für die Gruppe die Möglichkeit, sich in die „Sendung" einzulocken und nachzufragen. Auch im Anschluss an die „Fernsehsendung" gibt es zu den historischen Gegebenheiten noch einen intensiven Austausch in der Gruppe.

Das Interview in den wichtigsten Passagen:

Sch: Herr Hilberath, wir sind am Marktplatz von Konstantinopel, 325 n. Chr., am Vorabend des Konzils von Nizäa. Wie sieht dieser Marktplatz aus?

H: Man sieht sofort, dass der Marktplatz noch im Bau befindlich ist. Konstantinopel ist erst seit kurzer Zeit die zweite Hauptstadt des Imperium Romanum, das neue Rom im Osten, sodass einige Gebäude noch gar nicht fertig sind, aber man sieht doch schon, dass es ein zentraler, repräsentativer Platz wird.

Sch: Wer spielt auf diesem Marktplatz eine Rolle?

H: Auf diesem Marktplatz spielt der Kaiser eine Rolle. Das sehen wir daran, dass eine Seite des Marktplatzes schon ausgebaut ist und ihr Glanz schon hervorsticht. Davor nimmt der Kaiser Konstantin Platz, wenn er in seiner Stadt Konstantinopel ist.

Sch: Lassen wir ihn einmal Platz nehmen. Was geht 325 n. Chr. unmittelbar vor dem Konzil von Nizäa im Kaiser vor?

H: „Es ist nun 13 Jahre her, dass ich meinen Konkurrenten, Maxentius an der Milvischen Brücke besiegt habe – im Zeichen des Kreuzes, mit Hilfe des Gottes der Christen. Ich habe daraufhin den Christen im Toleranzedikt von Mailand die Religionsfreiheit zugesichert. Ich selber bin noch nicht so scharf darauf, selbst Christ zu werden, denn das hat ja Konsequenzen für das eigene Leben. Aber ich sehe das Christentum als die neue Einheitsvision und Ideologie für mein Empire und ich möchte gerne die Initiative ergreifen, um die Streitigkeiten zwischen den christlichen Parteien, zwischen Arius und Athanasius, zu beenden, denn das brauchen wir: ein Bekenntnis, eine Taufe, einen Herrn, einen Kaiser in diesem einen Reich."

Sch: Mit dem Kaiser kamen ja auch Legaten des Bischofs von Rom. Was hat diese Legaten bewegt?

H: Diese Legaten kommen im Auftrag der römischen Gemeinde und jetzt, das ist richtig, können wir auch schon sagen, im Auftrag des römischen Bischofs. Während es ursprünglich vor allem die römische Gemeinde war, deren Glauben ein leuchtendes Beispiel im Imperium Romanum gab, verlagerte sich das zunehmend tatsächlich auf den Bischof von Rom. Dieser sandte nun Hosius von Cordoba und andere, vielleicht den Abt von St. Matthias in Trier, aus, um die römische Position und die römischen kirchenpolitischen Interessen in der Christologie im Glaubensbekenntnis zu vertreten.

Sch: Worin bestanden die römische Position und diese kirchenpolitischen Interessen?

H: Die römische Theologie, die vor allem von Tertullian, einem Nordafrikaner, schon hundert Jahre vor unserer jetzigen Zeit und auch von Cyprian vor einigen Jahrzehnten wesentlich mitformuliert war, war eine stark in rechtlichen Kategorien und in Ordnungskategorien denkende, die in Bezug auf das Gottesbild vor allem die Einheit in Gott betont, und Wert darauf legte, dass der Sohn ganz Gott ist wie der Vater und der Geist ebenso. Insofern hatte sie große Nähe zur Alexandrinischen, also Ägyptischen Theologie, und es gab gelegentlich Konstellationen Alexandrien/Rom gegen Konstantinopel und Antiochien.

Sch: Was hatten der Kaiser und diese Legaten miteinander zu tun?

H: Das ist jetzt die kirchenpolitische Konstellation. Zunächst ist interessant, dass sowohl der Kaiser wie auch die römische Position inhaltlich übereinstimmten. Auch dem Kaiser lag daran, die Wesensgleichheit des Sohnes mit dem Vater zu betonen, denn je höher der Sohn bei Gott steht, desto höher ist auch zugleich die Position des Kaisers. Der Sohn als der Mittler Gottes bei den Menschen: Wenn er wesensgleich ist mit Gott selber, dann ist auch der politische Repräsentant dieses Gottes, dieses Christus natürlich höher, als wenn man von einer bloßen Ähnlichkeit oder gar Unähnlichkeit spricht. Insofern ist die theologische Position, wohl aber aus ganz unterschiedlichen Gründen, die gleiche. Die Römer vertreten die Tradition des Glaubensbekenntnisses und ihr Einheitsdenken. Der Kaiser hat politische Interessen. Und diese unterschiedlichen Interessen kommen nun just in diesem Fall einmal zusammen.

Sch: Wenn wir uns am Marktplatz von Konstantinopel weiter umsehen, dann gibt es nicht nur den Kaiser und die Legaten, da sind auch Menschen aus dem Volk. Wer war hier wichtig?

H: Also, das ist hochinteressant auch für unsere Zeit heute. Die altkirchlichen Schriftsteller berichten uns, dass die Marktfrauen in Ephesus, Konstantinopel und anderswo sich theologische Dispute geliefert haben. Also die einen haben gesagt „er ist wesensgleich", die anderen haben betont „er ist nur ähnlich", und die dritten haben darauf bestanden „er ist unähnlich". Die einen haben gesagt, wahrer Gott vom wahren Gott, und die anderen haben dem widersprochen. Und es scheint so zu sein, dass man sich bewusst war, was hinter diesen Formeln stand. Ich vermute einmal, dass die Marktfrauen ernsthafter diskutiert haben als manche Wanderphilosophen und Rhetoren, von denen auch überliefert wurde, sie hätten diese theologischen Phrasen benutzt, aber im Grunde entweder um sich zynisch oder ironisch zu äußern. Die Marktfrauen haben offenbar gewusst, in dieser Frage, diesem Streit zwischen Arius und Athanasius geht es letztlich um die existentiell bedeutsame Frage, ob Gott, der absolut ferne, transzendente, unbewegte Beweger, doch konkret sich bewegen kann, in die Menschheitsgeschichte hineinkommen kann, handgreiflich Mensch unter uns werden kann.

Sch: Sie haben schon Philosophen erwähnt. Es gab auf dem Marktplatz offenbar nicht nur den Kaiser mit seinem Gefolge, die Streitparteien und die Marktfrauen, sondern auch noch andere Menschen, Griechen, Philosophen, die an diesem Vorabend des Konzils eine Rolle spielten.

H: Das Jahr 325 ist eine Sternstunde der Christenheit, allerdings eine Sternstunde, die anfangs auch eine Katastrophenstunde hätte werden können. Athanasius, die Marktfrauen und andere haben gespürt, dass es hier nicht nur um eine viertrangige oder drittrangige oder auch zweitrangige Frage ging. Es ging um die erstrangige, entscheidende Frage: Was ist das Goldkorn, wenn man das so sagen will, des christlichen Gottesbildes? Können wir das gegenüber den Juden und den Griechen durchhalten, dass Gott selber in diese Welt eingehen kann? Ein griechischer Philosoph würde etwa so argumentieren: „Das ist doch eine Konzession an den Anthropomorphismus der mythischen Theologie des Volkes. Das Göttliche, das Eine ist der unbewegte Beweger von Ewigkeit zu Ewigkeit, unaussprechlich. Es kann sich überhaupt nicht mit der Endlichkeit, der Vergänglichkeit der Materie vermengen. Es würde aufhören, das Theion, das Göttliche, das Unveränderliche zu sein. All unser Bemühen als Philosophen, das Bemühen der Asketen, das Bemühen der Mystagogen geht doch darauf hinaus, den Menschen Hilfen intellektueller Art oder moralischer Art, ganzheitlicher Art zu geben, aus diesem irdischen Schlamassel, aus dieser Verderblichkeit der Materie heraus zu kommen, um sich mit dem All-Einen zu verbinden, so wie das auch manche religiöse und philosophische Bewegungen etwa des Buddha, weit im Osten von uns, versuchen."

Sch: Der eine Gott stand also zur Debatte. Es gab am Marktplatz von Konstantinopel auch sicherlich Juden, die dort nach der Zerstörung Jerusalems in alle Welt verstreut waren, und sicher auch in Konstantinopel anwesend waren. Was hat die Juden bewegt?

H: Diesen Jesus lassen wir uns nicht nehmen, er ist ein Sohn aus unserem Volk. Er war ein großer Prophet, er hat manches in Erinnerung gerufen, was auch unsere Propheten immer schon wieder in Erinnerung gerufen haben. Er ist kein Neuerer, der eine neue Religion erfunden hat. Nichts was er sagt, ist völlig neu, auch wenn er manches in Erinnerung ruft oder zuspitzt. Und aus ihm jetzt einen Gott-Gleichen zu machen, das ist Blasphemie. Natürlich gibt es Lebendigkeit in Gott. Wir haben auch von den Boten Gottes und der Weisheit Gottes, seinem Wort gesprochen, aber doch nie diesen Boten oder das Wort oder die Weisheit hypostasiert, zu einer eigenen Figur gemacht, sodass wir am Ende bei einem Zwei-Götter- oder schließlich Drei-Götter-Glauben landen. Lebendigkeit in Gott, Beziehungsfähigkeit Gottes ist das eine, aber Menschwerdung Gottes ist das andere, und dieses letztere ist für uns nicht akzeptabel. Hier wahren wir bei allem Glauben an die Nähe Gottes doch seine Transzendenz, seine Nichtbegreifbarkeit. Gott kann nicht manipuliert werden.

Sch: Es war ja schon die Rede davon, dass es am Vorabend des Konzils Gegenpositionen gegeben hat, vor allem zu der Frage, wer ist Gott, wer ist Jesus Christus, wie ist ihr Verhältnis zu denken. Wer waren denn die großen Gegenspieler an diesem Vorabend des Konzils?

H: Gegenspieler waren der Priester Arius, der aus Alexandrien stammt, aber in Antiochien an einer anderen theologischen Hochschule seine Ausbildung genossen hat, und der Diakon Athanasius, der seinen Bischof Alexander von Alexandrien begleitete. Hier prallen in gewissem Sinn theologische Schulen aufeinander. Aber mehr noch prallt vielleicht eine eher an der Überlieferung orientierte, bodenständige, aus der Liturgie lebende Theologie auf Seiten des Athanasius gegen eine hochmoderne, zum Teil auch hochspekulative, fachtheologische Theologie, für die Arius steht. Diesem kommt auf jeden Fall das Verdienst zu, dass er zu Klärungen provoziert hat, die offenbar seit Jahrzehnten anstanden. Jetzt erst wurde entdeckt, wo, um das einmal salopp zu sagen, „der Hase im Pfeffer liegt" und wo die Christen sich entscheiden müssen, was ihr Gottesbild ist.

Sch: Herr Hilberath, wenn Sie sich einmal auf den Stuhl des Arius setzen und sich in ihn hineindenken und auch –fühlen; was kann diesen Priester, diesen Theologen in seiner Zeit bewegt haben?

H: „Wir müssen die Transzendenz, die Unbegreifbarkeit Gottes bewahren. Bei aller Würde, die wir diesem Jesus Christus, dem Logos zusprechen, den wir auch aus dem Logos-Verständnis unserer Philosophen kennen, er ist nicht der Schöpfer. Er ist nur ein Geschöpf, zwar das erste und beste, aber es gab eine Zeit, wo er nicht war, wo der Vater allein war, der dann erst zum Zweck der Weltschöpfung seinen Logos in die Welt sendet, als Geschöpf, als erstes und bestes. Er ist also nicht Gott, oder nur ein zweiter Gott, er ist aber auch nicht einfach Mensch wie wir, sondern er hat diesen Vorsprung auch vor uns, das erste und beste Geschöpf zu sein. Also er ist ‚weder Fisch noch Fleisch', weder ganz Mensch noch ganz Gott. Aber gerade so kann er nach meinem Verständnis der Mittler sein, der Deuteros Theos, der Zweit-Gott, der zu uns Menschen kommt; und der, weil er sich bewährt, moralisch bewährt vor seinem Gott, dann auch zum Sohn Gottes adoptiert und erhöht, als solcher anerkannt wird."

Sch: Der große Gegenspieler von Arius ist Athanasius, der Diakon Athanasius. Was ist dessen Anliegen, was ist dessen Position? Was würde Athanasius sagen?

H: „Das ist der Glaube unserer Väter und Mütter seit Alters her, darauf sind wir getauft, für diesen Glauben und Lebensweg, dass uns in diesem Jesus von Nazareth Gott selbst begegnet ist, haben wir uns entschieden. Das ist unaufgebbar, das macht die Heilsbedeutung unseres Glaubens aus, das lassen wir uns auch durch keine Spekulation ausreden, da werden wir jeder Philosophie widerstehen, die uns das Herzstück des Glaubens raubt. Gott selbst ist in diese Welt gekommen als Mensch, hat gelebt unter uns, gelitten und ist auferstanden, damit wir als ganze Menschen angenommen und erlöst sind. Zwei theologische Grundsätze werden wir als das Erbstück und Herzstück unseres Glaubens immer verteidigen: Nur Gott selbst kann uns erlösen, und nur, wenn Gott uns ganz angenommen hat, sind wir erlöst."

Sch: Wir haben jetzt die Szenerie aufgebaut. Am Marktplatz haben sich der Kaiser, die Legaten des römischen Bischofs, die Marktfrauen, das Volk, die Philosophen, die Juden, die zwei großen Gegenspieler Arius und Athanasius mit ihrem Gefolge eingefunden. Wie stehen die einzelnen Gruppen zueinander?

H: Besonders auffallend in der alten Kirchengeschichte und damit auch in der Dogmengeschichte, die ja nicht länger als eine reine Ideengeschichte betrieben werden kann, sind die Verquickungen von politischen Interessen, persönlichen Interessen, kirchenpolitischen Kämpfen zwischen den einzelnen bedeutenden Bischofssitzen, die dann Patriarchate wurden. Es geht also um die verschiedenen „Beziehungskisten" untereinander, sie machen das Ganze spannend und lassen einen manchmal aus heutiger Sicht bangend fragen: Ist da wirklich dann die Orthodoxie am Ende herausgekommen, oder hat nicht der Kaiser letztlich bestimmt, dass jetzt der Sohn homousios, also wesensgleich dem Vater ist. Wer gibt denn den Ausschlag in dieser Gemenge-Lage?

Sch: Man könnte also durchaus von sehr unterschiedlichen theologischen Interessen, ja von unterschiedlichen Theologien ausgehen?

H: Es gab wohl in der Kirche von Anfang an, das bezeugt schon das Neue Testament, unterschiedliche Theologien. In den ersten Jahrhunderten bildeten sich vor allem in Alexandrien und Antiochien Theologenschulen heraus, die man durchaus auch mit heutigen theologischen Tendenzen vergleichen könnte. Ich nehme nur ein Beispiel, eine eher historisch-kritisch, vielleicht rational arbeitende Schriftauslegung, eine Exegese, die in Antiochien betrieben wurde, wo Arius ausgebildet ist. Demgegenüber steht eine eher kirchliche, am Kanon, d. h. geistlich orientierte Schriftauslegung, die mehr am Symbol, dem Zusammenhang, dem kosmischen Wirken Gottes überall interessiert ist. Das ist Alexandrien, da kommt Athanasius her. Insofern prallen unterschiedliche legitime Möglichkeiten aufeinander, und die Synoden, die Konzilien haben dann, wenn es notwendig wurde, eine Regelung zu treffen, wenn man also keine völlige Freiheit geben konnte, weil man den Glauben der Väter und Mütter bedroht sah, Sprachregelungen getroffen, haben markiert, wo die Alexandriner die Grenzen überschreiten. Sie haben zu verstehen gegeben, dass dies im Grunde das Credo verstellt.

Sch: Herr Hilberath, ich danke Ihnen sehr, dass Sie uns den Marktplatz von Konstantinopel so anschaulich geschildert haben, und damit unsere Identifikation, wo spiele ich auf diesem Marktplatz mit, erleichtern.

IV. Welche Rolle übernehme ich?

Nachdem das Szenario am Vorabend von Nizäa in der Vorstellung der TeilnehmerInnen und LeiterInnen aufgebaut ist, gilt es in einem längeren Prozess die eigene Rolle zu suchen und zu finden. Sowohl im schweigenden Gehen durch den Marktplatz wie auch im Stehen dort können die GruppenteilnehmerInnen inneren Kontakt zu unterschiedlichen Rollen herstellen und letztlich ihren Platz und ihre Rolle einnehmen. Nachdem die Rollen auch in ihren Beziehungen zueinander geklärt sind, beginnt ein intensiver Prozess, in dem sich die TeilnehmerInnen über Bücher und Befragung der ExpertInnen in ihre Rollen buchstäblich hinein lesen. Der dogmengeschichtliche „Stoff" über die Zeitverhältnisse, über die Rollen und Geschehnisse „damals" wird mit hoher Motivation erarbeitet. Schließlich wollen alle ihrer Rolle einigermaßen gerecht werden.

Nach mehreren Stunden intensiver Arbeit am „Stoff" beginnt das Spiel. Als Bühne steht der ganze Arbeitsraum zur Verfügung. Unter Choralmusik betreten die SpielerInnen gemeinsam den Raum. Es beginnt ein lebhaftes Treiben auf dem Markt: Der Thron des Kaisers und die Stände der Marktfrauen werden aufgebaut. Die Theologen suchen nach Anhängern. Die Philosophen und die Juden diskutieren miteinander. Der Tumult am Marktplatz wird immer größer. Die Theologen und ihre Anhänger können sich kaum Gehör verschaffen. Da ergreift eine Marktfrau das Wort und übergibt dem Kaiser eine Petition, in der sie die Anliegen des Volkes zur Sprache bringt. Der Kaiser antwortet in einer floskelhaften politischen Rede. Insgesamt geht es im Credodrama immer weniger um den theologischen Streit über die Gottheit bzw. Menschlichkeit Jesu und immer mehr um die der politischen und kirchlichen Strukturen; also einem Streit, dem in den gewählten Rollen kaum zu entkommen war.

V. Vom Credodrama zum Kirchendrama

In der Nachreflexion wird deutlich, wie sich das Volk auf dem Marktplatz besser Gehör verschaffen konnte als die Theologen. In der Stimme der Marktfrau kam ein tiefer „Sensus" für die befreiende Kraft einer „richtigen" Gott-Rede und die unmenschlichen Verstrickungen politischer und religiöser Macht zum Ausdruck. Die Fäden hatte aber eindeutig der Kaiser in der Hand. Er setzte seine Interessen durch. Wie Schuppen fällt es den emotional sehr bewegten TeilnehmerInnen und LeiterInnen von den Augen: Aus dem historischen Credodrama war ein hoch aktuelles Kirchendrama geworden. Das Thema: „Wie heute – unter den Kriterien des Credo – von Gott reden?" lässt sich keineswegs durch die einfache Behauptung oder Wiederholung des Credotextes lösen. Wer in das Credo „hinein geht" begibt sich in eine hochbrisante Konfliktgeschichte um die „authentische" Gott-Rede. System- und Rollenfixierung damals und heute können die eigentlichen theologischen Fragen so verstellen, dass – wie im Spiel – der Glaubenssinn des einfachen Volkes untergeht. Alle können nochmals ihre Wut, ihren Ärger, ihre Freude, ihr Hochgefühl, ihre Verletzung in der jeweilige Rolle nachempfinden, bevor sie sich in einer entsprechenden Übung „entrollen". Das Thema „Gott – Macht – Kommunikation: worin war/bin ich verwickelt?", ist das logische Folgethema der Gruppe.

Nachfragen
- *Was ist mir neu am Credodrama? Was fasziniert mich? Was will ich kritisch nachfragen?*
- *Kann ich mir in meiner Praxis einen solchen oder ähnlichen Zugang zum Credo vorstellen? Wenn ja, wie?*
- *Wo und wie habe ich die Bedeutung dogmengeschichtlicher Auseinandersetzungen für heute erfahren? Wo und wie nicht?*

Vieles bleibt offen

Die in diesem Buch skizzierten Grundlagen einer Kommunikativen Theologie sind keineswegs abgeschlossen. Je mehr wir uns handelnd und nachdenkend in den Prozess einer Kommunikativen Theologie vertiefen, umso drängender werden weiterführende Forschungsanliegen. Einige seien zum Abschluss benannt:

1. Eine Theologie als Prozess, die sich von einer (mitunter strategisch eingesetzten) theologischen „Interpretationsmacht" auf eine „kommunikative Macht" in der Ohnmacht hin wandeln lässt, indem TheologInnen partizipierend am konfliktreichen Kommunikationsgeschehen Anteil nehmen, bedarf der weiteren Differenzierung ihrer „Methode":
   * Wie können entsprechende „Verfahren" für die partizipierende theologische Aufmerksamkeit auf Sinn- und Orientierungsfragen einzelner Menschen (biografische Theologie) entwickelt werden, – Verfahren also, die der konsequenten Intersubjektivität und der Spontaneität in theologischen Prozessen Rechnung tragen?
   * Welches Instrumentarium brauchen wir zur Analyse der in Kommunikationsprozessen implizierten Theologie (Kommunikative Theologie im engeren Sinne)?
   * Wie kommen wir den Kommunikativen Theologien einer Diözesansynode, einer Seelsorgekonferenz, einer Fakultätsratssitzung, einer Dienstbesprechung, ... auf die Spur?
   * Welchen Beitrag zur Methodenfrage einer prozessorientierten Kommunikativen Theologie kann die kritische Rezeption intersubjektiv orientierter Ansätze qualitativer Sozialforschung leisten?

2. Wie verhalten sich kommunikative (im Sinne von TZI) und systemische (wie in entsprechenden Konzepten von Gemeindeberatung wirksame) Implikationen zueinander? Dazu müssten die neueren Kirchen- und Gemeindeentwürfe in ein kritisches Gespräch gebracht werden.

3. Wie kann das Konzept von Kirche als *communio* wirksam vor Missbrauch geschützt werden? Wie kann verhindert werden, dass unter dem Deckmantel der *communio* ein System etabliert/aufrechterhalten wird, das durch eine prinzipielle asymmetrische Kommunikationsstruktur gekennzeichnet ist?

4. Wie kann die Rolle der partizipierenden Leiter, die zugleich Experten und Mitglied der Gruppe sind, gelebt werden? Welche Formen der Intervention sind zulässig, wünschenswert, verbieten sich? Welche Implikati-

onen ergeben sich für die Leitung von Gruppen und für die Leitung von und in den Gemeinden?

- Wie können Inputs so gestaltet werden, dass sie den Kommunikationsprozess nicht verzerren?
- Wie viel Zeit brauchen Kurse/Seminare usw., damit weder die biografische Verortung noch die fachwissenschaftliche Information zu kurz kommen?
- Wie kann der Trend zur harmoni(sti)schen Gruppe heilsam unterbrochen werden? Wie kann mit dem Phänomen der heimlichen Co-LeiterInnen kommunikativ umgegangen werden?
5. Wie können wir dem Differenz- und Konfliktpotential, das eine Differenzhermeneutik nach TZI aufdeckt, konstruktiv Raum geben?

Literatur¹⁹⁹

AIGNER, MARIA ELISABETH, Dient Gott der Wissenschaft? Praktisch-theologische Perspektiven zur diakonischen Dimension von Theologie, Münster 2002.

ARENS, EDMUND / HOPING, HELMUT (HG.), Wieviel Theologie verträgt die Öffentlichkeit? (QD 183), Freiburg i. Br. 2000

ARNDT, ERIKA / COHN, RUTH / KROEGER, MATTHIAS U. A. (HG.), Aggression in Gruppen, Mainz 1994

BARTH, KARL, Der Römerbrief, 2. Fassung, Zürich [16]1999 (München 1922)

BAYER, OSWALD, Theologie (HSTh 18), Gütersloh 1994

BEINERT, WOLFGANG (HG.), Glaube als Zustimmung. Zur Interpretation kirchlicher Rezeptionsvorgänge (QD 131), Freiburg i. Br. 1991

BEINERT, WOLFGANG, Dogmatik studieren, Regensburg 1985

BELZ, HELGA (HG.), Auf dem Weg zur arbeitsfähigen Gruppe. Kooperationskonzept von Helga Belz – Prozeßberichte von Helga Belz – Prozeßberichte aus TZI-Gruppen, Mainz [2]1992

BELZ, HELGA / REICHERT, HELMUT / RUBNER, ANGELIKA U.A., Themenzentrierte Supervision, Mainz 1998

BENJAMIN, JESSICA, Die Fesseln der Liebe. Psychoanalyse, Feminismus und das Problem der Macht, Amerikanische Originalausgabe New York 1988, deutsch Frankfurt a. M. 1993

BERGER, PETER L. / LUCKMANN, THOMAS, Die gesellschaftliche Konstruktion der Wirklichkeit. Eine Theorie der Wissenssoziologie, Frankfurt a. M. [2]1982

BIESINGER, ALBERT, Lebendiges Lernen in der Katechese. Hoffnungsversuche in Schule und Gemeinde. Antrittsvorlesung an der Universität Salzburg, in: CPB 97 (1984) 6–9, 85–95, 223–226

BIRMELIN, ROLF / HAHN, KARIN U.A. (HG.), Erfahrungen lebendigen Lernens. Grundlagen und Arbeitsfelder der TZI, Mainz [2]1990

BOFF, CLODOVIS, Theologie und Praxis. Die erkenntnistheoretischen Grundlagen der Theologie der Befreiung, München-Mainz 1983

BUBER, MARTIN, Die Erzählungen der Chassidim, Zürich 1949, [12]1992

BUBER, MARTIN, Ich und Du, Heidelberg 1923, [13]1997

---

¹⁹⁹ Das Literaturverzeichnis enthält neben der verwendeten Literatur auch einige weitere Literaturhinweise, die im Zusammenhang mit dem Ansatz stehen.

COHN, RUTH C. / TERFURTH, CHRISTINA (HG.), Lebendiges Lehren und Lernen. TZI macht Schule, Stuttgart 1993

COHN, RUTH C. U.A., Lebendiges Lehren und Lernen. TZI macht Schule, Stuttgart 1993

COHN, RUTH C., Die Selbsterfahrungsbewegung: Autismus oder Autonomie?, in: Gruppendynamik 5 (1974) 160–171

COHN, RUTH C., Es geht ums Anteilnehmen. Perspektiven der Persönlichkeitsentfaltung in der Gesellschaft der Jahrtausendwende, Freiburg i. Br. ²1993

COHN, RUTH C., Über den ganzheitlichen Ansatz der themenzentrierten Interaktion. Eine Antwort an Dr. med. Peter Petersen, in: Integrative Therapie 5 (1979) 252–258

COHN, RUTH C., Von der Psychoanalyse zur themenzentrierten Interaktion. Von der Behandlung einzelner zu einer Pädagogik für alle, Stuttgart 1975, ¹¹1992; 13., erw. 1997

COHN, RUTH C., Zu wenig geben ist Diebstahl, zuviel geben ist Mord, in: betrifft: erziehung 14 (1981) 23–27

COHN, RUTH C., Zu wissen dass wir zählen. Gedichte und Poems. Mit Scherenschnitten von Annemarie Maag-Büttner, Bern 1990.

COHN, RUTH C., Zur Grundlage des themenzentrieten interaktionellen Systems: Axiome, Postulate, Hilfsregeln, in: Gruppendynamik 3 (1974) 150–159

COHN, RUTH C., Zur Humanisierung der Schulen: Vom Rivalitätsprinzip zum Kooperationsmodell mit Hilfe der themenzentrierten Interaktion (TZI) (1973), in: DIES., Von der Psychoanalyse zur themenzentrierten Interaktion. Von der Behandlung einzelner zu einer Pädagogik für alle, Stuttgart ⁵1981, 152–175

COHN, RUTH C. / FARAU, ALFRED, Gelebte Geschichte der Psychotherapie. Zwei Perspektiven, Stuttgart 1984, 3. Aufl. in der Reihe „Konzepte der Humanwissenschaften", Stuttgart 2001

DALFERTH, INGOLF U., Kombinatorische Theologie (QD 130), Freiburg i. Br. 1991

DEKRET ÜBER DIE AUSBILDUNG DER PRIESTER „Optatam totius" (OT)

DENZINGER, HEINRICH: Enchiridion symbolorum, definitionum et declarationum de rebus fidei et morum. Kompendium der Glabensbekenntnisse und kirchlichen Lehrentscheidungen. Lateinisch-deutsch, übers. u. hg. v. P. Hünermann, Freiburg i. Br. ³⁷1991.

Der Brief an Diognet. Übersetzung und Einführung von LORENZ, BERND: Einsiedeln 1982

Dogmatische Konstitution über die göttliche Offenbarung „Dei verbum" (DV)

DORMEYER, DETLEV / MÖLLE, HERBERT / RUSTER, THOMAS (HG.), Lebenswege und Religion. Biographie in Bibel, Dogmatik und Religionspädagogik (Religion und Biographie Bd. 1), Münster 2000

DOSTOJEWSKI, FJODOR M., Die Brüder Karamasoff. Aus dem Russischen übertragen von E. K. Rahsin. Mit einem Nachwort von I. Rakusa. München 1996

DÜRLINGER, JOHANNES, „Wie das dann stimmig wird ..." – Theologie und Biografie. Ein Beitrag zur Evaluierung der ersten Kurswoche des Innsbrucker Universitätslehrganges „Kommunikative Theologie", unveröff. Dipl. Arbeit: Innsbruck 2002

EICHER, PETER, Offenbarung – Prinzip neuzeitlicher Theologie, München 1977

EICHER, PETER, Theologie, München 1980

ELLACURIA, IGNACIO / SOBRINO, JON (HG.), Mysterium Liberationis. Grundbegriffe der Theologie der Befreiung, 2 Bde., Luzern 1995

ENGLERT, RUDOLF, Die Korrelationsdidaktik am Ausgang ihrer Epoche. Plädoyer für einen ehrenhaften Abgang, in: ENGLERT, RUDOLF, Glaubensgeschichte und Bildungsprozeß. Versuch einer religionspädagogischen Kairologie, München 1985

ERIKSON, ERIK H., Kindheit und Gesellschaft, deutsch: Stuttgart 1987, [13]1999

ERSTES VATIKANISCHES KONZIL, Dogmatische Konstitution „Dei Filius", in: DENZINGER-HÜNERMANN, Kompendium der Glaubensbekenntnisse und kirchlichen Lehrentscheidungen, Freiburg i. Br. 1991, Nr. 3004

FLUSSER, VILÉM, Kommunikologie, Frankfurt a. M. 1998

FORNET-BETANCOURT, RAÚL (HG.), Befreiungstheologie: Kritischer Rückblick und Perspektiven für die Zukunft, 3 Bde., Mainz 1997

FRANZ, ALBERT (HG.), Bindung an die Kirche oder Autonomie? Theologie im gesellschaftlichen Diskurs (QD 173), Freiburg i. Br. 1999

FRICKEL, MICHAEL E., Haltung und Methode der Themenzentrierten Interaktion. Eine Anregung für das pastorale Verhalten in Gruppen, in: BRUNERS, WILHELM / SCHMITZ, JOSEF (HG.), Das Lernen des Seelsorgers, Mainz 1982, 111–119

FRÜHWALD, WOLFGANG, Vor uns die Cyber-Sintflut, in: Der Mensch im Netz. Kultur, Kommerz und Chaos in der digitalen Welt, ZEIT Punkte 5 (1996)

FUNKE, DIETER, Verkündigung zwischen Tradition und Interaktion. Praktisch-theologische Studien zur Themenzentrierten Interaktion (TZI) nach Ruth C. Cohn, Frankfurt a. M. 1984

GANOCZY, ALEXANDRE, Der dreieinige Schöpfer, Darmstadt 2001

GASCHKE, SUSANNE, Frauen und Technik, in: Der Mensch im Netz. Kultur, Kommerz und Chaos in der digitalen Welt, ZEIT Punkte 5 (1996), 44

GREGOR VON NAZIANZ, ep. 101 (PG 37)

GREINER, ULRIKE, Der Spur des Anderen folgen? Religionspädagogische Theoriekritik aus der Perspektive des Fremden, Thaur 2000

GRESHAKE, GISBERT, Der dreieine Gott. Eine trinitarische Theologie, Freiburg i. Br. ⁴2001

GUTIÉRREZ, GUSTAVO, Theologie der Befreiung, München-Mainz 1973

GUTMANN, HANS-MARTIN / METTE, NORBERT, Orientierung Theologie. Was sie kann, was sie will (re 55613), Reinbek 2000

HABERMAS, JÜRGEN, Theorie des kommunikativen Handelns, 2 Bde., Frankfurt a. M. 1981, ⁴1987; (stw 1175) ³1999

HAGLEITNER, SILVIA, Mit Lust an der Welt in Sorge um sie. Feministisch-politische Bildungsarbeit nach Paulo Freire und Ruth C. Cohn, Mainz 1996

HAHN, KARIN / SCHRAUT-BIRMELIN, MARIANNE / SCHÜTZ, KLAUS-VOLKER / WAGNER, CHRISTEL (HG.), Beachte die Körpersignale. Körpererfahrungen in der Gruppenarbeit, Mainz 1991

HAHN, KARIN / SCHRAUT-BIRMELIN, MARIANNE / SCHÜTZ, KLAUS-VOLKER / WAGNER, CHRISTEL (HG.), Gruppenarbeit: themenzentriert. Entwicklungsgeschichte, Kritik und Methodenreflexion, Mainz ²1993

HAHN, KARIN / SCHRAUT-BIRMELIN, MARIANNE / SCHÜTZ, KLAUS-VOLKER / WAGNER, CHRISTEL (HG.), Themenzentrierte Supervision, Mainz 1997

HANNEN, HEIKE, Bestandsaufnahme von wissenschaftlichen Arbeiten und Forschungsprojekten über die Themenzentierte Interaktion (TZI) in der Wirtschaft, 2001

HENZE, BARBARA (HG.), Studium der Katholischen Theologie (UTB 1894), Paderborn 1995

HERMANN, HELGA, Ruth C. Cohn – Ein Porträt, in: LÖHMER, CORNELIA / STANDHART, RÜDIGER (HG.), TZI – Pädagogisch-therapeutische Gruppenarbeit nach Ruth C. Cohn, Stuttgart ²1993, 19–36

HEUSER, UWE JEAN, Die fragmentierte Gesellschaft, in: Der Mensch im Netz. Kultur, Kommerz und Chaos in der digitalen Welt, ZEIT Punkte 5 (1996), 17

HILBERATH, BERND JOCHEN (HG.), Communio – Ideal oder Zerrbild von Kommunikation? (QD 176), Freiburg i. Br. 1999

HILBERATH, BERND JOCHEN / SCHARER, MATTHIAS / HASLINGER, HERBERT, Konkretion: Leitung, in: Handbuch Praktische Theologie Bd. 2, hg. v. HASLINGER, HERBERT U. A., Mainz 2000, 494–510

HILBERATH, BERND JOCHEN, „Participatio actuosa". Zum ekklesiologischen Kontext eines pastoralliturgischen Programms, in: BECKER, HANSJAKOB / HILBERATH, BERND JOCHEN / WILLERS, ULRICH (HG.), Gottesdienst – Kirche – Gesellschaft. Interdisziplinäre und ökumenische Ortsbestimmungen nach 25 Jahren Liturgiereform (Pietas liturgica 5), St. Ottilien 1991, 319–338

HILBERATH, BERND JOCHEN, „Treue in lebendigem Wandel". Dogmatik als Hermeneutik im Spannungsfeld der nachkonziliaren Kirche, in: HILBERATH, BERND JOCHEN / SATTLER, DOROTHEA (HG.), Vorgeschmack. Ökumenische Bemühungen um die Eucharistie (FS Th. Schneider), Mainz 1995, 23–44

HILBERATH, BERND JOCHEN, Communio hierarchica. Historischer Kompromiß oder hölzernes Eisen?, in: ThQ 177 (1997) 202–219

HILBERATH, BERND JOCHEN, Der dreieinige Gott und die Gemeinschaft der Menschen, Mainz 1990

HILBERATH, BERND JOCHEN, Der Heilige Geist – ein Privileg der Kirche?, in: GROSS, WALTER (HG.), Das Judentum – Eine bleibende Herausforderung christlicher Identität, Mainz 2001, 174–183

HILBERATH, BERND JOCHEN, Einfach glauben oder kompliziert interpretieren? Hinweise zum symbolischen und geschichtlichen Charakter von Glaubensaussagen, in: HILBERATH, BERND JOCHEN / KUSCHEL, KARL-JOSEF / VERWEYEN, HANSJÜRGEN, Heute glauben. Zwischen Dogma, Symbol und Geschichte, Düsseldorf 1993, 7–27

HILBERATH, BERND JOCHEN, Heiliger Geist – heilender Geist, Mainz 1988

HILBERATH, BERND JOCHEN, Im Ursprung ist Beziehung. Die Relevanz des christlichen Gottesbildes für das Leben der Menschen heute, in: KLINGER, ELMAR (HG.), Gott im Spiegel der Weltreligionen, Regensburg 1997, 97–110

HILBERATH, BERND JOCHEN, Karl Rahner – Gottgeheimnis Mensch, Mainz 1995

HILBERATH, BERND JOCHEN, Kirche als communio? Beschwörungsformel oder Projektbeschreibung?, in: ThQ 174 (1994) 45–65

HILBERATH, BERND JOCHEN, Lehren und Lernen – Zwei Seiten einer Medaille, in: SCHEIDLER, MONIKA / HILBERATH, BERND JOCHEN / WILDT, JOHANNES (HG.), Theologie lehren. Hochschuldidaktik und Reform der Theologie (QD 197), Freiburg i. Br. 2002,

HILBERATH, BERND JOCHEN, Pneumatologie, Düsseldorf 1994

HILBERATH, BERND JOCHEN, Theologie zwischen Tradition und Kritik. Die philosophische Hermeneutik Hans-Georg Gadamers als Herausforderung des theologischen Selbstverständnisses, Düsseldorf 1978

HILBERATH, BERND JOCHEN, Vom Heiligen Geist des Dialogs. Das Dialogische Prinzip in Gotteslehre und Heilsgeschehen, in: FÜRST, GEBHARD (HG.), Dialog als Selbstvollzug der Kirche? (QD 166), Freiburg i. Br. 1997, 93–116

HILBERATH, BERND JOCHEN, Wahrheit und Glaube. Anmerkungen zum

Prozeß der Glaubenskommunikation, in: HILBERATH, BERND JOCHEN (HG.), Dimensionen der Wahrheit. Hans Küngs Anfrage im Disput, Tübingen-Basel 1999, 51–80

HILBERATH, BERND JOCHEN, Welche Theologie brauchen wir in der Fortbildung?, in: LUDWIG, KARL-JOSEF (HG.), Im Ursprung ist Beziehung. Theologisches Lernen als themenzentrierte Interaktion, Mainz 1997, 54–89

HILBERATH, BERND JOCHEN, Zum Verhältnis von Ortskirchen und Weltkirche nach dem II. Vaticanum, in: FRANZ, ALBERT (HG.), Was ist heute noch katholisch? (QD 192), Freiburg i. Br. 2001, 36–49

HILBERATH, BERND JOCHEN, Zwischen Vision und Wirklichkeit. Fragen nach dem Weg der Kirche, Würzburg 1999

HILBERATH, BERND JOCHEN/NITSCHE, BERNHARD (HG.), Ist Kirche planbar? Organisationsentwicklung und Theologie in Interaktion, Mainz 2002

HILBERATH, JOCHEN/SCHARER, MATTHIAS, Firmung: Wider den feierlichen Kirchenaustritt. Theologisch-praktische Orientierungshilfen, Mainz-Innsbruck 1998; [2]2000

HILGER, GEORG / REILLY, GEORGE (HG.), Religionsunterricht im Abseits? München 1993.

HONSEL, BERNHARD, Der rote Punkt. Eine Gemeinde unterwegs, Düsseldorf 1983.

HÖRING, PATRIK C., Identität radikaler Pluralität, in: Diakonia 32 (2001) 278–284

HÜNERMANN, PETER, Sakrament – Figur des Lebens, in: SCHAEFFLER, RICHARD / HÜNERMANN, PETER, Ankunft Gottes und Handeln des Menschen (QD 77), Freiburg i. Br. 1977, 51–87

KASPER, WALTER, Einführung in den Glauben, Mainz 1972, [7]1983

KLEIN, IRENE, Gruppenleiten ohne Angst. Ein Handbuch für Gruppenleiter, Donauwörth [8]2000

KLEIN, STEPHANIE, Theologie und empirische Biographieforschung, Stuttgart 1994

KNOKE, WILLIAM, Kühne neue Welt. Leben in der „placeless society" des 21. Jahrhunderts, deutsch: Wien 1996

KRAML, MARTINA, Miteinander Essen und Trinken. Prolegomena einer Eucharistiekatechese, Innsbruck 2001 (unveröff. Diss.)

KROEGER, MATTHIAS, Themenzentrierte Seelsorge. Über die Kombination Klientzentrierter und Themenzentrierter Arbeit nach Carl R. Rogers und Ruth C. Cohn in Theologie und schulischer Gruppenarbeit, Stuttgart, [4]1989

LANGMAACK, BARBARA/BRAUNE-KRICKAU, MICHAEL, Wie die Gruppe laufen lernt. Anregungen zum Planen und Leiten von Gruppen. Ein praktisches Lehrbuch, München 1989

LANGMAACK, BARBARA, Einführung in die Themenzentrierte Interaktion (TZI). Leben rund ums Dreieck, Weinheim 2001

LANGMAACK, BARBARA, Themenzentrierte Interaktion. Einführende Texte rund ums Dreieck, Weinheim 1991

LEINHÄUPL-WILKE, ANDREAS / STRIET, MAGNUS (HG.), Katholische Theologie studieren: Themenfelder und Disziplinen, Münster 2000

LÉVINAS, EMMANUEL, Ethik und Unendliches. Gespräche mit Philippe Nemo, Graz-Wien 1986

LÖHMER, CORNELIA / STANDHART, RÜDIGER (HG.), Themenzentrierte Interaktion (TZI). Die Kunst sich selbst und eine Gruppe zu leiten, Mannheim (PAL-Reihe) [2]1994

LÖHMER, CORNELIA/STANDHART, RÜDIGER (HG.), TZI – Pädagogisch-therapeutische Gruppenarbeit nach Ruth C. Cohn, Stuttgart [2]1993

LÖHMER, CORNELIA/STANDHART, RÜDIGER (HG.), Zur Tat befreien. Gesellschaftspolitische Perspektiven der TZI-Gruppenarbeit, Mainz 1994

LONERGAN, BERNHARD, Methode in der Theologie, Leipzig 1991

LOTT, FRIEDHELM, Religionsunterricht als themenzentrierte Interaktion im Kontext einer Schule der Zukunft, Ostfildern 2001

LUDWIG, KARL JOSEF (HG.), Im Ursprung ist Beziehung. Theologisches Lernen als themenzentrierte Interaktion, Mainz 1997

LUTHER, HENNING, Religion und Alltag. Bausteine zu einer Praktischen Theologie des Subjekts, Stuttgart 1992

MARTI, KURT, Die gesellige Gottheit, Stuttgart [2]1993

MATZDORF, PAUL/COHN, RUTH C., Das Konzept der Themenzentrierten Interaktion, in: LÖHMER, CORNELIA/STANDHARDT, RÜDIGER (HG.), TZI. Pädagogisch-therapeutische Gruppenarbeit nach Ruth C. Cohn, Stuttgart 1992, 39–92

MATZDORF, PAUL / COHN, RUTH C., Themenzentrierte Interaktion, in: CORSINI, RAYMOND I., Handbuch der Psychotherapie (deutsche Ausgabe hg. v. Gerd Weninger), Weinheim 1983, Sp. 1272–1314

MAYER-SCHEU, JOSEF, Seelsorge im Krankenhaus: Entwurf einer neuen Praxis, Mainz [2]1981

MODESTO, HELGA, Miteinander geschwisterlich umgehen, in: Lebendige Seelsorge 41 (1990) 359–366

MODESTO, HELGA, Theologie und Lebenshilfe, in: VORGRIMLER, HERBERT (HG.), Wagnis Theologie: Erfahrungen mit der Theologie Karl Rahners, Freiburg i. Br. 1979, 451–463

MOLTMANN, JÜRGEN (HG.), Anfänge der Dialektischen Theologie (Bd. 1), München [6]1995

NIEWIADOMSKI, JÓZEF, Extra media nulla salus. Zum religiösen Anspruch der Medienkultur, in: DERS., Herbergsuche. Auf dem Weg zu einer christlichen Identität in der modernen Kultur, Münster 1999, 149–166

NIPKOW, KARL ERNST, Grundfragen der Religionspädagogik, Bd. 3: Gemeinsam leben und glauben lernen, Gütersloh 1982

NITSCHE, BERNHARD, Die Analogie zwischen dem trinitarischen Gottesbild und der communialen Struktur von Kirche. Desiderat eines Forschungsprogrammes zur Communio-Ekklesiologie, in: HILBERATH, BERND JOCHEN (HG.): Communio – Ideal oder Zerrbild von Kommunikation? (QD 176), Freiburg i. Br. 1999, 81–114

OCKEL, ANITA/COHN, RUTH C., Das Konzept des Widerstands in der themenzentrierten Interaktion. Vom psychoanalytischen Konzept des Widerstandes über das TZI-Konzept der Störung zum Ansatz einer Gesellschaftstherapie, in: LÖHMER, CORNELIA / STANDHARDT, RÜDIGER (HG.), TZI. Pädagogisch-therapeutische Gruppenarbeit nach Ruth C. Cohn, Stuttgart 1992, 177–206

OSER, FRITZ, Wieviel Religion braucht der Mensch? Erziehung und Entwicklung zur religiösen Autonomie, Gütersloh 1988

OSSWALD, ELMAR, Vom Sinn des Lebens und Lernens in der heutigen Zeit. Ein Interview mit Ruth C. Cohn, in: schweizer schule. Zeitschrift für Christliche Bildung und Erziehung 8 (1983) 389–393

PANNENBERG, WOLFHART: Wissenschaftstheorie und Theologie, Frankfurt a. M. 1973.

PASTORALKONSTITUTION über die Kirche in der Welt von heute „Gaudium et spes" (GS)

PERLS, FREDERICK S., Gestalt-Therapie in Aktion, Stuttgart [8]1996

PESCH, OTTO HERMANN, Das Zweite Vatikanische Konzil (Topos Plus 393), Würzburg 2001

PEUKERT, HELMUT, Wissenschaftstheorie – Handlungstheorie – Fundamentale Theologie. Analysen zu Ansatz und Status theologischer Theoriebildung, Düsseldorf 1976, (stw 231, Neuauflage) Frankfurt a. M. 2000

POLZIEN, SIGRUN/LEONHARD, HELMUT, Themenzentrierte Interaktion. Christliches Gemeinschaftsleben als ein Prozeß lebendigen Lernens, in: Diakonia 7 (1976) 149–157

PRÖPPER, THOMAS/STRIET, MAGNUS, Transzendentaltheologie, in: LThK[3], Bd. 10 (2001) 188–190

QUITMANN, HELMUT, Humanistische Psychologie. Zentrale Konzepte und philosophischer Hintergrund, Göttingen 1985

RAFFELT, ALBERT, Proseminar Theologie, Freiburg i. Br. [5]1992

RAGUSE, HARTMUT, Theologische Implikationen der TZI, in: LUDWIG, KARL JOSEF (HG.), Im Ursprung ist Beziehung. Theologisches Lernen als themenzentrierte Interaktion, Mainz 1997, 29–53

RAHNER, KARL, Erfahrungen eines katholischen Theologen, in: LEHMANN, KARL (HG.), Vor dem Geheimnis Gottes den Menschen verstehen, Freiburg i. Br. 1984, 105–119

RAHNER, KARL, Häresiegeschichte, in: Herders Theologisches Taschenlexikon, Bd. 3, Freiburg 1972, 200–208

REISER HELMUT/LOTZ WALTER, Themenzentrierte Interaktion als Pädagogik, Mainz 1995

RICHARDSON, JERRY, Erfolgreich kommunizieren. Eine praktische Einführung in die Arbeitsweise von NLP, deutsch: München 1992

RITSCHL, DIETRICH, Zur Logik der Theologie, München 1984

RIZZUTO, ANNEMARIA, The birth of a living god, Chicago 1979

RUBNER, EIKE (HG.), Störung als Beitrag zum Gruppengeschehen. Zum Verständnis des Störungspostulats der TZI in Gruppen, Mainz 1992

RUSTER, THOMAS, Der verwechselbare Gott. Theologie nach der Entflechtung von Christentum und Religion (QD 181), Freiburg i. Br. ³2001

SAUTER, GERHARD, Wissenschaftstheoretische Kritik der Theologie, München 1973

SAUTER, GERHARD, Zugänge zur Dogmatik (UTB 2064), Göttingen 1998

SCHAEFFLER, RICHARD, Erfahrung als Dialog mit der Wirklichkeit, Freiburg-München 1995

SCHARER, MATTHIAS/NIEWIADOMSKI, JÓZEF, Faszinierendes Geheimnis. Neue Zugänge zur Eucharistie in Familie, Schule und Gemeinde, Innsbruck-Mainz 1999

SCHARER, MATTHIAS, „Erst gehen, wenn man gesandt wird?" Religionsunterricht im Umbruch der religiösen Landschaft und die Frage nach realistischen Lernaufgaben in dieser Situation, in: GROSS, ENGELBERT/KÖNIG, KLAUS (HG.), Religiöses Lernen der Kirchen im globalen Dialog, Münster 2000, 551–558

SCHARER, MATTHIAS, „Es kommt auf die Person an" – Persönlichkeitsbildung in der Aus- und Fortbildung von ReligionslehrerInnen, in: ÖRF 7 (1997) 72–73

SCHARER, MATTHIAS, An Lebensgeschichten Anteil nehmen – eine Chance für Verkündigung und Gemeindekatechese?, in: Diakonia 26 (1995) 24–29

SCHARER, MATTHIAS, Begegnungen Raum geben. Kommunikative Lernprozesse in Gemeinde, Schule und Erwachsenenbildung, Mainz 1995

SCHARER, MATTHIAS, Bildung als interkulturelle Diakonie. Theologisch-didaktische Orientierung im kirchlichen Bildungsmarkt, in: ThPQ 143 (1995) 402–410

SCHARER, MATTHIAS, Das „geheiligte" Fragment. Annäherungen an eine Theologie der Familie, in: BIESINGER, ALBERT/BENDEL, HERBERT (HG.),

Gottesbeziehung in der Familie. Familienkatechetische Orientierungen von der Kindertaufe bis ins Jugendalter, Ostfildern 2000, 115–136

SCHARER, MATTHIAS, Das geschenkte Wir. Kommunikatives Lernen in der christlichen Gemeinde, in: WEBER, FRANZ (HG.), Frischer Wind aus dem Süden: Impulse aus den Basisgemeinden, Innsbruck-Wien 1998, 84–100

SCHARER, MATTHIAS, Die andere Seite achten, in: KORTE, NORBERT C. (HG.), Unterwegs – woher? wohin? Wegerfahrungen mit Michael E. Frickel, Mainz 1996, 107–111

SCHARER, MATTHIAS, Die Rolle der TZI in einer „Kommunikativen Theologie". Konzept und Modell, in: Themenzentrierte Interaktion 15 (2001) 33–41

SCHARER, MATTHIAS, Ein realistischer Blick auf die brasilianischen Basisgemeinden und die Kirche des Volkes an der Jahrtausendwende, in: CPB 113 (2000) 227–231

SCHARER, MATTHIAS, Erlösung „lehren und lernen", in: rhs. Religionsunterricht an höheren Schulen 43 (2000) 103–107

SCHARER, MATTHIAS, Eucharistie und kirchliches Handeln. Ein Perspektivenwechsel, in: WEBER, FRANZ/BÖHM, THOMAS/FINDL-LUDESCHER, ANNA/FINDL, HUBERT (HG.), Im Glauben Mensch werden. Impulse für eine Pastoral, die zur Welt kommt, Innsbruck 2000, 29–41

SCHARER, MATTHIAS, Fremde Gesichter. Südlicher Einspruch gegen theoretische „Brücken" zwischen modernem Leben und altem Glauben, in: ANGEL, HANS-FERDINAND (HG.), Tragfähigkeit der Religionspädagogik (Theologie im kulturellen Dialog 4), Graz 2000, 217–226

SCHARER, MATTHIAS, Gott entdecken anstatt vermitteln. Theologische Hermeneutik themenzentrierter Interaktion, in: Themenzentrierte Interaktion 7 (1993), H. 2, 41–51

SCHARER, MATTHIAS, Gruppe, in: METTE, NORBERT/RICKERS, FOLKERT (HG.), Lexikon der Religionspädagogik: Buch und CD-ROM, Bd. 1, Neukirchen-Vluyn 2001, Sp. 773–777

SCHARER, MATTHIAS, Gruppenunterricht, in: METTE, NORBERT/RICKERS, FOLKERT (HG.), Lexikon der Religionspädagogik: Buch und CD-ROM, Bd. 1, Neukirchen-Vluyn 2001, Sp. 777–780

SCHARER, MATTHIAS, Integration theologischer und personalkommunikativer Kompetenz als Herausforderung religionspädagogisch-katechetischer Aus-, Fort- und Weiterbildungspraxis: Ein Modell, in: ÖRF 1 (1991), 19–23

SCHARER, MATTHIAS, Katechese wider den Tod. Lateinamerika als Herausforderung für die Glaubensvermittlung, in: ThPQ 138 (1990) 135–143

SCHARER, MATTHIAS, Kommunikation managen – Communio praktizieren. Leiten und kommunizieren in Schule und Gemeinde als theologische Herausforderung, in: RPB 39 (1997) 43–63; in: CPB 110 (1997) 130–140

SCHARER, MATTHIAS, Kommunikative Theologie. Ein Beitrag zur Qualitätsentwicklung theologischer Lehre, in: KÖRTNER, ULRICH/SCHELANDER, ROBERT (HG.), GottesVorstellungen. Die Frage nach Gott in religiösen Bildungsprozessen. Gottfried Adam zum 60. Geburtstag, Sonderheft der religionspädagogischen Zeitschrift: Schulfach Religion, Wien 1999, 437–451

SCHARER, MATTHIAS, Korrelation als Verschleierung. Zur theologischen Auseinandersetzung um das Konzept des Lehrplanes für den katholischen Religionsunterricht auf der Sekundarstufe I (Lehrplan 99), in: ÖRF 8 (1998) 8–11

SCHARER, MATTHIAS, Leben/Glauben lernen – lebendig und persönlich bedeutsam, Salzburg 1988

SCHARER, MATTHIAS, Religion unterrichten lernen. Das Innsbrucker Modell, in: ISENBERG WOLFGANG (HG.), Bensberger Protokolle 101: Kompetenz für die Praxis? Innovative Modelle der Religionslehreraus- und -fortbildung, Bergisch Gladbach 2000, 55–68

SCHARER, MATTHIAS, Thema-Symbol-Gestalt. Religionsdidaktische Begrün-dung eines korrelativen Religionsbuchkonzeptes auf dem Hintergrund themen-(R. C. Cohn)/symbolzentrierter Interaktion unter Einbezug gestaltpädagogischer Elemente, Graz 1987

SCHARER, MATTHIAS, Themenzentrierte Interaktion in der kirchlichen Erwachsenenbildung, in: bakeb-information 2 (1994), 19–22

SCHARER, MATTHIAS, Theologie, Glaubenskommunikation und Themenzentrierte Interaktion. Zum gegenwärtigen Stand der Diskussion, in: LUDWIG, KARL JOSEF (HG.), Im Ursprung ist Beziehung. Theologisches Lernen als themenzentrierte Interaktion, Mainz 1997, 121–127

SCHARER, MATTHIAS, TZI – Theologie – Glaubenserschließung. Vom didaktischen Rezept zur theologischen Hermeneutik des Lebens, in: LUDWIG, KARL JOSEF (HG.), Im Ursprung ist Beziehung. Theologisches Lernen als themenzentrierte Interaktion, Mainz 1997, 90–105

SCHARER, MATTHIAS, TZI in der kirchlichen Praxis, in: LÖHMER, CORNELIA / STANDHARDT, RÜDIGER, TZI: pädagogisch-therapeutische Gruppenarbeit nach Ruth C. Cohn, Stuttgart 1992, 312–325

SCHARER, MATTHIAS, Wie kommen die TheologInnen zu ihrem Wissen. Die Perspektive „Kommunikativer Theologie", in: Wie kommt die Wissenschaft zu ihrem Wissen Bd. 3 (Einführung in die Methodologie der Sozial- und Kulturwissenschaften), Hohengehren 2001 (Buch und CD)

SCHARER, MATTHIAS, Wie wird Kirchliche Bildung marktgerecht oder: Welche Bildung macht den Markt gerecht? Communiotheologische Überlegungen zum kirchlichen Bildungsgeschehen, in: HILBERATH, BERND JOCHEN (HG.), Communio – Ideal oder Zerrbild von Kommunikation (QD 176), Freiburg i. Br. 1999, 235–242

SCHEIDLER, MONIKA, Christliche Communio und kommunikatives Handeln. Eine Leitperspektive für die Schule, Altenberge 1993

SCHILLEBEECKX, EDWARD, Erfahrung und Glaube, in: CGG 25, 73–116

SCHNEIDER, THEODOR (HG.), Handbuch der Dogmatik, 2 Bde., Düsseldorf 2002 (2. Aufl. d. Neuaufl. 2000)

SCHNEIDER, THEODOR, Was wir glauben. Eine Auslegung des Apostolischen Glaubensbekenntnisses, Düsseldorf ⁵1998

SCHOCKENHOFF, EBERHARD / WALTER, PETER (HG.), Dogma und Glaube, Mainz 1993

SCHREITER, ROBERT J., Abschied vom Gott der Europäer. Zur Entwicklung regionaler Theologie, Salzburg 1992

SCHULTZE, ANNEDORE, Das gesellschafts-politische Anliegen der TZI, in: STANDHARDT, RÜDIGER / LÖHMER, CORNELIA (HG.), Zur Tat befreien. Gesellschaftspolitische Perspektiven der TZI-Gruppenarbeit, Mainz 1994, 114–130

SCHULZ VON THUN, FRIEDEMANN, Miteinander reden 1. Störungen und Klärungen. Allgemeine Psychologie der Kommunikation, Reinbeck 1981

SCHULZ, HANS-JOACHIM, Bekenntnis satt Dogma. Kriterien der Verbindlichkeit kirchlicher Lehre (QD 163), Freiburg i. Br. 1996

SCHÜTZ, KLAUS-VOLKER, Gruppenarbeit in der Kirche. Methoden angewandter Sozialpsychologie in Seelsorge, Religionspädagogik und Erwachsenenbildung, Mainz 1989

SCHWAGER, RAYMUND / NIEWIADOMSKI JÓZEF U. A., Dramatische Theologie als Forschungsprogramm, in: ZkTh 118 (1996) 317–344

SECKLER, MAX, Der Begriff der Offenbarung, in: KERN, WALTER U. A. (HG.), Handbuch der Fundamentaltheologie, Bd.2, Freiburg i. Br. 2000, 41–61

SECKLER, MAX, Im Spannungsfeld von Wissenschaft und Kirche, Freiburg i. Br. 1980

SECKLER, MAX, Loci theologici, in: LThK³, Bd. 6 (1997) 1014–1016

SILLER, HERMANN P., Die Fähigkeit eine Biographie zu haben, in: Diakonia 26 (1995) 6–16

SPITZ, RENE A., Vom Säugling zum Kleinkind. Naturgeschichte der Mutter-Kind-Beziehungen im ersten Lebensjahr, deutsch: Stuttgart ¹¹1996

STOLLBERG, DIETRICH, Lernen, weil es Freude macht. Eine Einführung in die Themenzentrierte Interaktion. München 1982

TILLICH, PAUL, Systematische Theologie, Bd. 1, Frankfurt a.M. ⁸1984 (amerik. Original Ausgabe, Chicago 1951), 9–80

WALDENFELS, HANS, Offenbarung. Das Zweite Vatikanische Konzil auf dem Hintergrund der neueren Theologie, München 1969

WATZLAWICK, P. / BEAVIN, JANET H. / JACKSON, DON D., Menschliche Kommunikation: Formen, Störungen, Paradoxien, Bern 1969, ¹⁰2000

WERBICK, JÜRGEN, Bilder sind Wege. Eine Gotteslehre, München 1992

Werbick, Jürgen, Den Glauben verantworten. Eine Fundamentaltheologie, Freiburg i. Br. 2000

WERBICK, JÜRGEN, Glaubenlernen aus Erfahrung. Grundbegriffe einer Didaktik des Glaubens, München 1989

WIEDENHOFER, SIEGFRIED, Theologie, in: LThK³, Bd. 9 (2000) 1435–1444 (mit weiteren Literaturverweisen)

WIEDERKEHR, DIETRICH (HG.), Der Glaubenssinn des Gottesvolkes – Konkurrent oder Partner des Lehramtes? (QD 151), Freiburg i. Br. 1994

WIEDERKEHR, DIETRICH (HG.), Wie geschieht Tradition? Überlieferung im Lebensprozeß der Kirche (QD 133), Freiburg i. Br. 1991

WOHLMUTH, JOSEF (HG.), Katholische Theologie heute, Würzburg ²1995

ZUNDEL, EDITH, Ruth Cohn. Themenzentrierte Interaktion, in: ZUNDEL, EDITH / ZUNDEL, ROLF, Leitfiguren der Psychotherapie. Leben und Werk, München 1987, 67–82

Verzeichnis der Abbildungen[200]

[200] Die Abbildungen wurden von Christoph Drexler in ein graphisches Layout gebracht.